专利代理人执业培训系列教程

ZHUANLI DAILIREN ZHIYE PEIXUN XILIE JIAOCHENG

U0518884

专利代理职业道德

ZHUANLI DAILI ZHIYE DAODE

中华全国专利代理人协会　中国知识产权培训中心／组织编写

马　浩／主编

知识产权出版社

全国百佳图书出版单位

图书在版编目（CIP）数据

专利代理职业道德/马浩主编. —北京：知识产权出版社，2013.1（2017.8 重印）（2017.11 重印）（2018.1 重印）（2018.7 重印）

ISBN 978 – 7 – 5130 – 1863 – 0

Ⅰ. ①专… Ⅱ. ①马… Ⅲ. ①专利—代理（法律）—职业道德—中国 Ⅳ. ①D923.42

中国版本图书馆 CIP 数据核字（2013）第 017527 号

内容提要

本书内容涉及专利代理的职业性质、社会定位、作用、责任、业务范围以及专利代理机构的规范运作，是专利代理人需要了解的执业基础规范。

读者对象：专利代理行业从业人员以及其他感兴趣的读者。

责任编辑：李　琳　胡文彬　　　　　责任校对：韩秀天

封面设计：独角兽工作室　　　　　　责任出版：卢运霞
　　　　　　平面设计

‖专利代理人执业培训系列教程‖

专利代理职业道德

马　浩　主编

出版发行：知识产权出版社有限责任公司		网　　址：http://www.ipph.cn	
社　　址：北京市海淀区气象路 50 号院		邮　　编：100081	
责编电话：010 – 82000860 转 8116		责编邮箱：wangruipu@cnipr.com	
发行电话：010 – 82000860 转 8101/8102		发行传真：010 – 82000893/82005070/82000270	
印　　刷：北京嘉恒彩色印刷有限责任公司		经　　销：各大网上书店、新华书店及相关专业书店	
开　　本：787mm×1092mm　1/16		印　　张：14.5	
版　　次：2013 年 5 月第 1 版		印　　次：2018 年 7 月第 5 次印刷	
字　　数：300 千字		定　　价：40.00 元	

ISBN 978 -7 -5130 -1863 -0/D · 1682（4711）

《专利代理人执业培训系列教程》
编　委　会

主　　任：贺　化
副主任：宋建华　马　放　杨　梧　李建蓉
编　委：廖　涛　徐治江　王冬峰　徐　聪
　　　　　高　康　葛　树　张茂于　白光清
　　　　　毛金生　王宏祥　马　浩　乔德喜
　　　　　林柏楠　李　勇　林德纬　任　虹
　　　　　徐媛媛

《专利代理职业道德》

主　　编：马　浩
编写人员：（按姓氏笔画排序）
　　　　　龙　淳　吴　磊　袁　庄
　　　　　原绍辉　程　泳
审稿人员：（按姓氏笔画排序）
　　　　　朱兴国（组长）　林柏楠

序　言

目前，知识产权在推动经济社会发展中的作用和地位越来越凸显，已经成为世界各国竞争的一个焦点。温家宝总理曾经指出："世界未来的竞争，就是知识产权的竞争。"我国正处于转变经济发展方式、调整产业结构的转型期，全社会的研发投入大幅增加，知识产权保护意识不断提升，专利申请数量快速增长，我国知识产权事业正处于重要的战略发展机遇期，要求我们必须直面知识产权工作面临的巨大挑战。

随着国家知识产权战略的实施，企业创新行为更加活跃，创新主体对专利中介服务的需求增加，专利中介服务业务量激增，专利代理行业的市场需求逐年增大。2011年，我国年度专利申请量达到 1 633 347 件，其中委托代理机构代理申请的达到 1 055 247 件，自 1985 年专利代理制度成立以来年度代理量首次突破 100 万件。其中，代理国外申请 128 667 件、国内申请 926 580 件。以上各项数据充分表明，我国专利代理行业的主渠道作用越来越明显，已经成为实践知识产权制度的重要支柱之一。专利代理事业的蓬勃发展也促使了专利代理人队伍的不断壮大，截至 2012 年 10 月 31日，全国执业专利代理人人数已增至 7 949 人，专利代理机构达到 909 家。作为"第二发明人"，专利代理人的工作是一项法律性、技术性都极强的工作，需要由经过专门培训的高素质人员来完成。目前，我国专利中介服务能力随着专利事业的发展取得了举世瞩目的成绩。

随着国际形势的变化和我国知识产权事业的发展，专利代理能力提升面临前所未有的机遇与挑战。申请量、代理量的不断增大，专利审查工作的严格细致，对专利代理工作提出了更加高效、更加准确、更加专业的工作目标。社会需求的不断扩大，发明人、企业发明的多样化，对专利代理人的能力和水平也提出了更高的要求，迫切要求专利代理人全面提升服务能力。应当说，全面提升专利代理能力是知识产权事业发展的必然要求。专利代理人执业培训，是全面提升专利代理人服务能力的重要途径。《国家知识产权战略纲要》对知识产权中介服务职业培训提出了明确要求："建立知识产权中介服务执业培训制度，加强中介服务职业培训，规范执业资质管理。"《专利代理行业发展规划（2009 年—2015 年）》则对专利代理服务执业培训作出了系统性的安排。

为此，中华全国专利代理人协会在上述国际、国内形势的背景下，深入贯彻落实《国家知识产权战略纲要》和《专利代理行业发展规划（2009 年—2015 年）》的要求，组织编写专利代理人执业培训系列教程，具有历史性的意义。中华全国专利代理人协会精心组织，挑选在业界具有盛名的相关领域专家组成编写工作组，聘请来自国家知识产权局、最高人民法院知识产权审判庭、相关高校的资深专家与专利代理界的资深专家组成统稿及审稿工作组，并专门成立组织协调工作组承担大量的组织、协调工作。可以说，中华全国专利代理人协会对专利代理人执业培训系列教程编写工作的精心组织和有序推进，有力地保障了该系列教程的编写质量。作为专利代理人执业培训教材的垦荒者和实践者，他们为我国知识产权事业作出了重要贡献。

此次编写的专利代理人执业培训系列教程，内容涵盖专利代理职业道德、专利代理事务及流程、专利申请代理实务、专利复审及无效代理实务、专利侵权与诉讼、专利咨询服务等各个方面。这一套系列教程具有如下特点：开创性——编写专利代理人执业培训系列教程尚属首次，具有开创意义；实操性——此次编写的专利代理人执业培训系列教程在内容上注重贴合我国法律实践，对于实际操作具有重要指导意义；全面性——此次编写的专利代理人执业培训系列教程涵盖专利代理人中介服务的方方面面，能够全面提升专利代理人的服务能力；权威性——此次承担专利代理人执业培训系列教程编写任务的同志均是相关领域的专家，具有丰富的实务经验和理论水平。相信通过这样一套集开创、实操、全面、权威为一体的专利代理人执业培训系列教程的编写与出版，能够有效提高专利代理机构的服务质量以及专利代理人的业务能力，推动提高专利代理行业的业务水平。

专利代理能力的提升，是一个永恒的时代话题，一个永远跳跃着的音符。感谢为本套系列教程的组织、编写和出版付出心血的所有工作人员，大家的工作有利于提高全社会知识产权创造、运用、保护和管理能力。我相信，专利代理人执业培训系列教程的出版，对于推动专利代理能力的全面提升具有历史性的意义，必然有利于推动专利代理行业又好又快地发展，有利于服务和保障知识产权事业的发展大局。走过筚路蓝缕的岁月，迎接荆棘遍布的挑战，我相信随着专利代理能力的进一步提升，专利代理界将为我国创新型国家建设和经济发展方式的转变作出更大的贡献！

贺化

2012 年 12 月

前　言

　　时光荏苒、岁月如梭，转眼间我国的专利代理行业已走过了近三十年的寒来暑往，在此期间，专利代理行业励精图治、科学发展，培养出一批又一批优秀的专利代理机构和一支又一支高素质、专业化的专利代理人队伍，为社会提供了优质的专利代理服务，也为专利制度的发展和法制建设作出了巨大的贡献。

　　面对专利代理这样一份职业，每个新入行的从业人员都不禁要问，专利代理是什么性质的职业？专利代理有着怎样的社会定位、作用和责任？包括哪些业务范围？怎样才能成为一个合格的专利代理人？专利代理机构如何规范运作？作为专利代理人执业培训系列教程中的一种，本书试图就这些问题一一探寻答案。

　　简而言之，专利代理是维护委托人合法权益的职业，是保障专利制度有效实施的职业，是促进国家科技进步和经济社会发展的职业，是建设创新型国家的伟大战略中的重要一环。专利代理行业肩负国家和时代的使命，提供法律性和技术性极强的专业服务。实践证明，专利代理作为一个行业，在促进科学进步、维护社会公平正义、巩固和发展法制以及促进国民经济发展方面，特别是在知识产权的创造、运用和保护方面起到了其他行业无法替代的作用，是一个国家或地区经济发展和技术进步的重要促进因素，是一个神圣而崇高的行业。在承担如此重要的社会使命和责任的专利代理行业中，除了专利代理机构应具备周密、严谨、科学的管理及经营规范以及专利代理人应具备渊博、全面、丰富的科技、法律知识与经验外，作为专利代理执业主体的专利代理人及其所属机构的高尚道德情操和职业操守，是专利代理行业整体履行行业职责、促进行业发展以及完成上述社会任务的重要保证。专利代理行业的健康发展，必须依靠具备良好职业道德水平的专利代理人以及运营规范的专利代理机构。

　　如果用一句简单的话来概括，职业道德的要求就是：有所为有所不为。专利代理执业过程中的"为"与"不为"，要看该行为是否符合执业规则，而这些执业规则的总和就构成了职业道德。专利代理行业较高的社会定位，取决于行业整体的职业道德水平，取决于广大创新主体，乃至社会公众对行业的道德评价。因此，对于专利代理行业的从业者设立较高的职业道德标准，符合国家战略的需要和社会公众的期待，也是专利代理行业的自发要求。

　　为了深入贯彻落实《国家知识产权战略纲要》和《专利代理行业发展规划(2009年—2015年)》的要求，在专利代理全行业中树立和弘扬良好的职业道德风尚，中华全国专利代理人协会组织编写了本书，以期达到如下两个目的：

第一，系统整理和归纳专利代理行业的执业规范，构建专利代理职业道德体系，使本书能够成为一种在法律法规层面和职业道德层面完善行业规范的工具。

　　第二，突出专利代理行业的中介服务性质和所承担的社会责任，为专利代理机构和专利代理人的执业理念定位，重点讲述专利代理人的社会角色和应具备的道德素养，培养专利代理人对职业的认同感、自豪感和荣誉感，提高专利代理人的自律意识，进一步改善行业整体风貌。

　　为了实现以上目的，本书以现行的法律法规、部门规章、行业规范为基础，结合针对国内外专利代理行业及相关行业的调查研究，首先阐述了专利代理的基本概念，回顾了我国专利代理行业的发展史，介绍了国外专利代理行业的发展和现状，使读者可以比较系统、完整地了解国内外专利代理制度的发展历程和主要特点。

　　其次，本书总结归纳了专利代理行业的执业规范，提出了专利代理职业道德的概念，大力弘扬遵纪守法、诚实守信、保守秘密、避免冲突、勤勉敬业、精于业务、举止礼仪、尊重同行等专利代理职业道德内涵，并且注重理论联系实际，结合专利代理实务工作阐明了职业道德在执业实践中的具体要求，强调现实指导意义。

　　最后，从行业建设、机构管理和人才培养的高度出发，本教材进一步系统总结了专利代理行业的准入条件，包括对从业人员职业道德的要求和对专利代理机构设立的要求，并且为专利代理机构规范内部管理和同行竞争指明了方向，着重倡导专利代理机构自律、自强的行业新风。

　　本书由中华全国专利代理人协会副会长马浩主编，参与编写的其他人员有：中华全国专利代理人协会常务理事龙淳，协会会员吴磊、程泳、原绍辉以及袁庄。本书成稿后由国家知识产权局机关党委副书记朱兴国和中华全国专利代理人协会副会长林柏楠全文审校。

　　编写人员的具体分工如下：

　　前言由马浩撰写；

　　第1章由吴磊和龙淳撰写；

　　第2章由马浩和原绍辉撰写；

　　第3章由程泳和原绍辉撰写；

　　第4章由袁庄和龙淳撰写；

　　第5章由原绍辉和程泳撰写；

　　第6章由袁庄和龙淳撰写；

　　附录由原绍辉收集、整理。

　　本书的编写工作得到了国家知识产权局和中华全国专利代理人协会的大力支持。在编写策划伊始，国家知识产权局条法司司长宋建华、中华全国专利代理人协会会长杨梧在书的大纲结构和体例内容方面给予了悉心指导；在编写过程中，中华全国专利代理人协会秘书长李建蓉和副秘书长徐媛媛精心组织和指导实施了本书的实地调研、文稿撰写及审校统稿等工作，使整个教材编写计划得以顺利完成。特此，对上述领导的关怀和指导表示衷心感谢，也向所有关心和支持本书编写工作的同志致敬。

此外，本书的实地调研工作得到了北京市知识产权局、广东省知识产权局、多家企业和专利代理机构的支持，在此一并表示感谢。

作为专利代理职业研究的开山之作，本书提出了许多新的概念和观点，有待在实践中检验，加之作者的水平和经验有限，故其中难免存在疏漏之处，敬请读者批评指正。

目　　录

第1章 专利代理概述

第1节 基本概念

1 民事代理

1.1 概念

在人类经济社会中，社会分工越发细化、专门化，由此造成人们在技能的学习、培养、掌握以及在生活、工作中信息获取的范围上具有很大的局限性，每一个人的知识和技能范围都不可能达到包罗万象。因此，在不同行业里，在具有不同教育、工作和生活背景的人们之间，为了满足生活需要、实现各自的利益和维护各自的权利，相互就产生了一种利用他人技能和知识为自己服务的交互需求，进而就产生了代理，即代他人办理事务的现象和行业，以此弥补了人们在知识和技能上的缺陷，使人们的能力得以延伸，范围得到扩大，进而使整个社会经济效率得到提高。因此，在民事法律中，这种代为他人办理事务的行为称作代理，例如代人签订合同、代人出庭诉讼这种涉及第三方的代理行为。

《民法通则》第63条就民事代理这一法律概念规定："公民、法人可以通过代理人实施民事法律行为。代理人在代理权限内，以被代理人的名义实施民事法律行为。被代理人对代理人的代理行为，承担民事责任。……"因此，民事法律意义上的代理是指，一个人以他人名义或者以自己名义与第三人为民事行为，由此产生的法律后果直接或间接归属于该他人的法律制度。❶

在民事代理的法律关系中，通常有三方参与者：代理人、被代理人和第三人。以他人或自己名义为他人实施法律行为的人称为代理人；被他人代为实施民事法律行为的人称为被代理人或本人；与代理人实施法律行为的人称为第三人。以代理人为被代理人实施的法律行为为界，民事代理三方参与者之间存在内部和外部两类关系：代理人和被代理人之间为内部关系，代理人与第三人以及被代理人与第三人之间为外部关系。

---

❶ 张云秀. 法学概论［M］. 3版. 北京：北京大学出版社，2006：235.

1.2　民事代理的特征

民事代理具有如下特征：首先，代理人以意思表示为职能或使命。由于民事法律行为的核心要素是意思表示，即把行为人希望发生法律效果的意图及思维表达和展示于外的行为是民事法律行为的基本要素和内容。因此，代他人实施民事法律行为即代理的基本职能就是要代被代理人独立为意思表示，而代他人为意思表示就成为民事代理的基本特征。其次，代理是代理人以被代理人或自己的名义进行的。如上所述，《民法通则》对于代理人以被代理人名义实施民事法律行为作了规范，❶《合同法》也就代理人以自己的名义为被代理人实施法律行为作了规定，因此我国在民事立法中采用广义上的代理的概念，❷ 以此区别于其他民事法律制度。最后，代理人不承担其代理行为的法律后果，代理行为的法律后果由被代理人承担。被代理人利用代理人的知识和技能等实现自己的利益是代理这一民事法律规制的根本意义所在。由于代理人是为了被代理人的利益而从事法律行为，其行为的法律结果自然应由被代理人承担，而不能由代理人承担。这是民事代理的本质性特征。

1.3　代理的分类

民事代理根据不同的划分标准可以作不同的类别划分。

从代理权的权力来源上，代理可分为委托代理、法定代理和指定代理三种类型，这也是《民法通则》第64条规定的内容。其中的委托代理是在实践中最为常见和广泛适用的民事代理，是根据被代理人的委托授权而发生的代理，也称意定代理。委托代理广泛发生于保险代理、贸易代理、知识产权代理、广告代理、期货代理、信用担保代理等情形中。根据《民法通则》的规定，民事法律行为的委托代理，可以用书面形式，也可以用口头形式。法律规定必须采用书面形式委托的，则必须通过书面形式委托代理。法定代理是指基于法律的直接规定而发生的代理，例如当被代理人没有行为能力时，其监护人代理其从事民事行为的代理。指定代理是指基于法院或有关机关的指定行为而发生的代理，❸ 与法定代理类似，适用于为无民事行为能力人或者限制民事行为能力人实施法律行为的特殊情况。有权指定代理的有关机关，根据《民法通则》的规定，包括人民法院、未成年人父母的所在单位或精神病人的所在单位、未成年人或精神病人住所地的居民委员会或者村民委员会等。

根据代理行为法律后果承担的形式，民事代理可以分为直接代理和间接代理。在代理人以被代理人名义代被代理人实施民事法律行为的情形下，代理人所为之民事法律行为即视为被代理人本人直接所为，其代理行为的法律效果直接由被代理人承担，这种由被代理人直接承担代理人所为之法律行为结果的代理为直接代理。在代理人以

---

❶❸　张云秀. 法学概论［M］. 3版. 北京：北京大学出版社，2006：237.
❷　代理有广义的代理和狭义的代理之分：广义的代理包含代理人以他人名义为他人实施法律行为和以自己名义为他人实施法律行为的两类行为；狭义的代理仅指以他人名义为他人实施法律行为的行为。

自己名义代被代理人实施民事法律行为时，代理人所为法律行为的法律效果首先由代理人自己承受，然后转移给被代理人，即被代理人间接地承担代理人为其所为的法律行为的后果，这种代理为间接代理。

在我国民法意义下的民事代理多为直接代理，如保险代理、贸易代理、专利代理等。间接代理是民事代理的一种特殊情况，我国在特定历史条件下的"外贸代理制"即为间接代理的一种典型情况。

根据代理权的形成依据，民事代理可分为本代理和复代理。代理人得以为被代理人实施民事法律行为，源于其具有为他人代为法律行为的权力。凡直接接受被代理人的委托、法律的规定或法院或有关机关的指定而形成代理权并实施代理的称为本代理。凡经代理人的选定而形成代理权并实施代理的称为复代理，即代理人为了实现被代理人利益，缘于某种原因且事先经被代理人同意，❶ 代理人以自己的名义选定他人担任被代理人的代理人，实施其代理权限内的全部或部分法律行为，而其法律行为的后果同样由被代理人直接承受的代理。这种被选定、具有复代理权实施民事代理法律行为的人称为复代理人。复代理常见于委托代理的情形中。

1.4 代理权的限制

民事代理作为一种民事法律制度，其基本要求就是代理人应为被代理人的利益代其实施民事法律行为。如果代理人的代理行为损害或可能损害被代理人的利益，则这样的代理行为就要受到限制。

1.4.1 自 己 代 理

自己代理是指代理人在代理权限内与自己为法律行为。在这种情形下，代理人自己既是被代理人的代理人又是这一代理关系中的第三人，代理行为人和代理行为相对人此时皆为同一人。由于被代理人和第三人的利益在法律行为的实施中多呈对立或冲突的状态，因而不能排除同时也作为第三人的代理人为了自己利益而损害被代理人的情况，因此，除非得到被代理人的同意或事后追认，否则，法律应不予承认其效力。

1.4.2 双 方 代 理

与上述自己代理相类似，双方代理指的是一个代理人同时代理双方当事人为法律行为的情况。❷ 在同一个人互为代理的情况下，由于双方被代理人的利益总是相对立的，不能排除代理人顾及一方被代理人利益而损害另一方被代理人利益的情形出现，因此，除非得到被代理人的同意或事后追认，否则，法律应不予承认其效力。

1.4.3 无 权 代 理

无权代理指的是行为人不具有代理权，而以他人名义代理他人实施民事法律行为

---

❶ 我国民事法律规定，代理人在紧急情况下为了被代理人的利益，也可不必征得被代理人的同意而选定复代理人实施代理行为。参见《民法通则》第68条以及《最高人民法院关于贯彻执行〈中华人民共和国民法通则〉若干问题的意见（试行）》第80条。

❷ 彭万林. 民法学 [M]. 修订版. 北京：中国政法大学出版社，1997：157.

的现象。在本质上，无权代理不是真正意义上的代理。

无权代理包括：根本未经授权的代理，即"代理人"明知未经授权或误以为已经被授权而实施代理行为的代理；超越代理权的代理，即代理人虽然获得了被代理人的授权，但其代理行为超出了授权范围的代理；以及代理权终止后的代理，即在代理权已届满终止后继续进行代理行为的代理。

我国目前尚未制定专门的代理法，对于无权代理的法律效果的确定，要依据《民法通则》等法律的相关规定处理。代理人无权代理被代理人而实施的民事代理法律行为，其法律后果是否由被代理人承担取决于被代理人的选择。被代理人以明示和默认追认代理人代理行为的，无权代理转为有权代理，被代理人承担代理行为的法律后果；不予追认的，则代理人自己承担一切后果。确定无权代理的法律效果时，需要考虑被代理人的利益、第三人的利益以及交易安全等方面的因素。

1.5　表　见　代　理

表见代理是无权代理的一种，是指由于被代理人的行为，善意第三人相信无权代理人具有代理权，进而与无权代理人实施法律行为，由此造成的法律后果由被代理人承担的代理。表见代理常发生于被代理人疏忽、授权不明、不作为等情形之中。表见代理与其他形式的无权代理相比较，其特征在于表见代理主要源于被代理人自己。正是由于被代理人自己形成表见代理，因而法律对表见代理的处理更注重保护善意第三人的利益和交易安全。《民法通则》和《合同法》对于表见代理制有相关规定。

1.6　代理关系的消灭

代理关系的消灭即代理关系的终止，代理人不再具有代理权、不再为被代理人利益实施代理行为的情形。造成代理关系消灭的原因根据代理种类而不尽相同，委托代理的终止原因有：代理期限届满或代理事务完成；被代理人取消委托或代理人辞去委托；代理人死亡或丧失民事行为能力；被代理人或代理人为法人时，因法人消灭而使得代理关系消灭等。法定代理和指定代理消灭的原因为：被代理人已取得或恢复行为能力，代理已无必要；被代理人死亡或代理人死亡或失去行为能力；指定机关撤销对指定代理人的指定。

2　专　利　代　理

2.1　专利代理的概念

专利代理是缘于专利申请人、专利权人以及其他人缺乏专利法律知识和技能或处理能力的不足，或者基于法律的规定，需要委托专利法律专业从业人员代为办理有关专利事务或提供咨询意见而设立的一种民事法律制度。

"专利代理"一词源于对英文"patent agent"（专利代理人）一词的中文翻译。狭义的"patent agent"一词主要指经政府考核并授予资格代表当事人在专利审查机关办理事务的职业。同样的职业在不同的国家有不尽相同的业务范围。例如在德国，专利代理人的称呼是"patentanwalt"（专利律师）。德国"专利律师"的业务范围与律师业务相类似，不仅包括传统的代表当事人在专利审查机关办理事务的业务，也包括出具法律咨询意见类的不符合狭义"代理"概念的业务。鉴于许多国家的专利代理人所从事的业务不仅仅限于传统的符合狭义"代理"概念的业务，世界上多数工业国家的专利代理人已经放弃使用容易引起误解的"patent agent"的称呼，转而采用更能代表其工作性质的"patent attorney"的称呼。

我国的专利代理人的业务范围与德国专利律师的业务范围相接近，其业务范围包括但不限于狭义的"代理"类的工作。

专利代理的主要业务属于民事代理的范畴，是涉及专利事务的民事代理。在专利代理法律制度之中，专利申请人、专利权人以及其他办理专利事务的人是被代理人，代被代理人实施民事法律行为即办理专利事务的人为专利代理人，而与专利代理人实施法律行为的人，即专利代理人的意思表示相对人是第三人。

由于专利代理的主要业务属于民事代理的一种，因此专利代理关系与其他民事代理法律关系一样，存在内部关系和外部关系。专利代理人与专利申请人、专利权人和其他人之间的关系为内部关系，专利代理人与第三人的关系为外部关系，专利申请人、专利权人和其他人与第三人的关系也为外部关系。根据我国民事法律的规定，民事代理关系的成立有委托代理、法定代理和指定代理三种方式。就代理专利事务而言，《专利法》第 19 条规定："在中国没有经常居所或者营业所的外国人、外国企业或者外国其他组织在中国申请专利和办理其他专利事务的，应当委托依法设立的专利代理机构办理。中国单位或者个人在国内申请专利和办理其他专利事务的，可以委托依法设立的专利代理机构办理。"因此，在我国专利法意义上的专利代理关系成立的方式是委托代理。❶ 此外，根据上述法律规定，上述内部关系和外部关系里的"专利代理人"在我国实际上是"专利代理机构"，即接受被代理人委托、代为办理专利事务的机构。

根据我国民事法律规定，委托代理关系的成立，可以通过书面方式，也可以通过口头方式。《专利代理条例》第 9 条第 1 款规定："专利代理机构接受委托，承办业务，应当有委托人具名的书面委托书，写明委托事项和委托权限。"另外，《专利法实施细则》第 15 条第 3 款规定："申请人委托专利代理机构向国务院专利行政部门申请专利和办理其他专利事务的，应当同时提交委托书，写明委托权限。"特别法优于一般法，因此，在我国专利代理机构与委托人的代理关系必须通过书面的方式成立。

---

❶　在符合法律规定的法定代理或指定代理的情形下，也会形成特定的专利代理关系，即代为办理专利事务的民事代理关系。但此时的法定或指定办理专利事务的"专利代理人"不是专利法意义上职业的专利代理人，而是法定或指定的办理特定专利事务的民事代理人。

综上，在我国，专利代理是指专利代理机构在委托权限内，指派专利代理人，相对于国家知识产权局、地方专利管理机关以及其他与其专利存在利害关系的第三人，为委托人办理专利申请或其他专利事务，由此产生的法律后果直接归属于该委托人的一种法律制度。

2.2 专利代理的特征

如上所述，专利代理的主要业务属于民事代理的一种，它具有一般民事代理的特征；同时由于其事务范围主要涉及专利申请、专利权无效或其他专利事务，因此其也具有区别于一般民事代理的专属特征。具体而言，专利代理的特征包括：第一，专利代理机构以独立的意思表示为使命。对于一般民事代理而言，代他人实施民事法律行为即代理的基本职能就是要代被代理人独立为意思表示。专利代理的主要业务属于民事代理，专利代理机构和专利代理人要为委托人独立为意思表示，即申请专利、答复审查意见、修改专利申请文件、请求专利无效、请求专利调处等，因此，代委托人独立地为涉及专利的意思表示是专利代理机构的基本职能所在，是专利代理的基本特征。第二，专利代理的业务范围又不限于为委托人独立为意思表示的业务。这包括专利代理人利用其知识和经验为委托人提供发明管理咨询、专利检索、专利有效性分析、专利侵权分析、专利预警、专利战略等服务。这是专利代理区别于其他代理行业的特征。第三，专利代理的主要业务包括专利申请文件的撰写、提出申请、答复审查意见、驳回复审、专利无效、专利侵权诉讼等。这些都涉及无形财产权（专利权）的创造、无形财产权的边界的确定、无形财产权的授予是否符合相关法律规定、无形财产权的保护等。第四，专利代理的主要业务是以被代理人的名义进行的。如上所述，《民法通则》和《合同法》采用广义上的代理的概念，即民事代理人可以以委托人名义也可以以自己的名义为法律行为。然而，在专利领域内，专利代理的主要业务适用狭义代理的概念，即代理委托人从事涉及专利的法律行为是不能够以专利代理机构自己的名义进行的。第五，专利代理机构不承担其代理行为的法律后果，而是由被代理人直接承担。专利代理机构为委托人从事法律行为，如提出专利申请、请求专利无效等，是专利代理人利用自己的知识和技能等实现委托人的利益，其行为的法律结果，如专利权的取得、专利申请的修改等，应由委托人承担。第六，专利代理机构在委托人委托的专利代理权限内代理专利民事法律行为。如上所述，专利代理属于民事代理中的委托代理，其专利代理机构的代理权来源于委托人的委托。委托人委托某项事务，专利代理机构才能代理该项事务。

2.3 专利代理的社会作用和责任

专利代理是民事代理行为之一，是满足专利权人/专利申请人和其他相关人员向专利审批和维权机关申请和维护专利权的需要，因应社会经济的发展和科学技术的进步需求而产生和发展起来的一项知识结合技能型的民事代理。由于专利代理涉及高端科技知识与成果以及较为复杂的、自然科学与社会科学之间跨学科的法律规范和实践，所从事的是创建创新型国家的核心价值无形财产即知识产权的创造、保护和运用，因而与其他诸如广告代理等民事代理相比，专利代理对于经济社会的发展发挥了更大的作用，承担了更多的任务和责任。这些作用、任务和责任等主要体现在如下几个方面。

首先，专利代理促进了发明创造活动。如上所述，从事各行各业专业工作的人们，由于各种原因，其知识范围和能力均具有一定的局限性。特别是在科学技术领域，科学研究人员在某一科技领域从事广泛和深入的研究，掌握着大量和深入的自然科学知识与经验，然而，他们没有或很少有社会科学领域内的、特别是法律方面的知识和经验，也未掌握将发明创造专利化及经济效益化的技能和知识储备，对于如何使其发明创造成果转化为无形财产和经济效益以及如何有效保护其相关权益，并不十分了解。而专利代理则在发明人的归纳与完善发明创造，使之专利化并进而获得经济效益的过程中，起到了不可或缺的作用：专利申请的代理为发明人以法律文件的形式明确了较为适当的发明创造的专有权利范围；专利实施许可和专利转让的代理为发明人实现发明创造的经济效益奠定了基础；专利维权的代理为发明人提供了从事发明创造和实现其经济效益的良好市场和法律保护。专利代理的这些作用，使发明人获得较好的经济收益，进而使其发明创造的积极性和工作热情得到进一步的激发和展现。因而，专利代理发挥了鼓励发明人的发明创造活动，从而带动了整个社会的科技创新与进步的直接作用。

其次，专利代理是促进经济发展和科技进步的社会机制的重要组成部分，担负着无可替代的、推动科学技术的普及和应用的任务和职责。专利法律制度的制定和施行，是社会经济发展和科技进步的逻辑结果和必然要求。其根本目的不仅在于鼓励发明创造，而且也在于推广发明创造的应用，从而促进科技进步和经济社会发展。作为专利法律制度的一部分，专利代理，特别是专利技术的许可和转让的代理、专利技术的许可和转让合同的签订代理、专利技术即发明创造的市场价值估算服务，以及专利许可和转让的相关权益的确定和履行等一系列涉及高科技知识和法律实务经验的代理实务，在实现发明人和/或专利权人的经济效益的形式下，在本质上达到了科学技术的社会普及和应用的目的和效果。因而，与其他形式的民事代理相比，专利代理实际上不仅是一个实现委托人个人利益的民事代理，而且更是一个承担了普及和应用最新科技成果，使社会公众享有科技创新效益，有利于社会整体福祉的社会任务的民事代理。

最后，专利代理在专利无效和相关咨询、专利侵权诉讼和相关咨询领域的服务在客观上直接起到了促进社会法制建设，使社会经济沿着法制、有序的方向发展的作用。

如上所述，专利代理归根结底是一个民事法律规范机制，是一个为发明人在其与专利审批和维权等有关部门以及其他人之间代为联络、代为办理专利申请、无效、侵权诉讼和相关咨询服务以及专利交易的法律服务机制。

专利代理从始至终都是法律规范的实施过程、维护着法律的尊严和效力：在申请专利的过程中，由专利代理人向发明人和专利申请人讲解和说明有关专利的法律规范，阅读相关技术文件，深入理解相关技术及其发明创造的特征，与发明人和专利申请人就申请专利保护的技术内容和范围进行商讨和研究，按照法律的规定为申请人撰写符合法律规范的专利申请文件，包括权利要求书、说明书摘要、说明书、附图，以及其他有关资料等；在专利技术交易的过程中，专利代理人协助专利权利人、专利技术被转让人、被许可人等严格按照法律规范与技术交易的相对方进行谈判，议定双方的技术交易意向、权利和义务范围、时限等，并协助专利权人以及被转让人、被许可人等起草技术交易合同、办理合同备案等有关业务并在技术交易双方履行技术交易合同的过程中，就合同履行方面的条款修订、增补、违约处理方法和责任以及延期履行等有关问题按照法律规范做咨询、起草增补文件以及协助谈判；在维权过程中，实现诉讼当事人的合法权益，对有关维护专利权、被许可实施专利技术的权利以及其他与专利相关的权利的事实，依据法律规范进行调查、核实、分析，提出法律意见，在必要时，代理委托人实施法律维权行动，包括：向维权行动相对方提出警告，向专利行政机关提出调查和查处请求、出具法律意见书、代为提出法律答复，以及向法院提起诉讼和应诉等。因此，在本质上，专利代理是法律的践行机制，它不仅为委托人提供了专业服务，而且还为完善法制、为社会经济在法制化道路上的发展起到了极大的保障作用，承担着实施、维护和巩固民事法律规制的任务。

2.4 专利代理人

如前所述，代理行业存在的基础是社会上存在利用他人技能和知识为自己服务的需求。专利代理服务向被代理人提供的"技能和知识"的主体是专利代理人。由于专利代理涉及无形资产的创造、保护和运用，涉及市场秩序的正常运营，其具体业务内容又涉及各领域科技研究成果以及周密、严格的法律规范，专利代理人需具备较高的科技与法律的知识和工作经验。由于专利代理工作存在特殊性和重要性，在我国以及世界主要工业化国家，政府主管机关都要求执业人员，即专利代理人，必须是具有规定的资质、通过相关考试、履行了有关手续并获得相关证书的自然人。对此，现行《专利代理条例》中专门设有一章进行规范。

由于专利代理人是技能和知识的载体以及专利代理服务的提供者，是政府行政机关认定和管理的执业人员，专利代理人还需具备较高的职业道德水准和操守，恪守行业道德规范，诚实守信、为客户保守秘密，勤勉敬业、精于业务，尊重同行。在实践中，专利代理人是专利代理这一民事代理规制中的核心参与者，是职业行为高尚、行业业务精湛的一个职业群体。

我国对于专利代理人有较为全面和周密的规范。根据《专利代理条例》的规定，专利代理人"是指获得专利代理人资格证书，持有专利代理人工作证的人员"。为获得专利代理人资格证书，下列条件应予满足：18 周岁以上的中国公民，拥护中华人民共和国宪法，具有完全的民事行为能力，高等院校理工科专业毕业（或者具有同等学力），掌握一门外语，熟悉专利法和有关的法律知识，从事过两年以上的科学技术工作或者法律工作，且为专利代理人考核委员会考核合格。专利代理人工作证则由专利代理机构颁发，并向中国专利局备案。❶ 我国对于专利代理人制订有相对完备的规范，这些规范除上述《专利代理条例》外，还包括《专利代理管理办法》《专利代理人职业道德和执业纪律规范》《专利代理惩戒规则（试行）》《专利代理人资格考试实施办法》以及《专利代理人资格考试考务规则》等。中国专利法律意义下的专利代理人与其他国家，如美国和日本等国家的专利代理人制度不尽相同。根据美、日等国的规定，专利代理人并非一定是专利代理机构的工作人员，而是经过考试合格并在相关部门注册的、独立的专利法律工作从业者，能够以自己的专利代理人身份单独接受委托和承办相关代理业务。而中国的专利代理人根据现行《专利代理条例》规定："专利代理人必须承办专利代理机构委派的专利代理工作，不得自行接受委托。"

根据国家知识产权局发布的《专利代理人资格考试实施办法》，专利代理人资格考试采取全国统一考试方式，每年举行一次❷，由专利代理人考核委员会负责组织。因故意犯罪受过刑事处罚的以及曾被吊销专利代理人资格的不能参加考试。专利代理人考核委员会由国家知识产权局、国务院有关部门、中华全国专利代理人协会的有关人员以及专利代理人的代表组成，由国家知识产权局主管领导担任委员会主任。考试以闭卷笔答方式进行，内容包括专利申请文件撰写、专利申请手续、审批程序及文献检索、专利审批标准及复审与无效，以及民法通则、民事诉讼法、合同法、商标法、著作权法等与专利法有关的法律基础知识等。考生作弊或扰乱考场秩序会被取消考试资格。专利代理人资格考试合格分数线由专利代理人考核委员会确定，由专利代理人考核委员会办公室公布。

2.5 专利代理机构和相关机构

2.5.1 专利代理机构

在我国，专利代理机构是指接受委托人的委托、在委托权限范围内办理专利申请或者办理其他专利事务的服务机构。❸ 我国专利代理的委托关系成立于委托人（即专利申请人、专利权人或其他人）与专利代理机构之间，专利代理机构承担办理专利事

---

❶ 根据国家知识产权局令第 30 号发布的《专利代理管理办法》第 23 条，此规定已被修改，专利代理人工作证已改为专利代理人执业证，由中华全国专利代理人协会统一颁发。

❷ 2006 年之前专利代理人资格考试为每两年举行一次。

❸ 参见《专利代理条例》第 3 条。

务的具体工作，包括撰写专利文件、提交专利申请、提出专利无效请求、答复审查意见书、代为缴纳专利年费等具体事务。在法律意义上，专利代理机构承办专利代理，而实际上，具体的专利代理事务是通过聘任的专利代理人来完成的：专利代理机构为专利代理人提供了法律环境、工作条件和场所，专利代理人运用自己的知识、经验和技能具体完成了专利代理事务。因此在民事法律关系上，专利代理机构实际上是专利代理民事法律关系中的一个形式主体，而专利代理人在本质上是专利代理民事法律关系中的实质主体。

我国对于专利代理法律体系的设计，如上所述，与其他国家如美国和日本存在一定差异。从业人员通过考试取得从业资格、成立或加入专利代理机构进行执业，是我国规范专利代理法律服务市场、监督专利代理法律服务质量、实行专利代理法律服务管理的模式。这种专利代理管理制度的模式在本质上源于我国传统的管理方式和文化，随着我国社会经济的不断发展、专利代理人的社会地位逐步提升，以及相关法律执行力度的不断加强，专利代理的管理模式会不断得到改革和发展。

我国专利代理机构的组成形式，除少数因历史原因形成的代理组织结构之外，根据《专利代理条例》的规定，共有两类：一类为合伙制专利代理机构；另一类为有限责任制专利代理机构。无论何种类型，专利代理机构都应具备规定数量的专利代理人、必要的资金、办公场所和设施。对于合伙制专利代理机构而言，其必要的资金不得低于5万元人民币；有限责任制专利代理机构必要的资金不得低于10万元人民币。合伙制专利代理机构由不得少于3名具有专利代理资格的人员发起组建，有限责任制专利代理机构不得少于5名具有专利代理资格的人。合伙制专利代理机构的合伙人对其机构的债务承担无限连带责任，有限责任制专利代理机构则以该机构的全部资产对其债务承担责任。我国的律师事务所向国家知识产权局提出申请并经批准后，可以开展专利代理业务。

2.5.2 中华全国专利代理人协会

为进一步规范专利代理服务秩序、保障专利代理人的合法权益、加强行业监督管理、加强行业自律、惩戒违规违法行为，我国在实施专利法律制度仅约3年之后便成立了专利代理行业的协会——中华全国专利代理人协会。该协会的宗旨是：团结和教育会员遵守宪法、法律、法规和国家政策，遵守社会道德风尚；忠实于专利代理事业，恪守专利代理人职业道德和执业纪律；协调行业内、外部关系，维护会员的合法权益，提高会员的执业素质；加强行业自律，制止不正当竞争，促进专利代理事业的健康发展；开展国际间的交流和合作。根据该协会的章程规定，协会会员分团体会员和个人会员，团体会员是依法批准设立的专利代理机构，个人会员是依法获得专利代理人资格证书并持有专利代理人执业证的专利代理人。

中华全国专利代理人协会自成立以来在保障专利代理行业的正常秩序、维护专利代理人的合法权益、业务交流、执业培训、行业管理等多方面做了许多工作，取得了很大成绩，为我国的专利代理事业的发展发挥了重大作用。

该协会设有会长、副会长、秘书处、秘书长、副秘书长、理事会、各个专业委员会，以及各个职能部门，如培训部、会员部等。理事会选举产生会长、副会长、秘书长和常务理事会，制订和落实协会年度工作计划。各个专业委员会根据各自所规范的专业指导具体的业务工作。会员代表大会是协会的最高权力机构，每3年召开一次，决定协会的重大事宜。

2.6 专利代理事务和专利代理行为

2.6.1 专利代理事务和专利代理行为概述

专利代理业务包括：代写专利申请文件，办理专利申请；请求实质审查或者复审的有关事务；请求宣告专利权无效和针对宣告专利无效的请求提出答辩的有关事务，包括就专利有效性提出咨询意见；办理专利申请权、专利权的转让以及专利许可的有关事务；参加专利侵权诉讼和提供专利侵权分析意见；接受聘请，指派专利代理人担任专利顾问；涉及专利的咨询和其他有关事务。专利代理行为主要指专利代理机构和专利代理人以被代理人名义实施各类涉及专利的法律行为。

专利代理事务是与专利代理行为密切相关的。专利代理事务是专利代理行为的基本内容。因而，专利代理事务也是由专利代理行为的性质和功能所规制的。由于专利代理的主要业务属于民事代理，专利代理事务同样受到民事代理规范的限定。在专利代理业务范围内那些存在第三人的业务中，第三人是代理人以被代理人名义实施法律行为的相对方，是不可或缺的。上述所列专利代理事务包括涉及专利的咨询以及担任专利顾问等事项。由于这些事项中不直接存在有被代理人通过代理人为意思表示的相对方，因此，在严格的意义上，这样的业务并非民事法律定义范畴的代理类事务。由此可见，专利代理的业务范畴也包括不属于惯常"代理"意义的业务。在传统上和实践中，此类为委托人提供咨询、担任顾问以及起草、修改专利合同、提出专利有效性以及维权分析意见等都属于专利代理事务。

在我国的专利代理法律实践中，存在"其他有关事务"的代理业务项目，包括代理委托人向专利管理行政机关或法院提出调处请求或起诉等行使专利权利的事务。在专利代理人为被代理人利益以被代理人名义向法院起诉或应诉的情形下，专利代理人成为被代理人的诉讼代理人。根据我国法律和实践，法院审理有关不服国家知识产权局专利复审委员会驳回或维持专利申请或专利无效请求的决定的行政案件，以及审理侵害专利权的专利侵权案件等，是依照《行政诉讼法》和《民事诉讼法》进行审理的。根据《行政诉讼法》以及《民事诉讼法》的规定，行政诉讼的代理人可以是"律师、社会团体、提起诉讼的公民的近亲属或者所在单位推荐的人，以及经人民法院许可的其他公民"。民事诉讼的代理人可以是律师、基层法律服务工作者，当事人的近亲属或者工作人员，当事人所在社区、单位以及有关社会团体推荐的公民。

第1章

2.6.2 专利代理事务的职业技能要求和具体事项

如上所述，专利代理是专利代理机构通过其专利代理人为委托人，在申请科技发明创造专利权、转让或许可专利权、专利权无效以及实施专利权等方面提供代理服务的一种民事代理。提供专利代理服务的执业人员是专利代理人。专利代理人是代理服务赖以存在的技能和知识的承载者和提供者。因此，专利代理服务首先要求专利代理人具备科学技术以及语言文字等社会科学方面的知识和技能，以及法律法规和法律实务方面的知识和经验。

2.6.2.1 从事专利代理所需的法学知识和实务经验

专利代理的主要业务属于民事法律代理。因此，从事专利代理具体实务的专利代理人，首先需要了解和具备有关的民事法律基础知识和经验，包括民法基本理论、民事法律的各个部门法，如：知识产权法，经济法，民事和刑事司法程序法，有关立法和司法机关发布的各类通知、公告、解释，以及国家行政部门颁布的行政法规、行政指南、通告、公告、指导意见和命令等；其次还需要熟悉和掌握从事法律代理所必备的实务经验，如：涉及专利的法律文件的撰写，文书档案的管理，法律时限的监控，科学技术的理解和交流，以及谈判、交涉、仲裁、诉讼等具体实务的经验。不具备相关法律知识，就无法为委托人提供合法、有效的法律服务；没有具体的实务经验，就无法提供高效率和高质量的代理服务，因此，法学知识和实务经验是专利代理人办理专利代理事务所需的重要资质之一。

2.6.2.2 从事专利代理所需的自然和社会科学知识

专利代理是专利代理人为科技人员在科学技术方面的发明创造取得和行使专利权所提供的法律服务，往往涉及各个科学技术领域内最前沿的、最高端的科学技术成果，是科学性和技术性很强的专门性工作。因此，从事专利代理的每一位专利代理人必须具备某一科学技术领域里的高等教育背景以及对相应的科技发展水平的掌握和了解。没有相应的科技知识储备，就无法深入理解技术发明创新的内容，也就无法撰写出合格的专利法律申请文件，也就无法为发明人合法、适当地取得专利权。自然科学知识同样是专利代理人重要的职业基础资质之一。

由于专利代理涵盖法律与科技知识，而法律属于社会科学范畴，特别是涉及语言文字的掌握与运用，因此，专利代理人从事专利代理事务的重要条件之一，是必须具备良好的语言能力，包括表述、理解和撰写等。应当予以特别提及的是，在普通社会生活中的语言与在特定法律环境中的语言，在语言表述和撰写等方面具有各自不同的特点。相比较而言，专利代理所涉及的"法言法语"，在词汇和语句的外延和内涵方面更为严谨和精确。因而，专利代理涉及的社会与法律语言知识和技能，是专利代理职业要件之一。由于专利法律制度与其他部门法相比，专利法律以及专利代理事务涉外程度更高，因而在涉外专利代理事务中，多种语言的掌握就更成为专利代理职业人员所必须的职业从业要件和技能。

2.6.2.3 具体的专利代理事务

专利代理事务是代办涉及专利的各类事务，因而专利代理事务的具体事项，根据《专利代理条例》，实质上是在专利的申请前、申请中和申请后的三个阶段形成的。

具体而言，专利申请前的专利代理事项有：专利咨询和检索。

专利咨询包括专利法律咨询和代理业务咨询。前者涉及专利的种类和期限，专利的保护范围和方法，专利的构成要件（即专利的"三性"：新颖性、创造性和实用性等要求），申请专利的格式和文件要求，专利的作用、效益，专利权利实施、维持和保护，申请程序和时限等方面的问题答疑和建议等。后者涉及专利代理机构的代理服务范围、收费规定、专利代理关系的成立手续和方法、联系方式、所需手续和文件，办事规程，双方的责任和义务，以及争议解决等问题的说明和意见交换。专利咨询在实践中可通过多种方式进行，一般为在专利代理机构所在地进行，在委托人允许并要求的情况下，也可以在委托人所在地进行，同时，也可以通过其他多种通信方式进行，如网络视频会议、电邮、电话等。

专利检索是专利代理机构重要的服务项目，具体而言是指为委托人开发新产品新方法即技术创新、正确撰写说明书等专利申请文件、满足专利申请法律规定、提供无效请求相关材料以及应对专利侵权诉讼而作的技术现状和发展趋势的信息查找和分析。通常专利代理机构会设置专人或部门为委托人办理检索事务，取得相关信息。检索一般通过连接相关数据库或取得数据存储媒介如光盘等设备，根据对技术主题的分析，选择相关的主题词或关键词、选择相关的技术分类等多种途径进行检索，并且对初步检索出来的相关信息文件进行分析，向委托人提出检索报告。有时，专利代理人还要在检索结果的基础上出具法律意见书。

专利申请中的专利代理事项具体是指专利文件的准备工作，包括相关文件的起草、翻译、修改、制备和提交、缴纳相关费用等。在实践中，这部分代理工作中最重要的一项专利代理的内容，是为委托人的发明创造初步形成专利文件，具体划定专利范围，实现其专利规划的具体业务事项。专利代理机构通常会根据技术领域的不同，安排具有相应专业知识的专利代理人对相关技术以及发明创造进行深入的理解，文件的起草、翻译等具体业务工作。专利文件的撰写、翻译等是专利代理机构代理工作最为重要的项目之一。

专利申请后的专利代理事项同样是专利代理业务的主项，具体包括：代理委托人缴纳专利年费等费用；针对他人相关专利提出无效请求；答复他人提出的无效请求；代表委托人在涉及专利侵权的案件中提出行政调处请求或提起诉讼，或提出答辩；为委托人代办专利的转让、许可、投资合资等诸多事务。

根据我国《专利法》的规定，一项专利从申请到授权，可能需要缴纳多项费用，包括申请费、申请附加费、公布印刷费、优先权要求费；发明专利申请实质审查费、

复审费；专利登记费、公告印刷费、年费；恢复权利请求费、延长期限请求费；著录事项变更费、专利权评价报告请求费、无效宣告请求费等。其中有些费用是必缴的，如申请费、发明专利申请实质审查费、专利登记费等，而有些则不一定缴纳，如复审费、恢复权利请求费等；有些费用是在申请中缴纳的，有些费用则需要在申请后缴纳，如年费以及可能的专利权评价报告请求费、无效宣告请求费等。一项发明专利申请被授权后，其年费的缴纳需要有专人来办理，具体包括时限的监控和提醒，以及按照规定缴纳费用等。这些较为琐碎和细致的业务工作可以由委托人自己承担，或由委托人交付给专门的专利年费缴纳公司承担，但通常由代理专利申请的专利代理机构承担，从而成为专利代理机构的一项重要业务。其他的如专利权评价报告请求费、无效宣告请求费等则视具体情况，根据委托人的个案指示进行代缴代付，因而其成为专利代理机构的代理工作项目。

一项专利被授予后，对于专利权人来说，在法定期限内维持其有效与申请专利同等重要，因此代理委托人提出无效请求以及就他人提出的无效请求进行答辩，已成为专利代理机构十分重要的代理工作内容。无论是代委托人提出无效还是对无效请求进行答辩，专利代理机构接受委托后，将对相关文件及其发明创造内容进行了解和分析，并针对相关问题，进行必要的检索和查询，在检索和分析的基础上，与委托人进行充分讨论和协商，提出代理意见和建议，最终形成请求或答辩意见，并向相关部门提交并缴纳相关费用。实际上，与申请专利时的撰写文件等工作相同，涉及无效的专利代理工作同样是专利代理机构最为本职的、最体现专利代理职业技能与经验的代理业务项目。

在委托人的维权以及专利转让或许可等活动过程中，尽管委托人可以委托律师等其他专业人员为其代理，但由于专利代理机构及其专利代理人具有他人不具备的技术专业以及专门法律方面的知识、经验和能力，因此，委托人往往委托专利代理机构的专利代理人或在委托其他代理人的同时委托专利代理人介入到维权诉讼、行政行动或转让谈判的活动中，从而形成专利代理行业中一个至关重要的业务工作。

2.7 专利代理关系的终止

如上所述，专利代理属于民法上的委托代理，因此，其专利代理委托关系的终止与民事委托代理关系终止的情况相同，包括代理期限届满的终止、代理事项完成的终止、委托人解除委托的终止、被委托人即专利代理机构辞去委托的终止、专利代理机构撤销的终止以及委托机构消亡或委托人死亡的终止等。

民事委托代理关系的成立一般要具备两个形式要件：一为委托代理协议；另为委托书。委托代理协议为被代理人与代理人双方签订，就委托代理一事订立了两方之间的委托代理关系，即民事代理的内部关系；委托人单方出具的一份委托书，向第三方表明代理人为被代理人实施法律行为，形成了代理人与第三人之间的关系，即民事代理的外部关系。委托代理协议和委托书所约定或写明的委托代理事项完结时或委托代理期限终结时，委托代理关系终止。在专利委托代理的实践中，通常以委托人出具的委托书为主要形式要件，以委托书所表明的代理期限和事项的终结为专利代理关系的终止。这是专利代理委托关系终止的正常情况。

委托人解除委托、专利代理机构辞去委托、专利代理机构撤销以及委托人或委托机构死亡或消亡所导致的专利代理委托关系的终止，实际上属于专利代理委托关系终止的例外情形。委托人或代理机构出于某种原因，如价格、服务质量、信任度、利益冲突等，不愿或不能再继续维持委托代理关系，则委托人有权解除委托、代理人可以辞去委托。委托代理关系的终止应当以书面"解除委托书"的形式通知第三人，即国家知识产权局等。另外，根据情况，还应办理相应的著录项目变更手续。专利代理机构撤销以及委托人或委托机构死亡或消亡所导致的专利代理委托关系的终止，是委托人和专利代理机构意志之外的情形，这种情形的发生使专利代理委托关系已经无法继续，因而必然使专利委托代理关系终止。此时的代理关系终止亦应由相关方予以通告并办理相应手续。

第 2 节　我国专利代理制度的建立和发展

我国的专利代理制度是和专利法律制度一同建立和发展起来的，专利代理制度的筹建事实上可以追溯到 20 世纪 70 年代。从那时开始至今，我国的专利代理制度的建立和发展大致经过了初建，巩固和完善，以及改革和发展三个阶段。截至 2012 年 5 月 31 日，我国有注册专利代理机构 881 家，专利代理人 7 725 人，已成为世界上专利代理专业人员较多、专利案件代理数量最多、代理比例较高的国家之一。

1　我国专利代理制度的初建（1980～1985 年）

1973 年，世界知识产权组织向我国发来邀请函，邀请我国派观察员参加于该年年底在日内瓦召开的世界知识产权组织领导机构第四次系列会议。我国外交部、外贸部和中国国际贸易促进委员会等有关部门经相互沟通后，以中国国际贸易促进委员会的名义向国务院提交了参加会议的请示报告。经国务院总理周恩来批示同意后，中国国际贸易促进委员会组团参加了该会议。这是新中国成立以来，第一次派代表团参加有关知识产权的国际会议。会后，代表团向国务院提交了《我国应建立专利制度》的报告，建议我国尽快建立专利制度，并加入世界知识产权组织和《保护工业产权巴黎公约》。然而，由于历史原因，建立专利制度的问题当时被搁置起来。1978 年，随着我国实行对内搞活经济、对外开放的政策，确定了改革开放的国策，知识产权制度的建设又被提到议事日程。1978 年 7 月，中国共产党中央批示："我国应建立专利制度"。

1978年年底，我国为建立专利制度第一次组团出访外国。1979年2月中国国际贸易促进委员会再次应邀组团参加了世界知识产权组织的国际会议。1979年3月，国家科委正式组建了专利法起草小组。1979年6月，国家科委组织考察团访问欧美等13个国家，考察了这些国家的专利制度并访问了世界知识产权组织，回国后于1979年10月将《关于我国建立专利制度的请示报告》上报国务院。该请示报告全面阐述了我国建立专利制度的必要性和应该遵循的原则，以及建立专利制度需要开展的工作。该请示报告明确提出："外国人向我国申请专利，必须通过代理机构，不得直接向专利局申请。""建议由贸促会承担专利代理业务。"❶ 1980年1月14日，国务院批准成立中华人民共和国专利局，武衡同志兼任第一任局长。中国国际贸易促进委员会被指定负责筹建专利代理机构。自此，中国专利代理制度的建设正式拉开帷幕。

建立中国专利代理制度首先需要培养人才。从1979年开始，我国有关部门即开始派遣人员出国，赴世界知识产权组织、日本和美国学习、进修。同时中国还与世界知识产权组织合作，在中国举办专利法培训班，培养中国的专利人才。中国国际贸易促进委员会自1980年起，即采取面向社会招聘和直接从高等院校挑选大学毕业生的方式，着手建立专业的专利代理人队伍。1981年2月23日至3月6日，中国国际贸易促进委员会与世界知识产权组织合作，在北京举办了中国首个专利代理培训——"专利代理中国培训班"。在随后的一段时间里，中国国际贸易促进委员会开始着手组建专利代理机构——专利代理部，并合作筹建中国专利代理（香港）有限公司，同时选派中青年专业技术人员和行政管理人员赴美国、德国、法国、日本、瑞典、英国和加拿大等国的专利事务所实习，学习专利代理、专利诉讼和专利申请管理等方面的经验。

自1984年3月全国人大常委会审议通过历时5年、修改25次的新中国第一部《专利法》之后，专利代理制度的建设全面展开。1984年3月27日，中国专利代理（香港）有限公司在香港正式成立并开业。随后，经国务院批准，中国国际贸易促进委员会专利代理部于1984年7月16日成立开业。1984年8月21日，经国务院批准，上海专利事务所正式成立。

我国各省、市、自治区、各大部委也在同期开始选派干部在本部门内组建和设立专利代理机构。一时间，来自祖国各地的中青年知识分子和高等院校分配来的大学毕业生们，尽管他们大多数当时对于何谓专利以及专利代理处于一知半解的状态甚至一无所知，有的还仅缘于所在部门出于工作安排考虑，从其他部门抽调出来拨派到专利代理机构中担任职务或承担专利代理工作的，但是他们满怀着为祖国的改革开放、新生的专利事业贡献力量的极大工作热情和为改革开放的新中国开辟新事业的开拓与创新精神，从不同的地方和专业领域，投身到了新生的专利代理事业中来，组成了一支

---

❶ 赵元果. 中国专利法的孕育与诞生［M］. 北京：知识产权出版社，2003：53.

支年轻的、富有朝气的新中国第一批专利代理职业人队伍，开始了新中国创建和发展专利代理事业的征程。

1984 年 6 月，原中国专利局在北京西郊香山附近的北京军区炮司招待所举办了大型的专利代理人培训班（简称"香山班"），对 250 名来自国务院各部委和直属局、各省市自治区、计划单列市、中国科学院、国家教委所属院校以及部分军队所属的科研单位的人员进行了一个多月的培训。以这些人员为骨干，我国组建了第一批面向各自行业和各自地方的专利代理机构。随后，原中国专利局派出经过系统专利法律知识培训并具有专业技术和法律基础知识的人员，赴全国各地巡回举办培训专利代理人的学习班，培训了近万名科研系统、大专院校以及国有企业的科技人员。作为国务院在其颁布的《专利法实施细则》中指定的三家涉外专利代理机构，中国国际贸易促进委员会专利代理部、中国专利代理（香港）有限公司以及上海专利事务所也在同期邀请外国企业和律师事务所的专利律师来华讲课，培训担任涉外专利申请案件的代理工作人员。经过不同途径和方式培训了各企事业、科学研究和教育单位，以及先期成立的专利代理机构共 6 000 余人。1984 年 12 月，原中国专利局向经考核合格的人员颁发了第一批专利代理人证书。经过一年多的时间，各省市政府都先后批准成立了省市专利代理机构，当时这些代理机构大多隶属于各地方科委，属全民事业单位。之后，在全国各大型企事业单位、科研院所和大专院校中专利代理机构如雨后春笋般发展起来。这些受过培训的专利代理人成为各地专利代理机构中的中坚力量。至 1985 年年底，全国专利代理机构已达 200 余家。我国第一批专利代理机构和专利代理人队伍初步建成。

专利制度本身性质决定，专利代理人不仅将要接受国内企业和个人的专利申请，而且也要面对和处理世界许多国家的不同语言的专利申请，这就对中国新生的专利代理人提出了更高的要求。为了从制度上保证我国专利代理人能够办理好涉外的专利申请案件，我国第一部《专利法》将专利代理业务分为了两个部分：一部分为涉内的专利案件业务，即专门代理国内企业和个人的专利案件的业务；另一部分为涉外的专利案件业务，即代理国外企业和个人的专利案件的业务。相应地，中国的专利代理机构也根据规定分为了两类：一类为"涉内"的专利代理机构；另一类为"涉外"专利代理机构，前者仅可办理国内单位和个人的专利事务，后者可以承办中国和外国的企业和个人的专利申请以及其他专利事务。从事涉外代理的专利代理人除了专业技术背景之外，对外语能力和涉外经验也有较高要求。基于这些因素，1985 年 1 月 19 日，国务院批准颁布《专利法实施细则》，该细则第 14 条写明："专利法第十九条第一款和第二十条所称的专利代理机构是指中国国际贸易促进委员会、上海专利事务所和中国专利代理有限公司以及国务院指定的其他专利代理机构。"从而，在法律上确定了涉外专利代理机构的法律地位。涉外专利代理的指定制度在《专利法》实施之初以及此后相当长的一段时间里，为保证涉外专利代理事务的顺利展开，发挥了较好的作用。

在从专利代理队伍的初建到建成一个可以初步胜任各项专利代理业务工作的行业队伍的过程中,原中国专利局和几家涉外代理机构做了大量的工作,在专利代理机构的组建、培训和规制方面发挥了重要作用。同时,我国的第一代专利代理人不畏艰难、边干边学,从实践中摸索方法、总结经验,勤勤恳恳、艰苦奋斗,从简单的收案程序设计到申请文件的语言格式和词汇遴选等,一切从头做起,经历了一段不平凡的创业过程,为我国专利代理事业的发展奠定了良好的基础。

在立法工作之后,我国的专利体系作为一个整体实际上是专利代理工作率先启动并投入正式运转的。

1984年,《专利法》的颁布先在国内掀起了一股不小的"专利热"。一些国内企业和个人在中国专利局正式受理专利申请之前一年就先行开始了向国外申请专利。这第一批向国外提出的专利申请是我国第一代专利代理人边学习、边实践而收获的第一批工作成果。这其中有不少涉及很有影响的发明。

在1985年4月1日原中国专利局正式受理专利申请之前,各专利代理机构都已经正式开始受理申请人委托的业务,启动了专利申请的撰写工作、翻译工作和大部分管理流程。在接近4月1日的几个星期,各专利代理机构的专利代理人基本上是夜以继日地工作,为理解和准确表达申请人的意图而反复研究、探讨,然后再定稿。所有这些都体现了第一代专利代理人一丝不苟、认真负责的敬业精神。

2 我国专利代理制度的巩固和完善(1985~2001年)

为了完善我国的专利代理制度,加强对专利代理人队伍的规范和管理,从1985年上半年开始,我国有关部门陆续颁布了一些规定和措施并予以施行。1985年3月,原中国专利局发布了《关于专利代理工作的几项暂行规定》(国专发咨字〔1985〕第51号)文件,同年4月,又发布了《关于专利代理机构备案的通知》。1985年9月,经国务院批准,原中国专利局正式颁布了《专利代理暂行规定》。该规定是我国首部对于专利代理进行规范化和制度化管理的正式行政规定,它明确规范了专利代理机构的设立、专利代理的业务范围、专利代理人的考试和执业的条件和要求,为发展和完善我国专利代理制度发挥了积极的作用。

根据《专利代理暂行规定》,原中国专利局于1986年下半年对持有上述专利代理人临时证书的人员进行了考核,对于符合学历和经历等条件要求的持证人员,换发正式的专利代理人证书。对于不符合上述条件和要求的,不再核发专利代理人证书。同时,为了规范专利代理人的考核,由原中国专利局、司法部、原教育部以及专利代理机构的代表组建专利代理人考核委员会,并设立了专利代理人考核委员会办公室,具体承担专利代理人考核的工作。在1988年和1990年,专利代理人考核委员会举办了两次专利代理行业的统一考试，使我国专利代理的行业化发展逐步走上了法律化、制度化的轨道。

为进一步使专利代理行业的收费标准规范化，1988 年 12 月，原中国专利局与国家物价局一同发布了《关于专利代理机构收取专利代理费的通知》，从物价管理方面对专利代理整体行业加强了管理。为加强专利代理人队伍的管理，强化行业自律，维护专利代理人的合法权益，增进专利代理机构和专利代理人之间的交流，理顺专利代理人的管理关系，经过几轮磋商，中华全国专利代理人协会于 1988 年 12 月得到民政部批准正式成立。

1991 年，在总结了《专利代理暂行规定》5 年实践的基础上，原中国专利局报经国务院批准，正式颁布和实施了我国第一部专利代理法规——《专利代理条例》，废止了原《专利代理暂行规定》。《专利代理条例》对于专利代理的概念，专利代理行为的主体，专利代理机构的组织形式、设立条件和审批程序、业务范围和执业纪律以及罚则等都作了较为详尽的规定。按照《专利代理条例》的要求，专利代理人的考试、执业模式和管理与之前的《专利代理暂行规定》的规范相比发生了较大的变化。首先，改专利代理人证书为专利代理人资格证书并增设了专利代理人从业许可的规定。在符合专利代理人考试条件的人员通过专利代理人考试并领取了专利代理人资格证书后，他并不能以专利代理人的名义正式从事专利代理业务，而需接受专利代理机构的聘用，获得从业许可，即领取了专利代理人工作证后才可正式从业。其次，改专利代理行业考试为专利代理人资格的全国统一考试。为配合《专利代理条例》的施行，原中国专利局重新核发专利代理人的证书，对专利代理机构重新登记公告。

《专利代理条例》的颁布施行，使我国的专利代理事业的发展进入了一个新的阶段。

在我国专利代理事业从初创到发展的十多年中，原中国专利局和国家知识产权局（包括原中国专利局）通过制定一系列有关专利代理的规章制度，为专利代理行业的建立、发展和规范提供了制度保障，同时在专利代理机构的业务指导和专利代理人的培训等方面，也发挥了主导作用。就培训而言，如上所述，原中国专利局在《专利法》实施之前就通过举办首期专利代理人培训班（香山班），培养了一批在组建各行业、各省市专利代理机构时发挥核心作用的骨干；在《专利法》实施之后，又选派优秀教师奔赴全国各地，继续培训专利代理人员，并对现职专利代理人进行了多方面高层次的培训。据不完全统计，在原中国专利局的直接支持、帮助和合作下，自 1988 年至 2001 年的十数年间，中华全国专利代理人协会就单独或与原中国专利局合作举办了各类培训班、讲座等，培养了大量的专利代理专业人员。同时，还利用各类与国外同行交流的时机，如组团出访、举办研讨会、交流会等，为各专利代理机构提供机会，使之得以学习外国同行多年在专利代理行业实践的成功经验，加强我国专利代理机构与国外同行的联谊与合作，从而提高了我国专利代理机构的整体素质和水平。

在这一期间，我国的专利代理机构也在不断的实践中，想方设法加强人员培训、学习、总结和提高专利代理机构的业务经营能力和管理能力。自 1985 年开始代理第一批向中国专利局提交的专利申请案件之前，一些专利代理机构就制订规划，不间断地安排人员赴外国事务所、专业院校进行培训。在外国事务所中实习，使中国专利代理人员在专利代理实务上以及语言上的能力都得到了极大的提升。同时，利用这些培训机会，派出人员广泛地与外国的同行接触和联系以及交朋友，为宣传中国专利制度、扩大中国影响、提高中国在国际上的形象发挥了很好的促进作用。

值得一提的是，我国专利代理制度的顺利建立和发展是和一些国家的同行的帮助分不开的。在我国专利代理人队伍的初建以及成长的过程中，一些外国的法律界和实业界的专利代理人和律师朋友们以及国际知识产权和专利行业性组织给予了我国专利代理人很大的、具体的和多方面的帮助。尤为值得提及的是，我国专利代理机构选派到日本、德国和美国等国家的专利代理机构和律师事务所实习的人员，不仅从外国同行的工作实践中学到了严谨、专业和勤勉的实务经验和工作精神，还取得了大量的、非常实用的、具体的专利代理工作文件资料，如专利代理工作流程表、格式通知函、工序表格、专利代理行业词汇表，以及内部组织机构和工作岗位设置等。这些经验和资料在我国专利代理机构开展业务初期起到了重要的借鉴作用。

经过了十多年的专利代理实践，我国的专利代理机构得到了很大发展。截至 20 世纪末，我国专利代理机构已有 500 余家。然而，在这 500 余家专利代理机构中，有很多是属于国有企事业单位和国家各个部委、地方政府组建的。随着我国改革开放政策的进一步施行，这些专利代理机构的组织形式及其性质已经不适应社会主义市场经济的不断发展。中共中央办公厅于 1992 年 10 月发布《关于党政机关与所办经济实体脱钩的规定》，要求党政机关和政府部门，特别是司法机关和政府职能部门不得组建任何类型的经济实体，已经兴办的必须在职能、财务、人员和名称上与原单位脱钩。为执行党中央的决定，中国专利局于 1993 年 10 月召开了全国专利代理机构工作会议，针对专利代理机构的改革发出了《关于专利代理机构设置及管理工作的若干意见》。该意见要求政府部门设立的专利代理机构与行政机关在职能、财务、人员和名称上与原单位脱钩，鼓励专利代理机构走完全自负盈亏、自我管理和自我经营的道路，成为能独立承担民事责任的主体。这份文件对于我国专利代理制度的发展具有重大的指导意义，它为我国专利代理体制的改革规范了方向，推动了专利代理事业的发展。

2000 年，国家知识产权局根据国务院清理整顿经济鉴证类社会中介机构的工作部署，经过调查研究，发出了经过国务院清理整顿经济鉴证类社会中介机构领导小组批准的《专利代理机构脱钩改制的实施意见》，并随之于 2001 年年初开始了专利代理机构的脱钩改制工作。

至 2001 年年底，专利代理机构的脱钩改制工作基本完成。据统计，共有 249 家专利代理机构按照国务院的要求完成了脱钩改制或进行了规范，165 家由于未能在规定期限内完成脱钩改制而被注销。

这次专利代理机构的脱钩改制是我国专利代理制度的一个重大改革，使专利代理机构逐步形成完全的自负盈亏、自我管理和自我经营的经营机制，适应社会主义市场经济的发展，理顺了专利代理机构的竞争关系，创造了较为公正和合理的竞争环境，为我国专利代理事业的发展夯实了基础。

3　我国专利代理制度的改革和发展（2001 年至今）

经过了脱钩改制，我国的专利代理制度发生了深刻的变化，也进入了一个新的发展阶段。为了适应脱钩改制后的我国专利代理行业的新格局、加强专利代理行业的管理，国家知识产权局于 2002 年 6 月报经国务院清理整顿经济鉴证类社会中介机构领导小组同意，以国家知识产权局局长令的形式颁布施行《设立专利代理机构审批办法（暂行）》。2002 年年底，国家知识产权局又发布了《专利代理惩戒规则（试行）》《关于印发专利代理人代码标准实施方案的通知》和《专利代理惩戒委员会工作规程（试行）》。2003 年 6 月，国家知识产权局根据试行《设立专利代理机构审批办法（暂行）》一年来的情况，颁布了《专利代理管理办法》，同时废止了《设立专利代理机构审批办法（暂行）》，并且恢复了由于专利代理机构脱钩改制而暂停的年检工作。2004 年，为了加强专利代理机构的管理、严格专利代理人行业的准入规范，国家知识产权局又发布了一系列的规定，其中包括《专利代理人考试规则》《专利代理人资格考试考务规则》以及《香港、澳门居民参加全国专利代理人资格考试的安排》等规定。这些规定使得申请成为中国专利代理人的资格范围更宽，在一定程度上更加强了专利代理人的行业竞争。2005 年，中国的专利代理人考试制度又一次经历了改革，5 月 4 日，国家知识产权局发布了全国专利代理人资格考试制度的改革方案，内容包括了缩减考试间隔，改两年一考为一年一考；将考试科目从四科改为三科；在考试结束后即公布参考答案；以及按照比例确定录取标准等。

2005 年 9 月，包括"知识产权中介服务体系研究"在内的国家知识产权战略研究和制定工作正式启动。在不断加强与国际上的专利事务所、专利代理人协会等联系和交流的基础上，在欧盟的"一项全面支持中国专利执行的项目"的支持下，广州、北京和上海举办了不同内容的专利代理培训班。2008 年，国务院发布的《国家知识产权战略纲要》明确提出要"发展知识产权中介服务"，这使得我国的专利代理制度迈上了一个新的发展阶梯。2008 年，我国《专利法》进行了第三次修改。在 2009 年 10 月开始施行的第三次修改的《专利法》中，我国废除了涉外专利代理机构的指定制度，这就意味着，自第三次修改的《专利法》施行之日起，外国人申请中国专利或办

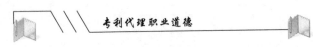
理其他专利事务时，可以委托任何一家依法设立的专利代理机构代为办理专利申请事宜。2011 年 6 月，国家知识产权局又发布了《关于规范台湾居民参加 2011 年全国专利代理人资格考试有关事项的公告》，使我国台湾地区居民在满足规定的条件下得以参加全国专利代理人资格考试，并在考试合格后可以申领专利代理人执业证、在大陆已经批准设立的专利代理机构中执业或成为专利代理机构的合伙人或者股东。这样的专利代理体制改革以及允许台湾地区居民参加考试和执业等几项重大措施给我国专利代理行业带来了深远的影响，为专利代理行业内的公平竞争开创了更好的环境，为各专利代理机构的壮大和整个专利代理行业的健康发展提供了更好的平台和机遇。

第三次修改的《专利法》施行之后，中国专利代理行业迎来了大发展的新局面。据统计，从 2007~2012 年的 6 年中，专利代理机构即从 655 个猛增至 881 个，增长情况如图 1-1 所示。

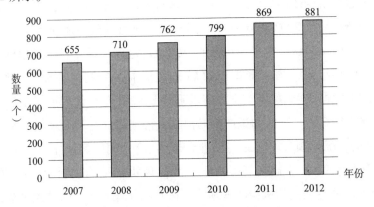

图 1-1　2007~2012 年中国专利代理机构数量变化图

（数据统计截至 2012 年 5 月 31 日）

除中国专利代理机构的数量得到大发展之外，中国的专利代理机构以及专利代理人从专利代理制度初建到目前的近 30 年来，在机构管理、代理事务管理、个人知识、技能、经验等方面也都得到了很大的提升。

在 20 世纪 80 年代，中国尚处在改革开放刚刚起步、整体的经济体制还属于计划经济模式的状态之中。与之相适应，当时中国的专利代理机构沿袭了传统的管理体制，各专利代理机构基本都是由各部委、省市政府、高校、研究机构所设立。三家涉外代理机构除一家在法律上为中外合资之外，也都属于国家所有。大部分专利代理人也都隶属于国家事业单位干部编制。因此，大部分专利代理机构在经营管理上，基本上采用的是传统的管理模式：专利代理机构的领导干部由上级单位任命，实行党委书记、支部书记或部长、所长负责制，职能部门按"处""室""组"等设立，业务运作以从上到下下达任务的方式呈纵向管理状态。

在经历了多年的业务实践以及脱钩改制的变革之后，中国的专利代理机构的机构、业务和人员管理水平得到很大的提高。目前，中国大多数的专利代理机构在结构上，基本上都是采用了国际上较为通行的做法，即合伙制，在管理上实行了协商合作的协调机制，个人创收业绩与个人收益直接挂钩，摒除了人浮于事的繁文缛节的机构设置体制；同时，在专利代理人的管理方式上，采用了基础工资加提成的浮动报酬制度，以及职务、级别和待遇的提升规制，为专利代理人的职业发展提供了较为合理的发展空间，以灵活的激励机制调动了专利代理人的工作积极性，从而在一定程度上，保持了专利代理人队伍的稳定和顺利发展。在业务管理上，目前中国的专利代理机构已经基本上从过去的"刀耕火种"的人工流程管理转为计算机程序的全程监控管理方式，实现了有效的时限管理，基本上杜绝了时限管理的失误；在人员调度、岗位设置以及人事安排上，有些事务所还将企业经营管理理念纳入了事务所的管理体系之中，为中国专利代理事务所的管理开拓了一个新的格局。由于专利代理毕竟是一项由专利代理人执业，而且更多地依赖专利代理人个人能力的行业，因此，专利代理人个人能力的提升直接影响着整体专利代理行业的发展。近 30 年来，经过几代专利代理人的努力和孜孜不倦的业务追求，专利代理人的文件撰写能力、多种语言能力、与客户沟通能力都得到了很大的提高。从代理案件上看，我国专利代理人为申请人撰写的专利文件质量，得到了越来越多的委托人的认可。在为委托人转达审查意见时，从过去的类乎照本宣科式的转递转为根据委托人要求提供或简明或详尽的代理意见的较高水平的代理服务，使我国专利代理的整体水平得到很大的提高。

第 3 节　主要工业国家和地区的专利代理制度

1　日本专利代理体系

1.1　日本专利代理制度的发展历史

在日本，专利代理人被称为"弁理士"，规制专利代理制度的法律为《弁理士法》。

日本的弁理士制度建立于 1899 年。日本最早的专利法——《专买特许条例》在 1885 年开始实施，因此日本的弁理士制度比日本的专利制度晚 14 年。日本自建立专利代理制度以来，经过 110 多年的发展历程，已经发展成为一个非常成熟的行业。截至 2010 年，日本的弁理士人数已经从最初的 138 人增加到 8 851 人。这些弁理士的大约 80% 分布在 3 700 家专利事务所，大约 20% 分布在各类企业，从不同的侧面，为日本"专利大国"的形成发挥了不可或缺的作用。

日本的弁理士在专利代理制度建立之初并不叫做弁理士，而被称作"专利代理业者"。日本第一部涉及专利代理人即专利代理业者的法规是 1899 年颁布施行的《专利代理业者注册规则》，根据该规则登记注册的专利代理业者仅有 138 人。10 年后，日本将专利代理业者改称为专利弁理士，并公布《专利弁理士令》。1915年经过日本专利局局长的许可，日本成立了"日本专利弁理士会"。1921年，日本的《弁理士法》颁布，将"专利弁理士"更名为"弁理士"。1922年经农商务大臣的认可，设立"弁理士会"，制定《弁理士会会则》，并实施第一次弁理士资格考试。日本的《弁理士法》自颁布至今，历经数次修改，内容不断得到充实：如1938年的修订规定弁理士强制加入弁理士会，1948年规定弁理士作为诉讼代理人参加专利等的行政诉讼的诉讼资格，1960年将弁理士注册登记的业务从专利局移交弁理士会。2002年，日本对《弁理士法》进行了大幅修改，并将"弁理士会"更名为"日本弁理士会"。2003年，自上次修改仅时隔一年，日本又对《弁理士法》进行修改，规定对于侵权诉讼（即涉及专利、实用新型、外观设计、商标和集成电路布图设计的侵权诉讼以及涉及不正竞争利益的诉讼），通过诉讼代理业务考试并注册的弁理士可以作为诉讼代理人与律师一起出庭或者经法院许可后单独出庭，明确了弁理士在侵权诉讼中的诉讼地位。从2005年起，日本又陆续对该法进行了修改，增加了弁理士可以从事不通过诉讼解决的著作权纠纷以及禁止侵权产品进出口的海关申诉手续的代理权限，同时导入了注册弁理士必须参加"继续教育培训"（5年70课时）以及弁理士在登记注册之前必须参加"实务研修"等规定。

截至2010年年底，在事务所从业的弁理士之中，有98.44%在个人经营或合伙制的专利代理机构，1.56%的弁理士在专利业务法人（公司制）的专利代理机构。日本弁理士的男女比例差别较大，为87.3%比12.7%；年龄跨度也大，最小年纪的弁理士为22岁，最大的为104岁。在日本并非要求弁理士必须具备理工学科教育背景，据2010年年底的统计，文科教育背景的弁理士有1 760人，占弁理士总数的20.2%，理工背景的弁理士有6 829人，占弁理士总数的78.4%，其他专业背景的弁理士有124人，占总数的1.4%。取得弁理士资格的途径也各不相同，律师通过申请注册即可以成为弁理士，具有专利局7年以上审查经验的审查员也可以成为弁理士。截至2010年，日本从律师通过注册成为弁理士的有136人，曾担任过专利局审查员的弁理士为620人。但大多数日本的弁理士都是通过弁理士考试而获得弁理士资格的，约为7 714人。❶

1.2　日本弁理士的资格和资格考试

在日本要取得弁理士资格，根据日本《弁理士法》第7条的规定，必须通过弁理士考试或具有律师资格（需要在日本弁理士会注册），或者作为审查员从事审查或复审工作合计7年以上。

日本弁理士考试由日本特许厅下属的工业所有权审议会主持，每年举行1次。每

---

❶ 具有弁理士资格但未在日本弁理士会登记注册的弁理士不多，仅有100余人。因此，弁理士会员人数与弁理士资格人数大约相等。

次考试又分成3轮，第1~3轮考试全部合格者才能获得弁理士资格。第1~3轮的考试时间依次为5月、7月和10月。第1轮和第2轮考试合格成绩可以保留2年。对参加考试人员的资格，例如年龄、学历、国籍以及专业等没有特别限制。原则上，任何年龄、任何学历、任何专业、任何国籍的人员均可以参加弁理士考试。第一轮考试内容为选择答题书面考试，主要包括工业产权（专利、实用新型、外观设计、商标）有关法律法规、工业产权的国际条约（《保护工业产权巴黎公约》《专利合作条约》等）、著作权法和反不正竞争法。选择答题为五择一方式，共60题，考试时间为3.5小时，满分为60分。每年的合格分数不定，按保证参加考试人员的60%以上能够合格的比例确定。通常合格分为40分左右。修得工业产权有关课目学分的硕士毕业生自毕业之日起2年内免除工业产权有关法律法规和工业产权国际条约的考试科目。从事审查或复审5年以上的人员免除工业产权有关法律法规和工业产权国际条约的考试科目。第二轮考试内容为论文式书面考试，包括必考科目和选择科目两类。前者为工业产权有关法律法规，即专利法、实用新型法、外观设计法和商标法；后者为从工学、数学/物理、化学、生物、信息和与弁理士业务相关法律这6个科目中选择1个科目。考试时间为：必考科目：专利/实用新型2小时，外观设计1.5小时，商标1.5小时；选择科目：1.5小时。考试合格标准为：必考科目合计得分必须达到满分的54%，并且没有得分不满47%的科目；选择科目合计得分必须达到满分的60%以上。取得理工科硕士或者法学硕士以上学位或者具有一定的资格（工程师、一级建筑师、药剂师、司法代书人、行政代书人等）的应试人员可以免除上述选择科目，在专利局从事审查或复审5年以上的人员免除上述必考科目。考试第三轮为口头答辩，答辩科目包括与工业产权有关的法律法规，如有关专利和实用新型的法律法规、与外观设计有关的法律法规，以及有关商标的法律法规。各个科目考试用时各10分钟。采用A、B、C三等级的打分标准。有两个以上科目为C等级时，则不合格。在专利局从事审查或复审5年以上的人员免除口头答辩。2010年日本报考弁理士考试的人数为9 950人，参加考试人数为9 152人，合格人数为756人，合格率为8.3%。

1.3 日本弁理士的执业及其范围

日本弁理士的执业由日本《弁理士法》予以规范，除了法律有另外规定之外，不具备弁理士资格的任何人不得从事专利、商标代理业务。

根据日本现行《弁理士法》第4条、第5条和第6条的规定以及日本弁理士的实际执业形态，其执业范围可以归纳为：根据企业的委托，撰写专利说明书，并提交申请（主要业务）；答复审查意见通知书（中间处理）；缴纳专利年金和办理商标续展；提供与专利、实用新型、外观设计以及商标有关的咨询，担任知识产权法律顾问；对已授权专利、实用新型的技术范围和外观设计、商标的权利范围提供鉴定意见；代理专利、实用新型、外观设计、商标、技术秘密、集成电路以及著作权的转让或实施许

可谈判，订立转让或实施许可合同；提起驳回复审，请求宣告专利无效；作为诉讼代理人或诉讼辅佐人，参加涉及专利权、实用新型权、外观设计权以及商标专用权的行政诉讼和侵权诉讼；代理禁止侵权产品进出口的海关申诉手续；代理著作权纠纷的法庭外处理手续。

日本弁理士作为诉讼代理人或诉讼辅佐人，参加涉及专利权、实用新型权、外观设计权以及商标专用权的行政诉讼和侵权诉讼有三种方式：第一种是作为诉讼当事人和诉讼代理人的辅助人员，即诉讼辅佐人参加诉讼，与当事人或者诉讼代理人一起出庭、陈述意见或进行询问。其陈述和询问视为当事人或诉讼代理人本人作出的陈述和询问，但可以由当事人或诉讼代理人立即取消或更正前述陈述。第二种是单独诉讼代理。与上述诉讼辅佐人制度一样，日本《弁理士法》最初也规定了弁理士具有对专利、商标驳回复审决定和无效、复审决定提起的行政诉讼的诉讼代理权。在日本，作为获得权利的最终手段，对驳回复审决定提起的行政诉讼的绝大多数由弁理士单独代理。而对无效、复审决定提起的行政诉讼，因通常伴随着侵权诉讼，作为一种对被控侵权最有效的防卫手段，由弁理士和律师共同代理的情形并不少见。对于弁理士具有行政诉讼单独诉讼代理法律地位的规定，由《弁理士法》第6条第1款所规定。第三种为共同诉讼代理。为了充分发挥弁理士的专业特长，满足日益增长的知识产权侵权诉讼业务的需要，日本于2002年（平成14年）对《弁理士法》进行了全面的修改。其中最重要的修改是引进了"共同诉讼代理"制度。根据共同诉讼代理制度，对于侵权诉讼（即涉及专利、实用新型、外观设计、商标和集成电路布图设计的侵权诉讼以及涉及不正竞争利益的诉讼），通过诉讼代理业务考试并注册的弁理士可以作为诉讼代理人与律师一起出庭或者经法院许可后单独出庭。有关弁理士具有"共同诉讼代理"法律地位的规定，由《弁理士法》第6条之二款所规范。

1.4 日本弁理士的管理和惩戒

在日本，弁理士的违法行为根据《弁理士法》和《弁理士会会则》的规定进行惩戒或处分，而弁理士的执业行为则由《弁理士职业道德指南》（第36号会令）来进行规范。

《弁理士法》第32条规定的惩戒客体是违反《弁理士法》的行为，《弁理士会会则》第49条规定的处分客体是违反弁理士会规则的行为。

弁理士是日本依照《弁理士法》仅授予拥有适当资质的人的一种资格。为了保证弁理士的公共性，日本对弁理士不当执业、违反《弁理士法》的行为等以行政处罚的形式课以惩戒处分。

《弁理士法》第32条具体规定了对弁理士惩戒的三种种类：警告、2年之内的停业或部分停业和禁止执业。

"警告"是就违法事实对相关弁理士进行的告诫，所以对弁理士业务和弁理士资格不会发生具体的影响。但是，由于惩戒处分会在政府公告上公布（《弁理士法》第36条），所以会影响到弁理士的信誉。

如果受到"2年以内的停业或部分停业"的处分，该弁理士虽然具有弁理士资格但却不得执业，因此，很难维持和客户的合同关系。

"禁止执业"是最严厉的惩戒处分，受罚者将被注销弁理士注册，自动退出弁理士会。并且，自处分日起3年以内不得再次申请弁理士资格。

惩戒事由主要包括违反《弁理士法》或者违反《弁理士会会则》的行为。另外，违反《弁理士职业道德指南》的行为也有可能成为惩戒的客体。惩戒对象包括弁理士、专利业务法人、事务法人的合伙人弁理士以及事务法人的雇员弁理士。《弁理士法》第54条规定：专利业务法人违反《弁理士法》或相关行政法规时，经济产业大臣可对其课以警告、停业、解散的处分。《弁理士法》第33条规定了惩戒程序，根据该条规定，任何人发现有弁理士违反《弁理士法》或相关行政法规规定，或者有与弁理士身份不相称的严重不良行为时，均可向经济产业大臣报告，要求采取适当措施。经济产业大臣接到报告或认为弁理士具有符合前条规定的事实的，应对事件进行必要的调查。

日本《弁理士法》还对调查的具体方式、惩戒处分公示、处分种类和事由，以及处分程序等作了较为详尽的规定。

2 美国专利代理的规制

2.1 美国的专利代理职业人

美国的专利代理从业人员分为专利代理人（patent agent）和专利律师（patent attorney）。美国的专利代理人是通过专利代理人资格考试，在美国专利商标局申请并符合注册条件的从事专利代理事务的个人。美国的专利律师是通过了美国律师资格考试，在美国联邦法院或州法院注册并执业，同时也通过了专利代理人资格考试并在美国专利商标局注册的可以从事专利代理业务的律师。

成为美国的专利代理职业人必须具备以下条件：

① 为美国公民或在美国合法居住的外国人。在美国合法居住的外国人是可以成为在美国专利商标局注册的专利代理职业人的，但条件是这种注册与外国人持续合法地居住在美国的条件不相违背。

美国专利商标局对于居住其他国家的从事专利代理行业职业人，根据互惠原则，也有条件地许可他为其所在国的专利申请人在美国专利商标局代理专利申请等事宜，只要该居住其他国家的人向美国专利商标局的"注册与纪律处"提交证明，使得该办公室的主任确信他或她在其所在和从业的国家的专利局已经注册并具有正常身份，而且具备有与美国公民同样的资质条件。

② 具有良好的道德品质和名誉。

③ 具有为专利申请人提供有价值的服务所必需的法律、科学和技术资质。

④ 通过专利代理人或专利律师的资格考试并在美国专利商标局的"注册与纪律处"登记注册。

根据美国专利商标局的"获准在美国专利商标局就专利案件从业的注册考试的一般要求公告"（General Requirements Bulletin for Admission to the Examination for Registration to Practice in Patent Cases Before the United States Patent and Trademark Office），为专利申请人提供有价值的服务所必需的法律、科学和技术资质包括有三类：第一类为 A 类，即具有由学习成绩单证明的、取得美国已被认可的大学或学院，或等同于美国已被认可的大学或学院的外国大学或学院的，有关生物学、生物化学、计算机科学等 32 门学科的学士学位；第二类为 B 类，即具备由正式的成绩单证明的、取得上述 A 类人所学专业之外学科的学士学位，且接受过 24 ~ 40 专科学时的、等同于上述 A 类专业培训；第三类为 C 类，即具备实际工程和科学经验。具备实际工程和科学经验包括两项内容，第一是由正式的成绩单证明的、取得上述 A 类人所学专业之外学科的学士学位，第二是通过"基础工程考试"❶。

2.2 美国专利律师和专利代理人的资格考试

美国专利律师和专利代理人考试由美国专利商标局和一个专门从事商业性考试的称之为 Thomson Prometric 的机构负责举办。前者举办书面形式的考试，在美国弗吉尼亚州的亚历山大市举行，每年一次；后者进行计算机形式的考试，时间由该机构确定。考试大纲就是《美国专利审查指南》（简称"MPEP"）。考试内容基本相同，即对 100 道多项选择题作答，时间一天，上下午各 3 小时，共用时 6 小时。参加商业性考试的考生在考试完毕时在计算机上就可以看到非正式通知的考试结果，正式的考试结果也会寄给所有考生。每年的录取率较高。

未能通过考试的考生，在接到书面通知并从前一次考试日起算的 30 天后，可重新申请再次参加考试。美国专利代理人和专利律师执业前，必须向美国专利商标局进行注册登记。向美国专利商标局进行登记时需要提交所有必需的文件，除考试成绩外，包括美国公民身份证（骑车驾驶执照或护照等）、外国人合法居留的签证和护照、学位证明以及具有良好的道德品质和名誉的证明等。

2.3 美国专利代理人和专利律师的执业规范

美国专利代理人和专利律师的执业包括且并不限于：准备和进行专利申请；为委托人就提交给美国专利商标局的文件提供咨询意见和建议；起草专利申请的说明书和

---

❶ 美国各州都有一个被称之为"州工程测试人理事会"的机构，该机构不归任何美国政府部门管辖，也不归美国专利商标局管辖，它负责举行"基础工程考试"。

权利要求书；起草修改文件或答复美国专利商标局发出的、要求就有关发明具备专利性提出答辩的信函，以及在抵触、复审、申诉等美国专利申诉和抵触委员会程序以及其他程序中起草复审和抵触等文件等。对于是否美国的专利代理人能够为委托人撰写专利许可或转让合同，则需取决于各个美国州法的规定或法官的裁决，如果认为撰写专利许可或转让合同为"从事法律业务"，则不被允许。

美国专利律师和专利代理人的执业组织形式由每个州制定的州法予以规范。一般而言美国所有的州都规范专利律师和专利代理人可以个人执业或合伙执业，有些州不允许以代理公司形式执业。目前，美国的合伙制事务所大多改成了有限责任合伙（Limited liability partnership，LLP）、有限责任公司（Limited liability company，LLC）、专业服务公司（Professional corporation，PC）等形式。

美国对于专利律师和专利代理人在美国专利商标局执业的规范是在《美国联邦行政法典》❶ 中的第 37 主题之下制定的。该法典所制定的规范从本质上讲是强制性的，也是从业者执业行为的最低限，任何低于规范的行为都要受到纪律惩处。《美国联邦行政法典》对于专利律师和专利代理人等从业者的规范制定得非常详尽。其第 37 主题部分详细地列举了不合规范的行为以及可予处理的方式，该部分为 9 个原则（canon），如"从业者应当维护本法律职业的完整与职能""从业者应当辅助本法律职业完成其职责以提供法律咨询""从业者应当辅助防止未经授权的法律执业""从业者应当保护客户的秘密"和"从业者应当代表客户进行独立的职业判断"等，以及 30 多个纪律规范，如"从业者不得促成他所认识的，在品行、教育或其他方面不符合条件的人在美国法院或行政机关的登记注册""从业者不得以文字、通函、信函或任何方式的有意诈骗广告等方式，欺骗、误导或威胁潜在的申请人或其他在美国专利商标局有即时或潜在事务的人"，以及"在满足 §10.31 条款的规范下，从业者可以通过电话簿、法律名录、报纸或其他杂志、广播或电视等公共媒体，或通过 §10.33 规范之外的书面函件为其服务发布广告"等。对于何谓从业者的不端行为，该法典的第 37 主题章节规范得非常细致：从业者不得为毁坏声誉的、恶劣的不端行为；不得违反纪律规范；不得通过他人行为规避纪律规范；不得从事在道德上为卑劣行径的违法行为；不得从事涉及违反诚信、欺诈、欺骗或不当代理等行为；以及不得故意地或故意以施加重要影响的方式给予客户或专利商标局或专利商标局雇员错误的或误导的信息等。该法典甚至对于从业者使用其事务所的名称以及信头的使用方式都有规范。对于法律服务的收费，该法典规定：从业者不得签订收取违法费用的或明显过高收费的协

---

❶　美国全国性的法律和行政法规分别制订在 USC（United State Code，《美国法典》）和 CFR（Code of Federal Regulations，《美国联邦行政法典》）中，后者又译作《美国联邦法规法典》或《美国联邦法规》。《美国联邦行政法典》的内容包括美国联邦政府及其所属行政部门或机构所颁布的行政规定，其编排体系是以联邦机构的设置和管理内容为基础的，共有 50 个主题（卷），分为 200 多册。CFR 的编纂工作始于 1936 年，每一年编纂更新一次。

议，而当一个一般谨慎从事的从业者，在审看过相关事实后，明确地和肯定地确信该项收费超出了合理的收费时，一项收费就是明显过高的。用于考虑收费是否合理的指导因素包括所需的时间和劳动、涉及的问题的新颖性和难度、适当从事法律服务的必要技能、通常为类似法律服务的收费、从业者本次的受聘会排除其他受聘的可能性、涉及的数额和获得的结果、由客户或环境所施加的时限、与客户的职业关系的性质和时间、从事服务的从业者的经验、名誉和能力，以及是否此次收费为固定式还是绩效式等。此外根据该法典，在从业者之中做收费分配也是不允许的：一个从业者不得与另一不在同一法律事务所任合伙人的或与其事务所有关联的从业者划分法律服务收费，除非客户同意或收费的划分与各自从事的服务和责任相适应或者总的收费并非明显超过为客户提供法律服务的合理报偿。

3 德国专利代理体制

3.1 德国专利代理制度发展概况

在德国，从事专利代理业务的职业分为专利律师（patentanwalt）和专利顾问律师（patentassessor）。前者在专利代理机构工作，后者常就职于公司。德国的专利代理制度在德国于 1877 年设立德国皇家专利局 23 年之后，才在 1900 年 5 月 21 日颁布实施关于德国专利律师的法律时正式开始施行，首批具备资质的从业人员名单向社会公布。1933 年，作为专利律师的自治管理机构——德国的专利律师协会成立。1938 年底，德国颁布《帝国公民法》，其第 6 项命令禁止犹太人血统的专利律师从业。1966 年，德国公布的《德国专利律师条例》确定了现在德国专利律师的法律地位。

德国的专利律师随着专利法的实施而逐年增多。据统计，在 2000 ~ 2009 年这几年中，德国专利律师的人数平均每年增加 103 人，新注册的专利律师平均每年增加 3.2%。至 2009 年，德国专利律师总人数为 2 838 人。

3.2 德国专利律师资格、从业培训和资格考试

在德国成为专利律师必须满足如下要求：

——具有德国国籍或有住所。

——具有高等学院自然学科或工科的教育背景，如化学、物理、生物、电子学、机械制造、建筑学、冶金学和工业计算机学等专业。

——在从业培训前在科技行业工作满一年。

——经过短期从业培训或长期从业培训。短期培训为 3 年左右时间，长期培训为 8 ~ 10 年。根据德国有关专利律师的规定，短期培训为 34 个月左右，在其中的 26 个月里，专利律师资格的申请人须跟从一位专利律师或在工业领域内就职的实习专利律师实习，在随后的 8 个月里须在德国专利商标局和联邦法院实习。根据《德国专利律师条例》第 158 条规定，通过欧洲专利局代理资格考试的申请人可只进行 8 年的从业

培训，否则则需10年。

——在德国哈根的远程函授大学学习2年的基础法律知识并通过结业考试，或在其他德国法律院校学习并通过第一次法律专业全国联考。❶

——通过专利律师资格考试。德国联邦司法部任命的考试管理委员会在慕尼黑负责主办专利律师资格考试。考试包括各5小时的2次笔试和1次口试，在8个月法庭实习之后的2个月内举行。考试内容主要涉及工业产权法、民法、商法、反不正当竞争法、国际条约、外国工业产权法、专利律师法。考试合格后，向德国专利商标局进行注册登记以取得执业资格。

3.3 德国专利律师的执业范围和模式

德国的专利律师可以在德国的行政机关和法院、西班牙阿里坎特的欧盟内部市场协调局（OHIM）以及WIPO代表客户从事代理业务。没有通过欧洲专利局的资格考试的德国专利律师不能在欧洲专利局和欧盟行政机构执业。

根据《德国专利律师条例》的规定，德国专利律师是独立的咨询人和代理人，可以承办以下几类业务：为委托人提供咨询服务、在行政机关代理委托人执业、在法院代理诉讼业务和在仲裁庭进行代理。其中第一类包括在关于专利、补充保护证书、实用新型、外观设计、集成电路拓扑图保护、商标或其他按商标法保护的标识（工业产权）或植物新品种权的获得、维持、辩护及异议的事务中，向委托人提供咨询并相对于第三方代理委托人；第二类包括在专利局业务范围内的事务中代理委托人委托事项以及在联邦植物新品种局代理委托人有关植物新品种保护的事务；第三类包括在联邦法院的司法程序中代理委托人的涉及宣告专利无效、撤销专利、强制许可等事项以及在仲裁庭代理仲裁事务。

鉴于德国专利律师不同于普通的法律事务的职业律师，《德国专利律师条例》针对德国专利律师在联邦法院出庭代理委托人参加诉讼（即上述第三类业务）的法律地位和程序等作了较为详细的规定。根据《德国专利律师条例》第4条，在根据专利法、实用新型法、半导体保护法、商标法、职务发明法、外观设计法或植物新品种保护法的规定而主张权益的诉讼中，以及在针对专利法院申诉委员会的判决所提起的法律上诉程序中，应当事人的请求，专利律师有发言陈述的权利；在凡裁决涉及工业产权、数据处理程序、未受保护的发明或者其他技术领域成果、植物新品种权等的重要问题的其他法律诉讼程序中，应当事人的请求，专利律师也有发言陈述的权利；在诉讼中普通法律律师未被授权的情况下，专利律师在上述情况下有权作为全权代表进行代理。

德国专利律师的执业分为两种形式：一种为合伙执业；另一种为设立有限公司。

---

❶ 法律专业学生为获取法律硕士学位须经过两次法律专业的全国联考，专利律师只需要通过其第一次法律专业全国联考，完成从业培训。

不具备专利律师执业资格的人不得成为专利代理机构的投资者。在德国以有限公司形式设立的专利代理机构为数很少，德国大多数代理组织为合伙形式的专利事务所。不论哪种机构形式，代理委托人向专利局办理专利申请等业务只能是专利律师个人。作为有限公司的专利代理机构必须在相关机构登记，并且应取得专利局的认可。

3.4 德国专利律师执业规范和惩戒

德国对于专利律师的执业规范得比较严格。根据《德国专利律师条例》第43条，不论是专利律师还是什么形式的第三方，都不得为居中介绍委托而支出和接受一部分代理报酬或其他好处，但是可以对别的协助工作的专利律师给予合理的报酬。专利律师在一定情况下也不得与委托人签订风险协议，即通过该协议将报酬或报酬金额与所办事务的结果或律师代理的绩效挂靠起来，或者专利律师按照该协议可得到胜诉所得的一部分作为其报酬；专利律师在同一法律事件中曾任法官、仲裁员或有关人员的情形中不得执业；专利律师在其执业活动之外或者按照《德国专利律师条例》第52条a款所述的其他活动之外，曾经从事过同一事件，或正在经营或职业上从事涉及类似的技术或自然科学主题或实施情况的这类事件的情形中不得执业；专利律师也不得在其曾经代理过的涉及技术或自然科学的事务中从事经营或职业活动，即便是在其执业活动之外。

德国专利律师协会对于违反规定的专利律师进行惩戒，包括书面警告和罚款，罚款归专利律师协会所有。具体惩戒程序为专利律师协会作出罚款决定后，将决定送达专利律师。如果专利律师对于该决定持有异议，则可在收到决定后的一个月内，向所在州法院请求裁决，请求裁决应当以书面形式向专利律师协会的理事会提出，如果理事会认为请求有依据，可以撤销先前所作的警告或决定，否则须立即转送州法院。执行罚款以协会财务主管提供的附带执行证明的罚款决定的公证副本，按照民事诉讼判决执行条例向受罚人追缴罚款。

4 韩国专利代理体制

4.1 韩国的专利代理人

韩国有关专利代理人的法律规制主要体现在《韩国专利法》和《韩国专利代理人法》中。与其他国家有关专利代理人的规制不同的是，韩国有关专利代理人的专门法律先于《韩国专利法》颁布。❶ 在韩国，为在韩国没有居所和营业所的人（非居民）代理专利事务的人被称为"专利管理人"。根据《韩国专利法》第5条第（2）款规定："专利管理人在受托的权限范围内，依据本法或者根据本法的法令，在与专利相

---

❶ 《韩国专利法》于1961年12月31日第950号法案颁布，而《韩国专利代理人法》则于1961年12月23日颁布，早于《韩国专利法》。

关的所有程序和对行政机关作出的决定提出的任何申诉程序中代表委托人。"为本国公民，即居民代理专利事务的人称为"专利代理人"。根据规定，在韩国知识产权局代理委托人的专利事务应当向韩国知识产权局提交代理权的书面证据。对于代理人的代理权限，韩国规定得比较详细，例如在没有明确授权的情形下，韩国居民的专利代理人无权修改、放弃或者撤回专利申请、撤回延长专利权期限的登记申请、放弃专利权、撤回申诉、撤回动议等。

在韩国，专利代理人从事的职业活动根据规定为"……作为代理向韩国知识产权局或法庭处理专利、实用新型、工业产品设计或商标相关事务，或提出评价和其他行为。"而且应当以成立"办事处"或"公司"的方式从事专利代理活动。❶ 对于专利代理办事处或公司的成立，韩国在《韩国专利代理人法》中作了较为详细的规定，比如：办事处只可在一个地方设立，而且"专利代理人开办、暂停或关闭业务或办事处的，应当立刻向韩国知识产权局局长报告"。此外，开设专利代理公司的，专利代理人不得少于 5 名，成立前必须先得到韩国知识产权局局长的授权，而且要依据总统令规定的条件使得其专利服务"系统化和专业化"。对于公司的章程，《韩国专利代理人法》规定必须包括有：主办事处和分支办事处的目标、名称、地址；合伙人的姓名和住所；涉及合伙人会议的事项；涉及公司法人代表的事项；涉及资产和账户的事项；持续期或解散原因，如果这些事项是确定的等项内容。专利代理公司的成立，以提交专利服务登记为准，"登记后应当被认为设立"。

韩国法律对于专利代理的执业规范得比较详尽。根据规定，韩国的专利代理公司可以聘任专利代理人为其工作，但如果聘用或解除聘用该专利代理人，法律规定"应当立刻向韩国知识产权局局长提交报告"。对于非居民指定专利管理人管理专利权或者与专利有关的其他权利的，韩国法律规定专利管理人的居所或者营业所视为非居民的居所或者营业所；对非居民传送的文件，必须传送给其专利管理人，如果非居民没有专利管理人，则可以通过挂号的航空邮件发送该文件，但在此情况下，被发送的文件被视作在邮寄日送达。以成立专利代理公司为委托人提供专利代理服务的，应当以公司名义接受委托，并且应当指定专利代理人负责该专利服务，这时被指定的专利代理人或任何合伙人应是代表公司为其委托人提供服务的。任何公司的合伙人或其聘用的专利代理人不得将本属于该公司的任何专利服务提供给自己或任何第三方，也不得私自接受委托提供专利代理服务，在公司任职或聘任期内，应当由公司委派才可进行代理工作等。对于利益冲突问题，《韩国专利代理人法》第 7 条规定得比较简明："专利代理人不得处理其曾经作为案件的其他当事人的代理人处理的案件。"在韩国，专利代理人可以成为专利、实用新型、外观设计或商标相关事项的辩护律师，对此，

---

❶ 此处的"办事处"并非后面所提到的"公司"设立的"办事处"，前者类似于我国的专利代理事务所，后者则形同于我国专利代理机构的派出机构，即设在总部所在地之外的省、市或国外的办事处或代表处等。

《韩国专利代理人法》第 8 条有明确的规定。另外对韩国专利代理机构的经营模式，韩国法律规定，专利代理公司可以设立办事处，但应当至少有一名合伙人始终在分支办事处工作。对于专利代理公司的授权撤销或解散，《韩国专利代理人法》也作出了规定。

4.2 韩国专利代理人的资质

韩国的专利代理人有两类：第一类是通过了职业考试并经过登记备案的职业专利代理人；第二类是律师，即通过了韩国律师考试并办理了作为专利代理人登记的人可以成为专利代理人。但有些人是不具备专利代理人资质的，如：被判处无监狱劳动的监禁以上的刑罚的并且自其执行终止（包括其执行被认为终止的任何情形）或撤销之日起未满三年的；被判处无监狱劳动的监禁以上的缓刑的以及处于此缓刑期的；未成年人，无行为能力者或准无行为能力者；已宣布破产且未复权者；已被弹劾或纪律处分而解雇的或已受撤销登记处分的或已根据《韩国专利代理人法》或《韩国律师法》除名的，并且自此解雇、撤销登记或除名之日起未满两年的。

韩国知识产权局设立专利代理人资格委员会，审批有关取得专利代理人资格的事项，包括：考试相关事项例如专利代理人考试科目、确定通过考试的人数、享受部分免试的人员，以及涉及取得专利代理人资格的重要事项。专利代理人资格委员会的组成、职能和运作等必要事项必须由韩国总统令明文规定。

韩国知识产权局局长负责组织专利代理人考试。专利代理人考试包括第一场考试和第二场考试，考试的科目和考试相关的其他必要事项由总统令明文规定。在韩国，有些人可以豁免部分考试内容：任何在韩国知识产权局从事专利行政事务不少于 10 年的七级以上公务员免试第一场考试；任何五级以上公务员或者在韩国知识产权局从事专利行政事务的属于高级行政服务的公共服务不少于 5 年的公务员免试第一场考试的所有科目和第二场考试的部分科目，并且免试的部分科目应当由总统令明文规定。❶另外，通过第一场考试的应当仅免试下一次第一场考试一次。韩国的专利代理人考试严禁作弊，如有违反，韩国知识产权局局长可中断相关考试或取消相关人员通过考试的决定，并自其受处分之日起三年内暂停他们申请参加考试的资格。

在韩国任何取得专利代理人资格的自然人，在其作为专利代理人执业之先，应向韩国知识产权局局长提请登记，但在登记前必须完成服务培训不少于一年。通过了韩国律师考试并办理了作为专利代理人登记的人则不必完成这项服务培训。未按规定进行服务培训的不得登记从业。专利代理人登记和其他登记的相关必要事项由韩国总统令明文规定。韩国知识产权局局长可以根据专利代理人登记申请人的具体情况，如已被起诉犯罪或在任职期间受纪律处分，或由于非法行为而从其岗位退休考虑到其职务

---

❶ 此项规定已由韩国第 7796 号令于 2005 年 12 月 29 日修订。

非常不适合履行专利代理人职责的，拒绝给予登记。申请专利代理人登记的，还须依据韩国商业、工业和能源部的条例缴纳登记费。

4.3　韩国专利律师执业规范和惩戒

韩国对于专利代理人的执业制定有比较详细的规范。《韩国专利代理人法》第 8 - 2 条规定："任何专利代理人不得履行有失尊严的任何行为并应当根据法律和下属法规真诚而公平地提供其专利服务。"第 8 - 3 条规定："任何专利代理人不得让任何其他人员使用自己的名义和商标名称提供专利服务并不得转借其资格或登记证书""任何专利代理人不得就其负责的案件接受对手的任何好处，不得向对手索要此类好处或约定此类好处""任何专利代理人不得有争议地转移或接管权利"等。

韩国设立专利代理人协会和专利代理人纪律委员会，负责依据相关法律法规对韩国的专利代理人进行监督管理和惩戒。韩国的专利代理人协会是经过韩国知识产权局局长批准，以公司形式成立的，目的是促进工业知识产权体系的发展、提升专利代理人的尊严并提高其业务。该协会可以设立章程或分支机构，专利代理人协会的机构及其他必要事项由总统令明文规定。韩国法律规定："专利代理人协会应当为其成员制定职业道德方面的规则让他们在履行其职责时遵守。""成员应当遵守第（1）款中涉及的职业道德方面的规定。"韩国知识产权局局长负责监督专利代理人协会，当其认为必要时，可以要求专利代理人协会提交有关专利代理人协会的报告，或让其下属的公职人员检查专利代理人协会业务状况的记录和其他文件。韩国的专利代理人纪律委员会由包括主席在内的 7 名成员组成，主席由知识产权局副局长担任，成员由知识产权局局长从知识产权局公职人员、专利代理人或大学和学院的教授中指派或委托。专利代理人纪律委员会运作的必要事项大多皆由总统令明文规定。韩国的专利代理人纪律委员会可以对专利代理人的违纪或违法行为作出纪律处分决议。对专利代理人的纪律处分包括四种：谴责；不超过 500 万韩元的失职罚款；暂停全部或部分业务不超过两年和撤销登记。属于谴责和不超过 500 万韩元的失职罚款的纪律处分的，由该委员会全体成员的大多数同时投票表决，属于暂停全部或部分业务不超过两年和撤销登记的纪律处分的，由委员会全体成员的三分之二同时投票表决。知识产权局局长可以根据专利代理人纪律委员会的决议谴责违纪违法专利代理人。

对于韩国专利代理人泄露申请人发明或设计的秘密的，韩国法律规定得十分严厉。《韩国专利代理人法》第 21 条规定："当专利代理人或曾经是专利代理人的人员没有任何正当理由泄露或利用其在履行其职责的过程中得知的发明人、设计者、或专利或登记的申请人的发明或设计的秘密，其应当被判处不多于 5 年的监禁或不超过 1 000 万韩元的罚款。"对于"黑代理"行为，即不具备专利代理人资格的人而从事专利代理的，韩国法律认为是刑事罪，可以被判处不多于 5 年的监禁或不超过 1 000 万韩元的罚款。

5 其他地区和国家的专利代理制度

5.1 欧洲专利局的专利代理制度与专利律师❶

5.1.1 在《欧洲专利公约》等法规规范下的专利代理制度

1973 年，20 多个欧洲国家在德国的慕尼黑举行会议，讨论成立欧洲专利制度。1973 年 10 月 5 日会议结束时，16 个国家的代表签署了《欧洲专利公约》（EPC），1977 年该公约正式实施。根据《欧洲专利公约》，负责欧洲专利的审批等事务的欧洲专利局成立。针对在欧洲专利局的专利代理事务，《欧洲专利公约》随后专门设立了一章予以规范。随着欧洲专利法律制度的实施，更多有关在欧洲专利局从事专利代理的制度和规章等逐步设置和制定出来，包括欧洲专利协会❷和《纪律规则》《欧洲职业代理人资格考试规则》以及《欧洲专利局职业代理人协会行为规则》等。

在欧洲专利局从事专利代理的职业人群被称为"职业代表"或"职业代理人"（professional representative），也被称为专利律师（patent attorney）。要成为欧洲专利局的专利律师，根据《欧洲专利公约》第 134 条，申请人首先必须是《欧洲专利公约》缔约国的公民，其次必须要通过欧洲专利律师执业资格考试。此外还须在《欧洲专利公约》缔约国拥有自己的经营场所或者工作单位，最后还须按照欧洲专利局的规定形式提交相应文件资料进行注册登记，成为欧洲专利协会的会员之后，才可在欧洲专利局从业。目前，在欧洲专利协会登记的专利职业代理人已达一万人左右。

5.1.2 欧洲专利局的专利律师资格考试

欧洲专利局的专利律师资格考试每年举行一次，由监督委员会、考试组委会、考试委员会和考试秘书处共同举办。监督委员会由 4 名成员组成，其中 2 名由欧洲专利局长从本局内的工作人员中选派，另外 2 名成员由欧洲专利委员会会长从会员中遴选和提名，最后由欧洲专利局长指定。4 名成员任期两年。监督委员会负责确定考试委员会的人数和考试日期、与考试组委会协商确定考试形式和内容、监督考试行为和结果等。考试组委会由 8 名成员组成，欧洲专利局和欧洲专利协会各占一半名额，选派方式同监督委员会，具体负责指导考试委员会准备考卷、阅卷、指定每一考试委员会的主任、审阅考卷出题、确定考试参考书目以及审核判卷等。考试委员会的成员由欧洲专利局指定，负责具体的考试工作。考试秘书处辅助上述三个机构完成考试工作。

报考欧洲专利局专利律师，考生需要满足以下条件：具有大学理工科学历或考试

---

❶ 欧洲专利律师的英文正式名称为 European patent attorney，其中文译名也被翻译为"专利代理人"。鉴于我国就"专利代理人"一词正在考虑予以修改，本书采用"专利律师"一词。

❷ 欧洲专利协会（EPI）也称为欧洲专利局职业代理人协会（The Institute of Professional Representatives before the European Patent Office）。

秘书处认可的同等学力；具有至少3年全职在《欧洲专利公约》签约国内跟随专利律师工作的经历，或者具有4年的欧洲专利局审查员的工作经历。对于工作经历，《欧洲职业代理人资格考试规则》的实施细则作了十分详尽的、包括学时数额在内的具体规定。

考试分为四类试卷：第一类为A组试卷，用时为3.5小时，内容包括欧洲专利申请的权利要求书、背景技术及摘要部分的撰写；第二类为B组试卷，用时为4小时，主要内容为对专利局的审查意见作答辩；第三类为C组试卷，用时为6小时，内容为针对某欧洲专利的异议的撰写；第四类为D组试卷，包括两个部分，用时一共为7小时，第一部分为3小时，针对各类法律问题予以答复，需要考生简明扼要地予以回答并要求引用相关法律条款，第二部分为4小时，考生要对法律问题作出分析。必须通过所有以上各类试卷的考试才可取得欧洲专利律师资格考试合格。

5.1.3 欧洲专利律师的执业与纪律

对于欧洲专利律师的执业形式和内容，《欧洲专利公约》以及欧洲专利局职业代理人协会的有关规章没有作出明确的规定。从欧洲专利局的业务工作内容上，欧洲专利律师的执业范围可包括：咨询，如就如何保护客户的发明创造提出咨询意见等；专利性分析，如评价一项发明是否具备专利性；撰写专利申请文件；提出专利申请；与欧洲专利局审查员联系提出意见，如提出修改意见和对审查意见作出相关说明和答复以及代理客户提出异议和申诉等。

欧洲专利协会设置纪律委员会根据《纪律规则》和《欧洲专利局职业代理人协会行为规则》的规定，对欧洲专利律师的执业进行监督管理。对于违反规定的欧洲专利律师，可以处以警告、训斥、不超过一万欧元的罚款、吊扣执照6个月和永久吊销欧洲专利律师资格等。除欧洲专利协会的纪律委员会可予进行处罚外，欧洲专利局的纪律委员会以及欧洲专利局上诉委员会的纪律委员会也有权进行处罚。《纪律规则》规定了详细和具体的监督处罚程序和方式。

《欧洲专利局职业代理人协会行为规则》从一般规定、广告、与公众关系、与客户关系、与专利局关系、与成员关系等七个方面对欧洲专利律师的行为作出了规范。它规定协会成员的基本任务是作为一个可靠的顾问为对专利事务感兴趣的人提供服务，应当以公正的方式、不带个人情感和兴趣地、以独立的顾问身份为其客户利益服务；协会成员应当在其被阻止执业的情形下采取措施以保护其客户利益；成员之间必须是一种良好的伙伴关系以维护本行业的声誉等。对于协会成员的广告行为，《欧洲专利局职业代理人协会行为规则》规定是允许的，只要真实和客观，并且要符合诚实和保密的原则。在"与专利局关系"一节中，该行为规则规定，在所有的与专利局及其雇员的接触中，协会成员应当举止合乎礼仪并且要在任何事情上尽可能维护本协会和成员的声誉。"与客户关系"一节较为详细地规范了协会成员如何处理与客户的关系，如：成员应当从始至终为其委托客户给予足够的关注并提供必要的专业技能，同时还应及时通告其案件进展情况；成员应当谢绝与其自身利益相冲突的客户的指示要求；成员可以向客户预收费用；如果秘密公开，则成员将自动不负有《纪律规则》第2条所规定的保密义务等。

5.2 英国专利代理制度

5.2.1 英国专利代理人及其资质

在英国，专利代理人和专利律师的含义相同，两者皆指从事专利代理职业的人。英国的专利代理职业人早在19世纪就已经出现了。1882年，特许专利代理人协会成立。1889年第一位专利代理人在特许专利代理人协会注册登记。特许专利代理人协会在2006年改名为特许专利律师协会（CIPA）❶。

成为英国的专利代理人需要具有科学技术教育背景且须经资格考试合格。根据英国特许专利律师协会于1991年修改的《专利代理人考试注册规则》❷，所述科学技术教育背景是指应试人员应该具有英国的大学、综合工业大学或由英国公开大学认证服务机构（OUVS）所授予的科学、工程学学位或以数学为基础学科的学位，或者伯明翰大学学院在其升格为大学之前所授予的许可证书，或者1992年之前由国家学术奖项委员会授予的学位，或者是通过了被视为与上述学位考试相等同的其他考试的人，如法律学会的最终考试或律师最终考试等。对于具有实质性的相关工作和教育经历的申请人，联合考试委员会可以根据其申请，考虑是否可以免除对其上述教育资质的要求，并以书面形式作出决定。

资格考试是由英国特许专利律师协会和英国商标律师协会共同成立"联合考试委员会"举办的。该联合考试委员会制定有《专利代理人考试注册规则》，并每年举办专利代理人资格考试。考试分为两个部分，第一部分为基础考卷，包括专利基础和共同基础❸两个科目，专利基础科目包括基本英国专利法和程序（3小时）和基本国外专利法和程序（3小时）方面的考题；共同基础科目包括基本英国商标法（2小时）、基本国外商标法和实践（2小时）、英国外观设计和著作权法（3小时）以及基本英国法律（2小时）等方面的考题；第二部分为高级考卷，包括有专利代理人实践（4小时），起草英国和国外专利说明书（4小时），在申请、撤销和其他程序中对英国专利/申请的修改（3小时），以及英国专利的侵权与无效（4小时）等考题。

对于获得某种资质或通过某些其他学校的考试的，如"英国高等教育学院"授予的法律学位、已获英国法学会承认可在英格兰和威尔士作为初级律师执业的法律资格、法学会的最终考试、律师协会的最终考试、伦敦大学玛丽女王知识产权证书，以

---

❶ 特许专利律师协会（CIPA）的全名是：Chartered Institute of Patent Attorneys。

❷ 《专利代理人考试注册规则》的全称是："Regulations for the Examinations for the Registration of Patent Agents & Trade Mark Agents"。

❸ 所谓的"共同"是指与商标律师考试的内容相同。

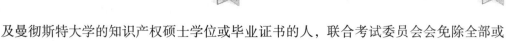
第
1
章

及曼彻斯特大学的知识产权硕士学位或毕业证书的人，联合考试委员会会免除全部或部分考卷。

英国还对申请参加资格考试的人规范了较为详细的审查程序，包括申请书应当包括的内容、提交时限、证明文件等，以及对于"联合考试委员会"的有关申请的决定的申诉程序等。

对于考试的监管，英国《专利代理人考试注册规则》规定得同样详细，包括考试安排的通知，如：有关考试时间和地点的通知应当在考前 4 个月发出、考前 1 个月内必须将考试申请递达考试委员会的秘书手中、在包括特许专利律师协会网站在内的网站上公布有关考试信息、指定监考人员等。对于"非正常考试行为"，该规则规定有：抄袭其他考生的答案；把包括书籍、考卷、笔记、计算机、电子笔记本等未经许可的材料或其他记忆辅助工具带入考场；与考场外人员联系；离开考场查看其他未经许可的材料以及考前或考后书写答案等，监考员有权将上述非正常行为以及任何违反考试规则的行为进行报告或做包括取消考试的处理。《专利代理人考试注册规则》规定，专利基础考试得分 50 分以上者为通过。

经过考试后，合格考生还不能注册为专利代理职业人。根据规定，考生还要满足以下的任一要求：第一，两年以上的知识产权领域里的全职实践工作，包括在英国一注册专利代理人或高级或初级律师的指导下从事实质上的专利代理工作；或第二，四年以上在英国的知识产权领域里从事过全职的专利代理实践工作。

满足上述条件并缴费之后，注册申请会得到批准，除非申请人有犯罪记录或其他违反规定的行为等。

5.2.2　英国专利代理人执业范围和模式

在英国没有针对经过考试并予以注册的英国专利代理人（专利律师）执业范围的详细规定。根据英国的《专利代理人注册规则》❶ 的解释，"专利代理工作"一语是："指作为代理人为他人旨在申请或获得英国或其他地方的专利的执业过程中所完成的工作，或者在涉及专利申请或其他与专利有关的事务中与英国专利局长进行诉讼时从事的工作。"因此，英国的专利代理职业人的业务工作包括专利法律咨询、相关文件的检索、专利申请文件的撰写和专利申请的代理、有关专利异议和无效事务的代理以及有关的诉讼等。在过去，英国的专利代理职业人并没有在法院出庭代理的权利和职能。经过特许专利律师协会多年的努力，英国的法院最后同意允许专利代理职业人有权出庭代理，条件是须经过专门培训、考试和实习。被允许出庭代理的专利代理职业人须首先通过了特许专利律师的考试并成为会员，其次还具有诉讼权利证书。

对于可以出庭进行诉讼代理的专利律师，英国规定得比较详细。英国特许专利律

---

❶ 《专利代理人注册规则》的全称是"The Register of Patent Agents Rules"。

师协会特别制定规则——《英国专利律师持有并在诉讼权利证书范围内进行代理的执业行为准则》❶，就持有诉讼权利证书的专利律师的诉讼工作作出规范，如原则、能力、利益冲突、雇佣、保密以及责任等。

英国专利代理职业人的执业方式有三种：个人、合伙和成立执业公司。大多数的英国专利代理执业都是以个人开业或成立合伙事务所的方式进行的，原则上都承担无限责任，有限责任的合伙在特定的规定之下也可成立并被允许执业。

5.2.3　英国专利代理人的执业监管

除上述的《英国专利律师持有并在诉讼权利证书范围内进行代理的执业行为准则》之外，英国特许专利律师协会制定有多项辅助性和解释性的规则或规范对专利律师进行监督管理，如：《英国专利或商标律师品性和适合性评估准则》《英国特许专利律师协会关于遵守执业行为准则的指导方针》《英国特许专利律师协会监管及惩戒程序》《英国专利律师和商标律师登记机构条例》以及《根据会章第14条制定的执业行为准则》等。

英国对于专利代理职业人的监管是比较严格和周密的。《英国特许专利律师协会关于遵守执业行为准则的指导方针》规定："会员应保持对相关知识和专业技能的最新掌握。""当被要求在其技术领域外提供建议和代理时，会员应坦诚告知客户，为客户最大利益考虑，推荐、寻求意见，或将整个转至更有资格的人去处理。""会员有责任只收取合理的费用……"以及"会员在没有清楚的证据时，不应明确地或以其他方式指责另一会员的能力、诚实或职业名誉。这意味着不应与其他会员进行不公正的比较"等。《根据会章第14条制定的执业行为准则》规定："会员应尽责、尽心和客观地执业，将客户的利益放在首位，并且在遵守法律以及会员在法院或法庭的义务的同时，尊重客户的信赖。""除非相关客户同意，会员不应为与已代理客户在某一方面具有冲突的其他客户进行代理""在英国提供知识产权服务作为主要私人执业者的会员，应负责确保具有足够的资金，在由于会员的执业失误给客户造成损失时提供补偿。该资金应包括由英国人士与实体在英国法院引起的每个权利要求至少250 000英镑的专业补偿保险。"以及"宣传活动在公平、不失尊严、完全准确，给人真实印象的情况下是被允许的"等。

英国特许专利律师协会制定的《协会章程》❷和《英国特许专利律师协会监管及惩戒程序》赋予协会委员会处罚违规行为的权力。《协会章程》第五章规定，如果一名会员被协会纪律委员会认定为违规，则在给予其答复机会后，处以从私下警告、公开训诫、罚款、命令采取补救措施，直至开除会籍的处分措施。《英国特许专利律师

---

❶　《英国专利律师持有并在诉讼权利证书范围内进行代理的执业行为准则》的英文名称为："Rules of Professional Conduct for Patent Attorneys Holding and Acting within the Scope of Litigation Right Certificates"。

❷　《协会章程》的英文名称为："By – laws"。

协会监管及惩戒程序》就监管和惩戒的程序作了十分详尽的规定。

5.3　法国专利代理制度

5.3.1　法国的专利代理职业人和工业产权律师

在法国从事专利代理行业的职业人分为两类：一类是专利律师；另一类是工业产权律师，两类总共人数为 1 900 多人。❶ 法国关于专利代理职业人的规范统一收录在《法国知识产权法典》之中。根据该法典，具有良好品行的、满足职业资格和实践条件的公司雇员、自由职业者、团体或受雇于另一自由职业者的员工都可以注册为工业产权律师。法国工业产权局局长每年都编制工业产权律师名单并将其对社会予以公布。未在工业产权局局长编制名单中的人不得使用工业产权律师名称、同等名称或可能引起混淆的名称。

法国的专利代理职业人须具有工程或自然科学的学位，并且在法国斯特拉斯堡大学里的国际知识产权研究中心（CEIPI – *Centre d'études Internationales de la Propriété Intellectuelle*）参加过法律培训课程，并且要通过法国工业产权局（INPI）举办的考试。

由法国工业产权局设立的、包括一些工业产权律师在内的考试委员会主持法国的专利代理执业资格考试。考试分为笔试和口试两个部分。其中笔试包括有两个试卷：A 卷和 D 卷。A 卷为根据客户指示起草法文专利申请文件（通过欧洲资格考试者此项免试），D 卷为给客户就自由使用分析提供咨询意见。口试包括案例研究和回答评审团的问题。

5.3.2　法国专利律师的执业

根据法国法律规定，通过法国专利代理资格考试，且已经注册登记的法国工业产权律师可以常规或有偿服务的方式为公众提供代理、协助或者代表第三者获得、维持、利用和保护专利权利、附属权利以及与此相关的所有权利，包括提供咨询以及起草私人文件。❷

因此，法国的专利代理职业人的执业服务范围包括起草申请文件、提供有关知识产权的咨询、检索等工作。

5.3.3　法国专利代理职业人的执业模式

根据法国法律，专利代理职业人从业可以单独自由执业，也可以集体执业或受雇于自由执业人从事专利代理工作。另外，法律规定在法国也可以民事法律行业公司或其他公司的形式从事工业产权律师的执业。以其他公司形式从业的，董事会董事长、总经理等主要公司成员本人须为工业产权律师，且持有一半以上的公司股份和投票权。

5.3.4　法国工业产权律师的行业规范

在法国，工业产权律师的行业规范是比较严格的。法国的工业产权律师行为准则

---

❶ 郑友德，张坚，李薇薇. 美国、欧盟以及亚洲各国专利代理制度现状及其发展研究［J］. 知识产权，2007（2）.

❷ 归纳自《法国知识产权法典》第二部分第二章 L.422 – 1。

及职业道德管理规定在保密、举止礼仪、职业的独立性、利益冲突、收费以及保险等方面规定了多项内容，如：工业产权律师在所有提供工业产权领域的服务及其他事务中受保密义务的约束，且这种约束延及他们为客户提出的意见、与客户的来往信函与交谈的内容，以及会议记录及所有文件的内容；工业产权律师在一切事务中应行为正直、忠诚、礼貌和无私；工业产权律师不得参与非工业产权领域的公司的商业活动及职能活动，也不得从事教师、调解人或法律专家等职业；工业产权律师不得为存在对立利益关系的客户提供咨询服务、协助或代表其处理事务，也不得在以前客户的信息有可能受到侵害时接受新的案件；在与客户签订的代理协议中确定有关代理费用要视不同因素而定，比如难度、紧急性、所花费的时间、重大的经济利益、律师声誉，并且在发票上必须分别体现费用和支出；所有的工业产权律师必须提供证据，以证明其已购涉及执业疏忽或失误等职业民事责任的保险，以及特用于补偿的保证金。

法国设立有全国性的、具有法人资格的工业产权律师协会。该协会隶属于法国工业产权局，主要职能是维护工业产权律师的职业权益和监管行业纪律和规则。该协会根据《法国知识产权法典》的规定，有权对于违反该法典规定或其实施细则规定的，或违反正直、荣誉、良知的要求的工业产权执业法人或工业产权执业律师个人，即便其行为属于执业范围之外，也可以处以警告、训诫、吊扣执业证或开除等处分。

第2章 专利代理行业的执业规范

第1节 专利代理执业规范概述

改革开放以来，我国已经高速发展了 30 多年，正在政治、经济等各个领域全面和平崛起。与此同时，"世界多极化趋势日益明显，世界经济在转型中艰难复苏，国际体系和机制酝酿深刻变革"。❶世界经济结构也进入深度调整的关键时期。知识产权制度在激励创新、推动经济发展和社会进步中的支撑作用日益凸显，知识产权日益成为国家发展的战略性资源和国际竞争力的核心要素。

专利制度作为知识产权制度的重要组成部分，是国际上通行的运用法律和经济手段激励和保护发明创造、促进技术创新能力提高和社会发展的制度，是促进技术进步、发展国家经济的利器。专利代理、专利审查及专利保护是支撑专利制度正常运行的三大重要环节和基础保障，缺一不可。就专利代理行业而言，其专业化、规模化和国际化健康发展及其对社会提供的法律服务关系到我国自主知识产权的质量和水平，对维护国家经济安全、实现建设创新型国家的战略目标具有重要的现实意义。

从本质上看，专利代理行业的特点是利用专利代理从业人员所特有的专业法律、科技知识和技能来为社会提供专利法律服务，承担着维护委托人合法权益、保障专利制度有效实施、促进国家科技进步和经济社会发展的重要社会责任。广大专利代理机构和专利代理人通过自身的执业活动对社会产生了广泛的影响，使公众加深了对专利制度的作用和价值的理解，更加积极地通过专利制度将人们的聪明才智转化为实际生产力，这又进一步促使公众对专利代理行业产生了更高的社会需求和期待。而专利代理行业为了满足这样的社会需求和期待，除了服务技能提升之外，必须进一步加强整个行业的自律要求，在较高的职业道德水平下规范执业。因此，专利代理行业有必要构建完善的职业道德体系，这不仅是社会公众对于专利代理机构和专利代理人规范执业的期盼，更是专利代理行业的自发要求，是本行业实现专业化、规模化和国际化健康发展以及承担社会责任、体现社会价值的前提。

---

❶ 央视网. 习近平会见第 67 届联合国大会候任主席 [EB/OL]. [2012 – 07 – 17]. http：//news. cntv. cn/program/xwlb/20120717/113298. shtml.

专利代理职业道德体系是专利代理执业规范和专利代理职业道德的有机结合。专利代理执业规范是专利代理机构和专利代理人在执业过程中应当遵守的规则总和，由国家立法机关、相关行政管理机关以及团体制订和监督实施，其规定较为具体、明确，具有一定的强制性。专利代理机构或者专利代理人如有违反，很可能受到国家知识产权局、地方知识产权局或中华全国专利代理人协会的纪律惩戒，情形严重的还可能被追究行政、民事或刑事责任。而专利代理职业道德是专利代理人在执业过程中，甚至在一般社会活动中，应当遵守的道德规范，其规范较为概括、原则，一般不以法律法规的强制力作为保障，主要依靠专利代理人的自律来施行。

对于专利代理人而言，专利代理执业规范是专利代理人完成职业使命、履行职业职责的行动指引。对于专利代理机构而言，专利代理执业规范是专利代理机构在机构设立、机构运营和机构终止全过程中的运行准则。

从表现形式上看，专利代理执业规范的渊源主要有以下几个方面。

（1）法律

《中华人民共和国专利法》（以下简称《专利法》）第19条第3款规定："专利代理机构应当遵守法律、行政法规，按照被代理人的委托办理专利申请或者其他专利事务；对被代理人发明创造的内容，除专利申请已经公布或者公告的以外，负有保密责任。……"作为专利代理的基本法律，《专利法》明确规定了专利代理属于委托代理的根本性质以及专利代理机构和专利代理人在执业过程中负有保守职业秘密的义务，实际上就是专利代理基本执业规范的体现。

（2）行政法规

由国务院发布的《专利代理条例》是这类规范的集中体现。《专利代理条例》对于专利代理机构和专利代理人的行业准入条件、业务范围、权利和义务以及执业责任等方面进行了较为全面的规定。

（3）部门规章

国家知识产权局发布的与专利代理有关的部门规章是专利代理执业规范的重要渊源，包括《专利代理惩戒规则（试行）》《专利代理管理办法》《关于修改〈专利代理管理办法〉的决定》《专利审查指南2010》《关于规范专利申请行为的若干规定》《专利代理机构年检办法》《专利代理人执业培训办法（试行）》《专利代理人代码标准》《专利代理人资格考试实施办法》《专利代理人资格考试考务规则》《专利代理人资格考试违纪行为处理办法》等。这些部门规章从各个不同层面规范了专利代理行为。

（4）地方性法规和地方政府规章

为了对本辖区的专利代理机构进行有效管理和引导，各地方政府也制定了相应的地方性法规和地方政府规章，从而构成了专利代理执业规范的又一渊源。例如，代表性的地方性法规有《北京市专利保护和促进条例》《广东省专利保护条例》等。

（5）行业自律规范

行业自律规范主要是指中华全国专利代理人协会订立和发布的有关专利代理行业管理的规范，其主要内容体现在：《中华全国专利代理人协会章程》《专利代理职业道德与执业纪律规范》《专利代理服务指导标准（试行）》《反对不正当竞争，规范行业市场的决议》《关于加强专利代理机构内部管理的通知》《中华全国专利代理人协会会员纪律处分工作规程（试行）》《关于颁发专利代理人执业证的办事规程（试行）》《专利代理人实务实习管理办法（试行）》《专利代理人实务实习管理办法（试行）实施意见》等规范性文件中。

（6）国际条约

专利代理机构在从事涉外专利代理工作的过程中要遵守我国已加入的相关国际条约，如《保护工业产权巴黎公约》《专利合作条约》及《专利合作条约实施细则》等的规定。因此，这些国际条约中有关专利代理执业行为和职业道德的规定也构成专利代理执业规范的渊源。

（7）政策性文件

在国务院2008年6月5日颁布的《国家知识产权战略纲要》中明确提出了发展知识产权中介服务的战略措施，其中就有"完善知识产权中介服务管理，加强行业自律，建立诚信信息管理、信用评价和失信惩戒等诚信管理制度"的要求。国家知识产权局在2009年3月19日发布的《专利代理行业发展规划（2009年—2015年）》中也提到了"专利代理机构普遍实现服务规范、诚实守信；专利代理行业诚信、公平、有序的市场竞争秩序基本建立"等发展目标。这些政策性文件，包括各地政府制定的有关本地知识产权战略的文件，也构成了专利代理执业规范的渊源之一。

（8）道德规范

专利代理执业规范的渊源除了法律、法规、部门规章和行业自律规范以外，还包括一般的社会道德规范。例如，2001年中共中央颁布的《公民道德建设实施纲要》中明确提出了"爱岗敬业、诚实守信、办事公道、服务群众、奉献社会"的职业道德规范，这些职业道德方面的普遍性要求，对于制定和实施专利代理执业规范也具有指导作用。

由于各种专利代理执业规范最直接、最集中地体现在现行的行政法规、部门规章和行业自律规范中，因此下面主要结合这些规范性文件阐述专利代理执业规范。

第2节　专利代理执业规范的主要法规和规章

1　《专利代理条例》

1.1　《专利代理条例》的出台背景

1985年9月12日，原中国专利局颁布了经国务院批准的《专利代理暂行规定》。《专利代理暂行规定》就专利代理机构的设置、专利代理的业务范围、专利代理人的考试以及专利代理人的执业要求等作出了明确规定，使专利代理机构的设立、专利代理人的执业以及专利代理的管理工作朝着法律化、制度化的方向迈进了一步。❶

我国改革开放事业的发展和专利制度的逐步完善，对专利代理工作提出了更高的要求。为了使专利代理机构具备自我发展的能力，逐步成为自主经营的实体，提高专利代理人的职业道德和执业水平，原中国专利局以《专利代理暂行规定》为基础，借鉴国外专利代理行业和律师行业的管理模式，从1987年起开始进行《专利代理条例》的调研、起草工作，于1988年年底将《专利代理条例（草案）》上报国务院。❷经审核，国务院于1991年3月4日发布了我国第一部专利代理法规——《专利代理条例》。该条例自1991年4月1日起施行，《专利代理暂行规定》自同日起废止。

1.2　《专利代理条例》的内容概要

《专利代理条例》分为5章，共28条。该条例的主要包括如下内容。

1.2.1　专利代理的性质和执业主体

《专利代理条例》第2条规定："专利代理是指专利代理机构以委托人的名义，在代理权限范围内，办理专利申请或者办理其他专利事务。"其开宗明义地指出了专利代理是基于委托人的委托授权而产生的代理行为，其在民法意义上属于委托代理的性质。同时结合《专利代理条例》第7条的规定来看，专利代理的执业主体是专利代理机构，专利代理机构依法开展专利代理业务，享有民事权利，承担民事责任。

1.2.2　关于专利代理机构设立、变更、停业、撤销的条件和程序

《专利代理条例》出台后，对于专利代理机构和专利代理人的管理工作形成了有力的法规依据，促进了专利代理行业的整体规范发展。然而，随着《专利法》的三次修改以及专利代理机构完成脱钩改制的进程，专利代理机构的类型和组织形式都发生了新的变化，专利代理机构的设立条件和审批程序，专利代理机构的变更、停业、撤

---

❶　尹新天. 专利代理概论［M］. 北京：知识产权出版社，2002：22.
❷　尹新天. 专利代理概论［M］. 北京：知识产权出版社，2002：23.

销程序也有了进一步的细化规范指引。例如，在《专利法》第三次修改之后，已经取消了由国家知识产权局指定涉外专利代理机构的规定，外国人、外国企业或者外国其他组织在中国申请专利委托依法设立的专利代理机构即可。因此，《专利代理条例》中关于涉外专利代理机构、国内专利代理机构以及办理国内专利事务的律师事务所的三种类型划分已不复存在。

1.2.3 专利代理人行业准入的条件和程序

《专利代理条例》在专利代理人行业准入方面的一大特色是将专利代理人资格与执业相分离，取得专利代理人资格只是执业的前提条件。所谓分离，是指取得专利代理人资格后，可以在一定期限内自由决定是否加入专利代理机构、从事专利代理业务，并不因为不执业或因正当原因中止执业而丧失专利代理人资格。根据《专利代理条例》的规定，所述期限是自获得专利代理人资格证书起5年，即：获得专利代理人资格证书，5年内未从事专利代理业务或者专利行政管理工作的，其专利代理人资格证书自动失效。

《专利代理条例》规定的专利代理人是指获得专利代理人资格证书、持有专利代理人执业证的人员。实践中具体的专利代理人行业准入程序是：

① 通过全国专利代理人资格考试，或者经本人申请，专利代理人考核委员会考核合格，取得专利代理人资格证书。

② 初次从事专利代理工作的人员在专利代理机构实习满1年，并按照中华全国专利代理人协会的岗位培训计划参加上岗培训。

③ 提出执业申请，取得专利代理人执业证。

取得专利代理人资格只是表明具备了基本的专利理论和相关法律知识，而要独立胜任专利代理工作，尤其是处理好与委托人的关系、提供令委托人满意的专业服务，还需要积累大量的实践经验，这也是设立专利代理人实习制度的原因。实践证明，通过《专利代理条例》规定的专利代理人行业准入程序，快速培养了一支高素质、专业化的专利代理人队伍，适应了我国专利制度发展对于专利代理行业的要求。

1.2.4 专利代理机构的业务范围

根据《专利代理条例》第8条的规定，专利代理机构的业务范围包括：

① 提供专利事务方面的咨询。

② 代写专利申请文件，办理专利申请；请求实质审查或者复审的有关事务。

③ 提出异议，请求宣告专利权无效的有关事务。

④ 办理专利申请权、专利权的转让以及专利许可的有关事务。

⑤ 接受聘请，指派专利代理人担任专利顾问。

⑥ 办理其他有关事务。

随着《专利法》的修改和专利制度的不断完善，专利代理机构的某些业务种类，

第2章

例如提出异议，已经消失。同时随着我国经济、社会的快速发展，各类创新主体对专利代理服务的需求已大大扩展，促使现行《专利代理条例》规定的专利代理服务范围得以进一步充实。例如，中华全国专利代理人协会2009年8月20日发布的《专利代理服务指导标准（试行）》中涵盖的专利代理业务范围就有专利申请代理、专利无效和诉讼代理以及其他事务这三大类。其中专利申请代理业务范围包括：专利申请文件的撰写和提交，发明专利申请的实质审查和复审，实用新型、外观设计专利申请的初步审查和复审，主动修改和分案申请，专利行政复议。专利无效和诉讼代理业务范围包括：专利权无效宣告代理事务、专利行政诉讼代理事务、专利侵权诉讼程序/行政处理代理事务、专利权属和发明人争议纠纷。其他代理业务范围包括：专利检索、专利有效性分析、专利侵权分析、专利信息分析、专利预警、专利战略制定。业务种类的进一步丰富，对于专利代理人的业务能力和专利代理机构的管理水平提出了更高的要求。

1.2.5 专利代理机构和专利代理人的执业纪律

根据《专利代理条例》的规定，专利代理机构的主要执业纪律之一是避免利益冲突，其中该条例第10条规定：专利代理机构接受委托后，不得就同一内容的专利事务接受有利害关系的其他委托人的委托。当然，在实际工作中，由于具体的代理事务都是由专利代理人来完成，如果不对专利代理人施加避免利益冲突的义务，那么在专利代理人更换专利代理机构的情况下，很有可能出现专利代理人在接受委托人委托提出专利申请并获得专利权之后又接受他人委托请求宣告该专利权无效等不合理情况。因此，避免利益冲突应当是对专利代理机构和专利代理人两者的执业纪律要求，这一点在《专利代理职业道德与执业纪律规范》中有具体的体现。

另外，根据《专利代理条例》第3章的若干规定，专利代理人的执业纪律主要有：

① 专利代理人必须承办专利代理机构委派的专利代理工作，不得自行接受委托。

② 专利代理人不得同时在两个以上专利代理机构从事专利代理业务。专利代理人调离专利代理机构前，必须妥善处理尚未办结的专利代理案件。

③ 专利代理人在从事专利代理业务期间和脱离专利代理业务后1年内，不得申请专利。

④ 专利代理人对其在代理业务活动中了解的发明创造的内容，除专利申请已经公布或者公告的以外，负有保守秘密的责任。

1.2.6 对专利代理机构和专利代理人的处罚

《专利代理条例》对专利代理机构的行政违法行为规定了四种情形：①申请审批时隐瞒真实情况，弄虚作假；②擅自改变主要登记事项；③未经审查批准，或者超越批准专利代理业务范围，擅自接受委托，承办专利代理业务；④从事其他非法业务活动。对于这些违法行为，根据情节严重程度，将惩戒方式分为警告和撤销机构两种类型。

《专利代理条例》对于专利代理人的违法行为规定了四种情形：①不履行职责或者不称职以致损害委托人利益；②泄露或者剽窃委托人的发明创造内容；③超越代理权限，损害委托人利益；④私自接受委托，承办专利代理业务，收取费用。对于这些违法行为，根据情节严重程度，将惩戒方式分为专利代理机构内部纪律处罚和行政处罚两种类型，其中专利代理机构内部纪律处罚包括批评教育、解除聘任关系，行政处罚包括警告和吊销专利代理人资格证书。

现行《专利代理条例》在实施至今 20 多年的过程中，对规范专利代理行为，维护委托人的利益，保障我国专利制度的顺利实施，发挥了重要作用。然而，随着我国社会主义市场经济体制的建立和完善，《专利法》先后于 1992 年、2000 年和 2008 年进行了修改，专利代理行业于 2001 年完成脱钩改制，进入市场化发展阶段，现行《专利代理条例》的内容与现实情况已经出现脱节的现象，这将通过修订《专利代理条例》得以解决。

2 《专利代理惩戒规则（试行）》

2.1 《专利代理惩戒规则（试行）》的出台背景

2000 年 7 月，国务院办公厅发布了《国务院办公厅转发国务院清理整顿经济鉴证类社会中介机构领导小组关于经济鉴证类社会中介机构与政府部门实施脱钩改制意见的通知》，即国办发〔2000〕51 号文件，在全国范围内启动了对会计师事务所、资产评估机构、专利代理机构及其他中介服务机构实行脱钩改制的工作。

国家知识产权局在进行调查研究的基础上，在 2001 年 1 月正式启动了专利代理机构的脱钩改制工作。改制前，全国有 538 家专利代理机构，其中大约有 100 家属于已符合改制要求的合伙制或有限责任制专利代理机构，其中还有 34 家属于国防或其他特殊行业的涉及国防保密专利代理业务的代理机构暂不实行脱钩改制，因此，需要按国办发〔2000〕51 号文件进行脱钩改制的专利代理机构约有 400 家。

经过近一年艰苦细致的工作，2001 年年底专利代理机构的脱钩改制工作在国家知识产权局及地方知识产权管理部门的具体领导下基本结束，其中 249 家专利代理机构按国办发〔2000〕51 号文件进行了脱钩改制，另有 165 家专利代理机构因未能在规定期限内脱钩而被注销。❶

由于在脱钩改制的过程中有高达 165 家专利代理机构被注销，这些机构负责处理的大量专利申请和相关法律事务面临着转委托给新的专利代理机构的问题。为了保证

---

❶ 吴观乐. 专利代理实务［M］. 2 版. 北京：知识产权出版社，2008：28.

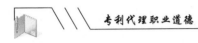

专利案件转委托过程中的业务平稳交接，维护委托人的利益，同时为了加强对专利代理机构和专利代理人的执业监督，规范专利代理执业行为，国家知识产权局在2002年迅速制定和发布了《专利代理惩戒规则（试行）》，从2003年1月1日起正式施行。

2.2 《专利代理惩戒规则（试行）》的内容概要

《专利代理惩戒规则（试行）》共23条，该规则的主要内容涵盖了给予专利代理机构和专利代理人行政惩戒的具体方式、适用行政惩戒的具体情形和专利代理行政惩戒机关及其工作程序。例如：该惩戒规则将对专利代理机构的惩戒细分为：①警告；②通报批评；③停止承接新代理业务3~6个月；④撤销专利代理机构；将对专利代理人的惩戒细分为：①警告；②通报批评；③收回专利代理人执业证；④吊销专利代理人资格。有关《专利代理惩戒规则（试行）》的详细内容将在本章第4节第5.2小节和第5节第4.2小节中结合专利代理人和专利代理机构的行政责任进行具体阐述。

3 《专利代理管理办法》

3.1 《专利代理管理办法》的出台背景

脱钩改制工作的完成，使专利代理行业进入了全面市场化的发展阶段。绝大多数原有的专利代理机构在组织类型上已经发生改变，成为自主经营、自负盈亏的经济实体，大量的新专利代理机构和律师事务所也在源源不断地进入专利代理市场。这就导致了现行《专利代理条例》对于专利代理机构和专利代理人的行业管理、执业要求等方面的规范与新的政策和市场情况不能完全相适应。因此，为了进一步细化规范对专利代理行业的管理和监督，在脱钩改制工作完成后，国家知识产权局吸纳国办发〔2000〕51号文件的精神，制定了《专利代理管理办法》，该管理办法于2003年6月6日发布，自2003年7月15日起施行。

3.2 《专利代理管理办法》的内容概要

《专利代理管理办法》分为5章，共39条，其包括如下主要内容。

3.2.1 专利代理机构及其办事机构的设立、变更、停业和撤销

（1）专利代理机构的组织形式

按照责任承担的不同，《专利代理管理办法》将专利代理机构的组织形式分为合伙制专利代理机构和有限责任制专利代理机构。合伙制专利代理机构应当由3名以上合伙人共同出资发起，合伙人对该专利代理机构的债务承担无限连带责任；有限责任制专利代理机构应当由5名以上股东共同出资发起，以该机构的全部资产对其债务承担责任。

随着国家法律和实践的发展，2007年6月1日起施行的《合伙企业法》增加了特殊的普通合伙企业这一合伙企业组织形式，其中规定以专业知识和专门技能为客户提

供有偿服务的专业服务机构，可以设立为特殊的普通合伙企业。所谓特殊的普通合伙，即一个合伙人或者数个合伙人在执业活动中因故意或者重大过失产生合伙企业债务的，应当承担无限责任或者无限连带责任，其他合伙人以其在合伙企业中的财产份额为限承担责任。

由于一些专利代理机构符合《合伙企业法》的上述设立规定，因此，在实践中国家知识产权局已开始批准设立特殊的普通合伙制的专利代理机构。

（2）专利代理机构的设立条件

设立专利代理机构应当符合下列条件：

① 具有机构名称。

② 具有合伙协议书或者章程。

③ 具有符合规定的合伙人或者股东，所述合伙人或股东应当具有完全民事行为能力、具有专利代理人资格、具有 2 年以上在专利代理机构执业的经历、能够专职从事专利代理业务、申请设立专利代理机构时的年龄不超过 65 周岁、且品行良好。所述合伙人或股东的特别限制条件是：不得是尚未正式办理辞职、解聘或离休、退休手续的在国家机关或企、事业单位工作的人员，不得是作为另一专利代理机构的合伙人或者股东不满 2 年的人员，不得是受到《专利代理惩戒规则（试行）》规定的通报批评或者收回专利代理人执业证的惩戒不满 3 年的人员，不得是受刑事处罚的人员（过失犯罪除外）。

④ 具有必要的资金。设立合伙制专利代理机构的，应当具有不低于 5 万元人民币的资金；设立有限责任制专利代理机构的，应当具有不低于 10 万元人民币的资金。

⑤ 具有固定的办公场所和必要的工作设施。

⑥ 律师事务所申请开办专利代理业务的，在该律师事务所执业的专职律师中应当有 3 名以上具有专利代理人资格。

（3）设立专利代理机构的审批程序

① 申请设立专利代理机构的，应当向其所在地的省、自治区、直辖市知识产权局提出申请。经审查，省、自治区、直辖市知识产权局认为符合规定条件的，应当自收到申请之日起 30 日内上报国家知识产权局批准；认为不符合规定条件的，应当自收到申请之日起 30 日内书面通知申请人。

② 国家知识产权局对符合规定条件的申请，应当自收到上报材料之日起 30 日内作出批准决定，通知上报的省、自治区、直辖市知识产权局，并向新设立的机构颁发专利代理机构注册证和机构代码；对不符合规定条件的申请，应当自收到上报材料之日起 30 日内通知上报的省、自治区、直辖市知识产权局重新进行审查。

（4）专利代理机构的变更程序

专利代理机构变更名称、地址、章程、合伙人或者股东等注册事项的，应当向国家知识产权局申请，同时报所在省、自治区、直辖市知识产权局。变更经国家知识产权局批准后生效。

（5）专利代理机构的停业或撤销程序

专利代理机构停业或者撤销的，应当在妥善处理各种尚未办结的事项后，向其所在地的省、自治区、直辖市知识产权局申请。经审查同意的，应当将专利代理机构注册证及标识牌交回省、自治区、直辖市知识产权局，并向国家知识产权局办理停业或撤销手续。

此外，《专利代理管理办法》还对专利代理机构设立办事机构的条件、审批程序等进行了详细规定。

3.2.2 专利代理人的执业

（1）专利代理人的执业条件

《专利代理管理办法》第 20 条和第 21 条规定的专利代理人执业条件为：具有完全民事行为能力；具有专利代理人资格；能够专职从事专利代理业务；不具有专利代理或专利审查经历的人员在专利代理机构中连续实习满 1 年，并参加上岗培训；由专利代理机构聘用；颁发专利代理人执业证时的年龄不超过 70 周岁；品行良好。专利代理人执业的特别限制条件是：专利代理人执业证的申请人不得是申请前在另一专利代理机构执业、尚未被该专利代理机构解聘且未办理专利代理人执业证注销手续的人员；不得是领取专利代理人执业证后不满 1 年又转换专利代理机构的人员；不得是受到《专利代理惩戒规则（试行）》规定的收回专利代理人执业证的惩戒不满 3 年的人员；不得是受刑事处罚的人员（过失犯罪除外）。

（2）专利代理人执业的审批机关和审批程序

根据《专利代理管理办法》的规定，国家知识产权局委托中华全国专利代理人协会负责颁发、变更以及注销专利代理人执业证的具体事宜。经审核，中华全国专利代理人协会认为专利代理人执业证的颁发申请符合规定条件的，应当在收到申请之日起 15 日内颁发专利代理人执业证；认为不符合条件的，应当在收到申请之日起 15 日内书面通知申请人。中华全国专利代理人协会应当在颁发、变更或者注销专利代理人执业证之日起 5 日内向国家知识产权局备案并上报有关材料，同时抄送专利代理机构所在省、自治区、直辖市知识产权局。

3.2.3 专利代理机构及专利代理人的年检

年检是专利行政机关了解专利代理机构和专利代理人遵纪守法、执业运营等情况的手段，是加强市场监管、维护公平竞争环境、促进专利代理行业发展的一项重要工作。具体地说，对专利代理机构和专利代理人的年检内容包括：

① 专利代理机构是否符合规定的设立条件。

② 专利代理机构的合伙人或者股东是否符合规定的条件。

③ 在专利代理机构中执业的专利代理人是否持有专利代理人执业证，是否按照要求参加执业培训。

④ 专利代理机构和专利代理人是否有《专利代理惩戒规则（试行）》中列出的违法违纪行为。

⑤ 专利代理机构自前次年检完毕以来的专利代理业务数量。

⑥ 专利代理机构的财务情况。

⑦ 应当予以年检的其他内容。

各省、自治区、直辖市知识产权局以及国防专利局是具体实施专利代理机构年检工作的机关，中华全国专利代理人协会是具体实施专利代理人年检工作的机关。国家知识产权局负责组织、指导专利代理机构和专利代理人的年检。经年检发现专利代理机构或者专利代理人不符合规定的，省、自治区、直辖市知识产权局应当责令其在指定期限内予以改正；逾期不予改正的，给予年检不合格的结论。经年检发现专利代理机构或者专利代理人有《专利代理惩戒规则（试行）》中列出的违法违纪行为的，可以提请各省、自治区、直辖市专利代理惩戒委员会给予惩戒。未参加年检或年检不合格的专利代理机构，在下次年检合格之前不得在国家知识产权局和各地知识产权局办理新的专利代理业务。

第3节　专利代理行业的自律规范

1　《中华全国专利代理人协会章程》

我国专利代理行业经过多年发展，形成了国家、地方两级行政管理与行业自律相结合的管理机制，其中，中华全国专利代理人协会成立于1988年12月11日，是由专利代理人组成的自律的全国性行业性非营利社会组织，是专利代理人实行行业管理、行业自治的最重要的组织机构。协会的会员分为团体会员和个人会员，其中团体会员为依法批准设立的专利代理机构，个人会员为依照《专利代理条例》规定，获得专利代理人资格证书，并持有专利代理人执业证的专利代理人。

根据《中华全国专利代理人协会章程》，该协会的业务范围涵盖：

① 保障专利代理行业的正常秩序，维护专利代理人的合法权益。

② 加强并完善行业管理和自律，制定专利代理人执业规范和道德标准，并监督实施。

③ 总结交流全国专利代理业务工作经验，拓宽专利代理人的业务范围。

④ 组织开展专利代理的执业培训，学术交流和研究活动。

⑤ 组织收集和研究知识产权法规和专利代理制度建设的意见，并向国家知识产权局和有关部门提出建议，协调行业内、外部关系。

⑥ 协助国家知识产权局专利代理人资格考试工作，发放专利代理人资格证书。

⑦ 审核发放专利代理人执业证，办理专利代理人执业证的变更。

⑧ 参与国家知识产权局领导的惩戒委员会工作，认真执行专利代理惩戒规则。

⑨ 开展与外国专利代理组织的交流和合作，参与国际会议和国际活动。

⑩ 宣传专利代理工作，出版全国性会刊，开展与本行业相关的咨询服务。

⑪ 执行行业管理职责。

按照《中华全国专利代理人协会章程》的规定，作为中华全国专利代理人协会的会员，专利代理机构和专利代理人在处理与协会之间的关系时主要应当遵循以下的会员义务规范：

① 遵守协会章程，执行协会决议。

② 接受协会的指导、监督、管理和培训，完成协会委托的工作。

③ 遵守专利代理人职业道德和执业纪律，遵守专利代理人行业规范和准则。

④ 按规定交纳会费。

中华全国专利代理人协会自成立以来，不断发展壮大，在维护专利代理机构和专利代理人的合法权益、完善专利代理管理体制、加强行业自律等方面发挥了巨大的作用，促进了专利代理行业的整体健康和有序发展。

2 《专利代理职业道德与执业纪律规范》

2.1 《专利代理职业道德与执业纪律规范》的出台背景和历史沿革

主要工业国家的专利代理人或者专利律师，均以其专业性强、自律性强而在社会上享有很高的声誉，而且各国的专利代理行业一般都会由行业协会来承担对本行业的自律管理职能。在参考国际惯例的同时结合我国专利代理行业的管理特色，中华全国专利代理人协会在1998年4月2日的第五次全国会员代表大会上通过并实施了《专利代理人职业道德和执业纪律规范》，专利代理行业自此有了针对专利代理人的专门自律规范。

《专利代理人职业道德和执业纪律规范》是依据《专利代理条例》和《中华全国专利代理人协会章程》制定的，分为5章，共31条，分别对于专利代理人职业道德、专利代理人在其工作机构的纪律和专利代理人在代理专利事务中的纪律进行了详细规定。《专利代理人职业道德和执业纪律规范》是对《专利代理条例》这一行政法规的重要补充和细化，从行业规范的层面扩展了对专利代理人的纪律要求，对于规范专利代理人的执业行为起到了有力的指导和保障作用。

然而，从规范的对象来看，《专利代理人职业道德和执业纪律规范》中并没有涉及对于专利代理机构执业纪律的要求。由于专利代理的执业主体是专利代理机构，在实践中也逐步出现了一些专利代理机构不当执业的问题，如果对于专利代理机构的不当执业行为放任自流，将会不利于整个专利代理行业的健康发展。因此，中华全国专利代理人协会在 2010 年 7 月 2 日第八届第二次常务理事会上修改通过了新的《专利代理职业道德与执业纪律规范》，并于同年 8 月 1 日起施行。新的《专利代理人职业道德和执业纪律规范》，主要在于增加了有关专利代理机构执业纪律的专门规定并且增加了违反本规范所应承担的纪律责任，进一步增强了整部规范的可操作性，对实际工作的指导意义重大。

2.2 《专利代理职业道德与执业纪律规范》的内容概要

2010 年修改的《专利代理职业道德与执业纪律规范》分为 6 章，共 45 条，相比于原规范增加了近三分之一的篇幅，包括如下主要内容。

2.2.1 专利代理机构和专利代理人的基本权利和义务

《专利代理职业道德与执业纪律规范》在总则部分提出了专利代理机构和专利代理人的基本权利、义务和业务宗旨。其中专利代理机构和专利代理人的主要权利有：从事专利代理业务受国家法律、法规的保护。专利代理机构和专利代理人的主要义务有：①应当依法执业，遵守宪法、法律、法规和部门规章，贯彻执行国家有关政策；②应当遵守《中华全国专利代理人协会章程》，参加协会活动，按时交纳会费，切实履行会员义务；③应当接受国务院专利行政部门和中华全国专利代理人协会的管理以及社会公众的监督；④应当坚持诚信的原则，遵守行业规范，公平竞争，禁止不正当竞争行为，维护专利代理行业形象。专利代理机构和专利代理人的主要业务宗旨是为建设创新型国家服务，为专利制度的完善和发展服务，为维护委托人的合法权益服务。

2.2.2 专利代理人职业道德

根据规范的规定，专利代理人职业道德主要包括保守秘密、诚实守信、勤勉敬业、尊重同行、热心公益等方面内容。

2.2.3 专利代理人执业纪律

《专利代理职业道德与执业纪律规范》对于专利代理人执业纪律的规定较为系统和全面，其所规范的内容主要包括：专利代理人与委托人之间的关系，专利代理人与专利代理机构之间的关系，专利代理人与行政机关、司法机关之间的关系，专利代理人与同行之间的关系。

作为对专利代理人执业纪律具体内容的简单概括，专利代理人与委托人之间的关系规范有：专利代理人应当避免利益冲突，依委托权限办理业务。专利代理人与专利代理机构之间的关系规范有：专利代理人应当接受所在专利代理机构的管理和监督，承办机构委派的工作，不得跨机构执业；专利代理人转换专利代理机构的，应当妥善处理尚未办结的专利代理案件并办理相关的交接手续和离职手续。专利代理人与行政机关、司法机关之间的关系规范有：专利代理人不得对政府部门和司法机关工作人员施加影响或进行干扰，不得伪造与执业活动有关的文件或证据。专利代理人与同行之间的关系规范有：专利代理人不得贬损同行，不得进行不正当竞争。

2.2.4 专利代理机构执业纪律

对于专利代理机构执业纪律的规定是 2010 年修改《专利代理职业道德与执业纪律规范》新增的内容，其所规范的内容主要包括：专利代理机构与委托人之间的关系、专利代理机构与同行之间的关系、专利代理机构的内部管理规范。

作为对专利代理机构执业纪律具体内容的简单概括，专利代理机构与委托人之间的关系规范有：专利代理机构无正当理由，不得拒绝委托人转委托或增加被委托人的要求，在与委托人依法解除委托关系后，不得就同一专利申请或专利案件接受有利益冲突的他方当事人的委托。专利代理机构与同行之间的关系规范有：专利代理机构不得贬低同行，不得以压价等方式进行不正当竞争，不得以不正当手段招揽业务。专利代理机构的内部管理规范有：专利代理机构应当建立健全人事、财务、业务、收费等内部管理制度，应当按照行业规定开展专利代理执业培训；专利代理机构停业或被撤销的，应当妥善处理各种尚未办结的事项，并履行相应手续。

2.2.5 专利代理机构和专利代理人的违纪处分

《专利代理职业道德与执业纪律规范》在罚则部分规定了给予专利代理机构和专利代理人纪律处分的具体方式。根据违反规范的情节严重程度，对专利代理机构和专利代理人的纪律处分细分为：①劝诫；②警告；③通报批评；④取消会员资格并收回专利代理人执业证。

3 《专利代理服务指导标准（试行）》

3.1 《专利代理服务指导标准（试行）》的出台背景

为使专利代理行业的服务能力适应我国经济发展和专利制度发展的需求，国务院 2008 年 6 月 5 日颁布的《国家知识产权战略纲要》中明确提出了发展知识产权中介服务的战略措施。相应地，国家知识产权局在 2009 年 3 月 19 日发布了《专利代理行业发展规划（2009 年—2015 年）》，其中也提出了"专利代理机构普遍实现服务规范、诚实守信；专利代理行业诚信、公平、有序的市场竞争秩序基本建立"等发展目标。为了落实《专利代理行业发展规划（2009 年—2015 年）》，促进我国专利代理行业又好又快地发展，进一步提高专利代理机构的服务质量，维护委托人的利益，使专利制度在国家经济发展中发挥更大的作用，中华全国专利代理人协会制定了《专利代理服务指导标准（试行）》，于 2009 年 5 月 11 日经第七届第八次常务理事会审议通过，2009 年 8 月 20 日发布实施。

3.2 《专利代理服务指导标准（试行）》的内容概要

《专利代理服务指导标准（试行）》由总则、分则和附则三部分组成。总则部分首先明确了专利代理的基本概念、专利代理服务的主体和对象，其中专利代理是指专利代理机构接受委托办理专利申请、专利复审、专利无效以及其他专利事务的行为，包括专利确权、专利无效事务的准备和咨询工作，以及专利诉讼和相应的咨询准备工作。专利代理服务的主体是依法设立的专利代理机构。专利代理服务的对象是对具体服务项目提出委托任务的委托人。

《专利代理服务指导标准（试行）》的分则部分包括通用服务指导标准、专利申请代理服务指导标准、专利无效和诉讼代理服务指导标准以及其他事务服务指导标准，规范了常见专利代理工作的基本原则、方法及具体代理业务的程序要求。

在通用服务指导标准方面，《专利代理服务指导标准（试行）》重点提出了专利代理工作的四项基本原则，即：告知原则、授权原则、对委托人负责原则、保密原则。

告知原则是指：专利代理机构应当依据诚实信用原则，在建立委托关系之前，让委托人知晓本代理机构的基本情况，必要时应该告知可能对委托人不利的情况。专利代理机构应当在接受委托之前让委托人知晓所委托的专利代理事务的服务标准和费用标准。专利代理机构应当将所有代委托人准备的文件及时送交委托人，将所有代委托人处理的事务通知委托人，将收到的所有官方文书和例如专利无效或诉讼等程序的对方当事人文书及时送交委托人；委托人有不同要求的除外。专利代理机构应当将本代理机构名称、地址变更以及存续状态变更的情况及时通知委托人。

授权原则是指：专利代理机构应当在委托权限范围内处理所委托的事务。没有委托人的指示或授权，专利代理机构不得对专利/专利申请文件作出对委托人权利有实质性影响的修改和意思表示，紧急情况除外。

对委托人负责原则是指：专利代理服务的对象是委托人。专利代理服务的责任对象是委托人。专利代理机构应该按照委托人的指示处理所代理的事务，并对委托人负责。没有委托人的指示或确认，所代理的事务涉及的其他利益相关方的要求、指令均不能作为专利代理机构处理事务的依据。

保密原则是指：除法律规定必须披露或委托人要求/同意披露的内容外，专利代理机构对于代理活动中所接受的信息和生成的信息承担保密义务。

在具体事务方面，例如专利申请代理、专利无效和诉讼代理以及其他事务，《专利代理服务指导标准（试行）》按照办理具体事务的流程顺序提出了大量的指导性规范，为专利代理机构提高服务质量明确了方向。

第 4 节　专利代理人的执业规范和执业责任

综合本章第 2 节和第 3 节所述的行政法规、规章和行业规范，可以看出专利代理

人的执业规范主要包括以下几个方面：专利代理人与委托人之间的关系，专利代理人与专利代理机构之间的关系，专利代理人与行政机关、司法机关之间的关系，专利代理人与同行之间的关系。专利代理人在执业过程中应当模范遵守各种执业规范，合理规避执业风险，以免因违反执业规范而被追究相应的执业责任。

1 专利代理人与委托人关系的规范

由于专利代理是一种委托代理，基于委托人的委托授权而产生，所以专利代理人与委托人之间的关系是专利代理执业规范的核心。专利代理人应当树立以委托人为中心的服务观念，帮助委托人实现最大的合法权益。在这方面，《专利代理服务指导标准（试行）》中提出了一些基本要求。

1.1 专利代理服务的及时性要求

专利代理机构应当在法定和规定的期限内，办理相关专利代理事务。相比于其他的法律服务，专利代理服务的时限要求最为复杂，专利代理人在提供服务的过程中要注意监控和满足各类法定和规定的期限，不要因为耽误某项专利事务的期限而导致委托人的权益受到损失。

另外，委托人有权知道专利案件和专利代理工作的进展情况，因此，在办理完相关专利代理事务之后，专利代理人还应当及时向委托人报告相关信息，与委托人保持良好的信息沟通，这是专利代理工作告知原则的具体体现。

1.2 专利代理服务的准确性要求

专利代理服务的工作成果多数体现为专利代理人起草和撰写的专利代理文件，包括专利申请文件及相关法律文书等。专利代理人应当准确理解各种专利代理文件的技术内容和法律意义，在向行政、司法机关提交专利代理文件时，应使这些文件符合法律规定、符合委托人的要求。上述所称的专利代理文件包括但不限于专利申请过程中提交给专利局的各种文件、专利复审和专利无效过程中提交给专利复审委员会的各种文件，诉讼活动中提交给人民法院的相关文件。

1.3 避免利益冲突的要求

专利代理服务中如果出现利益冲突的情况，将使委托人的利益受到损害，进一步影响到委托人对专利代理人的信任基础。因此，专利代理人应当按照有关行政法规、规章、行业规范及惯例的要求，采取切实措施来避免利益冲突。

2 专利代理人与专利代理机构关系的规范

根据《专利代理管理办法》的规定，专利代理机构是专利代理人的执业机构，专利代理人应当接受批准设立的专利代理机构的聘用，并持有专利代理人执业证。专利

第2章

代理人在执业机构中应当遵守以下的执业规范。

2.1 专利代理人执业应当接受专利代理机构的管理和监督

根据《专利代理条例》《专利代理管理办法》和《专利代理职业道德与职业纪律规范》的规定，专利代理机构是专利代理的执业主体、专利代理委托协议的合同主体和民事责任主体，专利代理机构统一接受委托、与委托人订立委托合同、统一收取费用。每一个专利代理人应当承办所在专利代理机构委派的工作，不得自行接受委托或以其他形式私自开展代理业务，也不得允许他人借用本人的名义承接专利代理业务。专利代理人不得违反专利代理机构收费制度和财务制度，不得挪用、私分、侵占业务收费，不得私自向委托人收取任何报酬或财物。如果专利代理人私自接受委托，提供专利代理机构业务范围内的服务，不但扰乱了专利代理机构的管理秩序，也不利于维护委托人的合法权益。

另外，遇有专利代理工作中的重大事项，专利代理人应当向专利代理机构及时报告。例如：如果委托人的工作要求超出了专利代理人的能力范围，或者出现了不可避免的利益冲突，专利代理人均应向本机构业务主管报告，寻求稳妥的解决方案，而不应擅自处理，以免带来委托人的利益损失和本机构的执业风险。

2.2 禁止专利代理人跨机构执业

多个专利代理机构的委托人之间往往具有不同、甚至对立的利益，专利代理人在多个专利代理机构中为利益对立的多方委托人服务时，不可能保持对各个委托人的忠诚和尽职服务，会造成其中一方或多方委托人利益的损失。为了保障委托人的利益，同时也为了对专利代理机构和专利代理人进行有效的管理，《专利代理条例》和《专利代理职业道德与执业纪律规范》都规定专利代理人不得同时在两个或两个以上专利代理机构从事专利代理业务。如果专利代理人跨机构执业，将要承担《专利代理惩戒规则（试行）》第5条规定的行政责任。

2.3 专利代理人变更执业机构的，应当按规定办理转机构手续

按照《专利代理管理办法》和《专利代理职业道德与执业纪律规范》的规定，专利代理人转换专利代理机构，应当先退出原专利代理机构。专利代理人辞职应当提前30日通知其所在的专利代理机构，一旦双方之间解除聘用关系，应当由专利代理机构收回其专利代理人执业证，出具解聘证明，并在出具解聘证明之日起10日内向中华全国专利代理人协会办理专利代理人执业证注销手续。在办理原专利代理人执业证注销手续后，专利代理人才能再接受新专利代理机构的聘用。

专利代理人退出专利代理机构是具有一定随附义务的：专利代理人应当在正式离职前妥善处理尚未办结的专利代理案件并办理相关的交接手续和离职手续。在转换机构之后，专利代理人不应损害原专利代理机构的利益，对于在工作中了解到的原专利代理机构的商业秘密，应承担一定的保密义务。

3 专利代理人与行政机关、司法机关关系的规范

专利代理人、国家知识产权局的审查员、人民法院的法官都是专利法律制度的捍卫者，都肩负着维护专利法律正确实施、实现社会公平正义的职责。

但在具体的工作中，职业属性决定了专利代理人首先是委托人合法权益的维护者，而专利行政机关、司法机关则是公众利益或国家利益的维护者，要确保授予专利权人的垄断权利与其对社会作出的技术贡献相对等，维持专利权人与社会公众之间的利益平衡。举例来说，专利代理人与代表行政机关的审查员在具体的专利案件中往往存在着对事实认定和法律适用的观点交锋。这种看似对立的观点交锋实际上有助于双方配合发现专利案件的真实情况。例如，在发明专利的申请和实质审查过程中，通过专利代理人对审查意见的答辩，往往能够帮助审查员掌握相关现有技术的客观状态，理解本发明与现有技术之间的异同，正确地适用相关法律条款，从而得出本发明是否具备专利性的相对客观的结论。

因此，专利代理人与行政机关、司法机关之间应当相互配合，排除对行政机关、司法机关的不正当影响。《专利代理职业道德与执业纪律规范》为此特别规定：专利代理人不得用不正当的手段对政府部门和司法机关工作人员施加影响或进行干扰，不得指使、诱导当事人向上述人员施加影响或进行干扰。专利代理人不得伪造与执业活动有关的文件或证据，也不得诱导、指使他人伪造文件或证据。如有干扰专利行政工作或者专利司法工作的行为，例如，向专利行政部门的工作人员行贿，或者指使、诱导当事人行贿，或者提供虚假证据、隐瞒重要事实等行为，专利代理人将会受到行业纪律或者法律的制裁。

4 专利代理人与同行关系的规范

随着专利代理行业的全面市场化发展，专利代理人队伍也在不断壮大，截至2012年10月31日，执业的专利代理人已达7 949人，而且人员数量还在呈现迅速增长的态势。执业人员的增加，必然会带来业务竞争的加剧。在激烈的业务竞争中，专利代理人应当注意遵守执业规范，与同行之间相互尊重、相互协作。按照《专利代理惩戒规则（试行）》和《专利代理职业道德与执业纪律规范》的要求，专利代理人不得贬损或诋毁其他专利代理机构或专利代理人的工作能力和声誉，不得以明示或暗示与司法、行政等关联机关的特殊关系等方式进行不正当竞争，也不得以其他不正当方式损害其他专利代理机构或专利代理人的利益。利用贬损同行的手段或者与司法、行政等关联机关的特殊关系进行不正当竞争，一是会扰乱专利代理行业的正常市场秩序，二是会破坏专利代理行业的声誉，破坏专利行政制度、司法制度的声誉，最终会导致广大委托人和社会公众对于整个专利代理行业的信任和评价降低。因此，这种恶劣的不正当竞争行为，应该受到全行业的谴责。

5　专利代理人的执业责任

5.1　专利代理人的纪律责任

专利代理人的纪律责任是专利代理人违反行业自律规范所应承担的责任。行业自律规范主要体现在《专利代理职业道德与执业纪律规范》和《中华全国专利代理人协会会员纪律处分工作规程（试行）》中，这两份规范对于专利代理人纪律责任的承担方式、实施纪律处分的机关和程序等都进行了详细的规定。

5.1.1　专利代理人纪律责任的承担方式

专利代理人如有违反《专利代理职业道德与执业纪律规范》第三章规定的执业纪律的行为，将会受到中华全国专利代理人协会的纪律处分。根据违反规范的情节严重程度，对专利代理人的具体纪律处分方式细分为：劝诫、警告、通报批评和取消会员资格并收回专利代理人执业证这四种方式。

5.1.2　实施纪律处分的机关和程序

（1）实施纪律处分的机关

根据 2011 年 1 月 1 日起施行的《中华全国专利代理人协会会员纪律处分工作规程（试行）》的规定，中华全国专利代理人协会行业维权与自律委员会负责对协会会员（包括团体会员和个人会员）的执业行为进行引导和监督，对会员违反专利代理执业规范的行为进行调查，并向中华全国专利代理人协会常务理事会提出纪律处分建议，由中华全国专利代理人协会常务理事会代表中华全国专利代理人协会最终作出是否给予纪律处分的决定。中华全国专利代理人协会作出的纪律处分决定对会员具有约束力。

（2）实施纪律处分的程序

① 中华全国专利代理人协会秘书处负责会员违纪行为的投诉受理工作，并将有关投诉文件送交中华全国专利代理人协会行业维权与自律委员会。中华全国专利代理人协会行业维权与自律委员会应当在受理投诉之日起 20 个工作日内决定是否立案调查，并在决定作出后 10 个工作日内通知投诉人。

② 中华全国专利代理人协会行业维权与自律委员会的调查工作由中华全国专利代理人协会秘书处负责协助实施；开展调查时，应当通知有关当事人，可以要求其说明情况、提出书面材料、书面陈述意见，有关当事人应当积极配合，如实陈述并提供相关材料；必要时可以召开听证会，对有关当事人进行质询。

③ 中华全国专利代理人协会行业维权与自律委员会应当在决定立案调查之日起 2 个月内作出调查报告，经行业维权与自律委员会过半数委员通过后 15 个工作日内提交中华全国专利代理人协会常务理事会。调查报告中应当提出是否给予纪律处分以及

纪律处分等级的建议。在提交调查报告之前，应当允许有关当事人进行陈述或者申辩。有关当事人放弃陈述或申辩的，不影响中华全国专利代理人协会作出决定。有关当事人拒绝提交相关材料、拒绝配合调查或者提供虚假情况的，中华全国专利代理人协会视情节轻重，可以给予其劝诫、警告或者通报批评的纪律处分。

④ 中华全国专利代理人协会行业维权与自律委员会应当向中华全国专利代理人协会常务理事会提交调查报告，在收到调查报告后，中华全国专利代理人协会常务理事会在 6 个月内代表中华全国专利代理人协会作出是否给予纪律处分的决定。中华全国专利代理人协会应当召开常务理事会议讨论行业维权与自律委员会提交的调查报告，作出的是否给予纪律处分的决定，应当由超过三分之二以上的常务理事通过。中华全国专利代理人协会认为应当对被处分个人会员、团体会员作出进一步惩戒的，可以提请国务院专利行政部门或者省、自治区、直辖市人民政府管理专利工作的部门给予惩戒。

⑤ 中华全国专利代理人协会作出给予或不给予纪律处分的决定后，应当在 10 个工作日内送达投诉人、被处分会员及其所在的专利代理机构，并将处分决定记入被处分会员所在专利代理机构和专利代理人的诚信档案中。

5.2 专利代理人的行政责任

专利代理人的行政责任，是指专利代理人在执业过程中违反专利行政法规、规章，实施行政违法行为所应承担的法律责任。具体而言，上述专利行政法规、规章主要包括《专利代理条例》和《专利代理惩戒规则（试行）》。在这两份规范性文件中对于专利代理人行政责任的承担方式、适用行政惩戒的情形、惩戒机关和惩戒程序等都进行了详细的规定，形成了各级专利行政机关对专利代理人实施管理的法律依据。

5.2.1 专利代理人行政责任的承担方式

根据《专利代理条例》第 25 条的规定，专利代理人承担行政责任的方式有以下两种：①警告，适用于情节轻微的行政违法行为；②吊销专利代理人资格证书，适用于情节严重的行政违法行为。

根据《专利代理惩戒规则（试行）》第 5 条的规定，专利代理人承担行政责任的方式有以下四种：①警告；②通报批评；③收回专利代理人执业证；④吊销专利代理人资格。

5.2.2 对专利代理人适用行政惩戒的情形

根据《专利代理条例》第 25 条的规定，对专利代理人适用处罚的情形有：

① 不履行职责或者不称职以致损害委托人利益的。

② 泄露或者剽窃委托人的发明创造内容的。

③ 超越代理权限，损害委托人利益的。

④ 私自接受委托，承办专利代理业务，收取费用的。

根据《专利代理惩戒规则（试行）》第7条和第8条的规定，对专利代理人适用惩戒的情形有：

① 同时在两个以上专利代理机构执业的。

② 诋毁其他专利代理人、专利代理机构的，或者以不正当方式损害其利益的。

③ 私自接受委托、私自向委托人收取费用、收受委托人财物、利用提供专利代理服务的便利牟取当事人争议的权益或者接受对方当事人财物的。

④ 妨碍、阻扰对方当事人合法取得证据的。

⑤ 干扰专利审查工作或者专利行政执法工作的正常进行的。

⑥ 专利行政部门的工作人员退休、离职后从事专利代理业务，对本人审查、处理过的专利申请案件或专利案件进行代理的。

⑦ 泄露委托人的商业秘密或者个人隐私的。

⑧ 因过错给当事人造成重大损失的。

⑨ 从事其他违法业务活动的。

⑩ 违反《专利法》第19条的规定，泄露委托人发明创造的内容的。

⑪ 剽窃委托人的发明创造的。

⑫ 向专利行政部门的工作人员行贿的，或者指使、诱导当事人行贿的。

⑬ 提供虚假证据、隐瞒重要事实的，或者指使、引诱他人提供虚假证据、隐瞒重要事实的。

⑭ 受刑事处罚的（过失犯罪除外）。

⑮ 从事其他违法业务活动后果严重的。

鉴于以上第⑩～⑮项行政违法情形的严重后果，应给予实施违法行为的直接责任人收回专利代理人执业证或吊销专利代理人资格的惩戒。

另外，对于具有专利代理人资格、但没有取得专利代理人执业证的人员为牟取经济利益而接受专利代理委托、从事非法专利代理业务的，如有《专利代理惩戒规则（试行）》第7条、第8条所列的行政违法行为的，应当给予警告、通报批评、吊销专利代理人资格的惩戒。

根据《专利代理惩戒规则（试行）》第10条的规定，行政惩戒减轻的情形有：①主动承认错误并承担责任的；②及时采取有效措施，防止不良后果发生或者减轻不良后果。行政惩戒加重的情形有：①对检举人、证人打击报复的；②案发后订立攻守同盟或者隐匿、销毁证据，阻挠调查的。

5.2.3 行政惩戒机关

根据《专利代理惩戒规则（试行）》和《专利代理惩戒委员会工作规程（试行）》的规定，专利代理人违反有关法律、法规和规章规定的，由专利行政部门给予惩戒。国家知识产权局和各省、自治区、直辖市知识产权局分别设立专利代理惩戒委员会，具体实施惩戒。国家知识产权局专利代理惩戒委员会由7名委员组成，其中国家知识

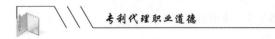

产权局人员 3 名、中华全国专利代理人协会代表 2 名、专利代理人代表 2 名。各省、自治区、直辖市专利代理惩戒委员会由 5 名委员组成，其中省、自治区、直辖市知识产权局人员 3 名、专利代理人代表 2 名。

5.2.4 行政惩戒程序

根据《专利代理惩戒规则（试行）》的规定，对专利代理机构和专利代理人违反法律、法规和规章规定的行为，任何单位或者个人都有权向该专利代理机构和专利代理人所在地的省、自治区、直辖市专利代理惩戒委员会投诉。必要时，国家知识产权局专利代理惩戒委员会和省、自治区、直辖市知识产权局专利代理惩戒委员会也可以依职权主动立案。专利代理惩戒委员会应当在受理投诉之日或者主动立案之日起 3 个月内作出决定。省、自治区、直辖市知识产权局专利代理惩戒委员会认为需要吊销专利代理人资格、撤销专利代理机构的，应当将其调查结果和惩戒理由上报国家知识产权局专利代理惩戒委员会。国家知识产权局专利代理惩戒委员会应当在收到上报材料之日起 2 个月内作出决定。

专利代理惩戒委员会表决通过惩戒决定前，应当允许当事人进行陈述或者申辩，并对当事人提出的事实、证据和理由进行调查核实。专利代理惩戒委员会表决通过惩戒决定后，应当制作惩戒决定书，记载以下事项：①被惩戒的专利代理机构或者专利代理人的名称、姓名和地址；②事由及调查核实的结果；③专利代理惩戒委员会的决定；④决定日期。专利代理惩戒委员会作出的惩戒决定应当经同级知识产权局批准，并以该局的名义发出。惩戒决定书应当在批准之日起 10 日内送达被惩戒的专利代理机构或者专利代理人。对专利代理惩戒委员会的惩戒决定不服的，可以在收到惩戒决定书之日起 2 个月内依法申请复议，也可以直接向人民法院提起行政诉讼。

省、自治区、直辖市专利代理惩戒委员会应当在其惩戒决定生效之日起 10 日内向国家知识产权局专利代理惩戒委员会备案。惩戒决定生效后，除给予警告的以外，由作出惩戒决定的专利代理惩戒委员会在政府网站或者新闻媒体上予以公布。

【案例 2-1】

某甲在尚未取得新入职专利代理机构 A 的专利代理人执业证之前，以代理机构 A 的专利代理人的名义，向国家知识产权局办理了数十件专利申请的著录项目变更手续。其中，在著录项目变更申报书上，编造使用了虚假的执业证号。代理机构 A 所在的省知识产权局发现该情况以后，根据《专利代理惩戒规则（试行）》的相关规定，对某甲给予了通报批评的行政惩戒。

5.3 专利代理人的刑事责任

专利代理人的刑事责任是指专利代理人的执业行为触犯了刑事法律而应承担的刑事责任。根据《专利代理管理办法》和《专利代理惩戒规则（试行）》的规定，专利代理人因故意犯罪受刑事处罚的，要被收回专利代理人执业证，甚至被吊销专利代理人资格。因此，对于专利代理人来说，刑事责任是最重的一种执业责任形式。

我国《刑法》并未针对专利代理人这一特定主体设定相应的罪名和刑罚。结合有关专利代理的行政法规、规章来看，专利代理人在执业过程中可能触犯的罪名有：泄露国家秘密罪、行贿罪、伪证罪等。专利代理人如果实施了相应的犯罪行为，将分别根据《刑法》的有关条文追究刑事责任。

第5节 专利代理机构的执业规范和执业责任

综合专利代理管理方面的行政法规、规章和行业规范，可以看出专利代理机构的执业规范主要包括以下几个方面：专利代理机构与委托人之间的关系、专利代理机构与同行之间的关系、专利代理机构的内部管理规范。专利代理机构在运营过程中如有违反执业规范的情形，同样会被追究相应的执业责任。

1 专利代理机构与委托人关系的规范

专利代理委托关系来源于委托人的委托授权，实质上是一种合同关系。在专利代理机构与委托人关系的成立和终止的全过程中，存在着一系列的执业规范。

1.1 专利代理委托关系的成立

根据《专利代理条例》的规定，专利代理的执业主体是专利代理机构，专利代理机构与委托人之间是按照合同意思自治的民法原则、通过平等协商确定委托/服务关系的。按照《专利代理管理办法》和《专利代理服务指导标准（试行）》的相关规定，根据委托人的需要，专利代理机构与委托人之间的委托关系可以涉及专利代理服务的多个领域和/或多项专利/专利申请，也可以只涉及例如一项专利/专利申请的一个或多个具体阶段的服务，例如申请文件的撰写。与委托人之间确立委托/服务关系时，专利代理人应当以所在专利代理机构的名义接受委托，与委托人订立书面委托协议，统一收取费用并如实入账。在委托协议的磋商阶段，专利代理机构应当与委托人就委托的代理内容、代理权限、双方的权利和义务、代理费用、代理期限、违约责任、争议解决方式等进行讨论，协商一致后双方签署书面委托协议，这是专利代理委托关系成立的标志。

代理权限是委托协议中的重要内容。《专利代理服务指导标准（试行）》将授权原则作为专利代理工作的基本原则之一，即：专利代理机构应当在委托权限范围内处理所委托的事务。因此，专利代理机构和委托人之间订立的委托协议中应当明确代理权限。在面向第三方（如专利行政机关或者司法机关）办理专利代理事务时，向上述机关提交的代理委托书中也应当明确代理权限。

代理权限可分为一般授权和特别授权。根据目前的专利代理实践，专利申请的代理工作得到委托人的一般授权即可以进行。但是在对委托人的重大实体权利进行处分时，专利代理机构必须得到委托人的特别授权。为此，《专利审查指南2010》针对专利权无效宣告程序进行了如下规定："对于下列事项，代理人需要具有特别授权的委托书：（ⅰ）专利权人的代理人代为承认请求人的无效宣告请求；（ⅱ）专利权人的代理人代为修改权利要求书；（ⅲ）代理人代为和解；（ⅳ）请求人的代理人代为撤回无效宣告请求。"❶对于专利民事诉讼程序来说，《民事诉讼法》第59条规定："委托他人代为诉讼，必须向人民法院提交由委托人签名或者盖章的授权委托书。授权委托书必须记明委托事项和权限。诉讼代理人代为承认、放弃、变更诉讼请求，进行和解，提起反诉或者上诉，必须有委托人的特别授权。"《最高人民法院关于适用〈中华人民共和国民事诉讼法〉若干问题的意见》第69条也规定："当事人向人民法院提交的授权委托书，应在开庭审理前送交人民法院。授权委托书仅写'全权代理'而无具体授权的，诉讼代理人无权代为承认、放弃、变更诉讼请求，进行和解，提起反诉或者上诉。"

在实际的涉外专利代理工作中，大多数国外申请人向国家知识产权局提出的专利申请都是基于《保护工业产权巴黎公约》或者《专利合作条约》进入中国的，这些专利申请案件有着严格的时限要求。往往是专利代理机构接到委托人的提交申请指示时就已临近上述国际条约规定的进入中国期限，从而出现了难以在专利代理工作开展之前与委托人签署委托协议的情况。针对类似情况，专利代理机构接受境外委托人所委托的专利代理事务时，可以根据相应的惯例不与委托人签署书面委托协议。相应地，在专利代理机构与委托人之间未签署书面委托协议的情况下，专利代理机构与委托人之间存在的工作关系视为双方事实上存在对各项具体事项的委托/服务关系。例如，在境外委托人发来专利申请提交指示并且专利代理机构已回函确认接受指示的情况下，即可认为双方之间已建立了事实上的委托/服务关系，委托人指示函中未尽事项，如代理收费标准等，可按专利代理行业通行标准或者双方合作惯例来确定。

在专利代理委托关系成立的过程中，专利代理机构要注意遵守以下的主要执业规范。

1.1.1 避免利益冲突

根据《专利代理服务指导标准（试行）》的规定，在接到当事人的办理专利案件的指示后，专利代理机构应该首先进行利益冲突的排查、协调。在确认无冲突或限制或冲突已解决后，再接受委托。若有冲突或限制，则及时通知当事人，建议其另行委托其他专利代理机构。

❶ 中华人民共和国国家知识产权局. 专利审查指南2010［M］. 北京：知识产权出版社，2010：379.

1.1.2　确保胜任代理

专利代理是一项法律性、技术性很强的工作。作为专利代理执业主体的专利代理机构，应该依据工作需要配备有各种技术背景的专利代理人以及相应的辅助人员。受专利代理机构委派承办具体专利业务的专利代理人，应当具备完成该项业务所需的法律素养、专业知识、语言能力，以及相应的实践经验。尽管如此，在实际工作中仍然可能出现具体专利案件涉及特定外文语种或特定科技领域而导致专利代理机构不能胜任此案件的情形。一旦发生这种情形，根据《专利代理服务指导标准（试行）》的规定，专利代理机构应当及时通知当事人，建议其与其他有能力处理该案件的代理机构联系。

【案例 2 – 2】

依法设立的专利代理机构 A 从未代理过国外申请人向国家知识产权局申请专利。两年前经人介绍，一家德国公司 B 与专利代理机构 A 进行了联系，拟委托该机构将公司 B 的一件德国在先专利申请翻译成中文并向国家知识产权局提交中国专利申请。实际上专利代理机构 A 并未配备懂德语的专利代理人，但是该机构从自身的经济利益出发，勉强接受了委托，聘请社会上的一般外语人员进行了申请文本翻译工作，然后完成提交。在后续的实质审查程序期间，审查员发现该专利申请技术方案含糊不清、公开不充分，以该申请不符合《专利法》第 26 条第 3 款为由作出了驳回决定。经公司 B 调查，上述"公开不充分"问题是由于申请文本的翻译错误造成的。

【分析】

专利代理机构接受的委托事项一定要与自身的代理能力相称，切不可勉强而为。专利代理机构勉强代理，既不能保证委托人的利益，又增大了自身的执业风险。在本例中，专利代理机构 A 的正确做法是按照诚实信用原则向公司 B 说明情况，询问公司 B 是否有能力提供翻译文本，如果公司 B 不能提供翻译文本，专利代理机构 A 应当拒绝委托，建议公司 B 与具备相应的外语能力和专利申请代理能力的其他代理机构联系。

1.1.3　诚实信息披露、禁止虚假承诺

根据《专利代理职业道德与执业纪律规范》的规定，专利代理机构可以利用媒体等宣传途径介绍自己的业务领域和专业特长，但在宣传活动中不得提供虚假信息，贬低同行，抬高自己。在《专利代理服务指导标准（试行）》中也有类似规定，例如，在客户开发中，专利代理机构不能直接或间接地宣传或渲染该代理机构与专利行政机关或司法机关存在直接或间接关系及非正常途径办理事务的通道等内容和言辞，不能有超出代理机构自身业务范围和权限的扩大性宣传和许诺，不能夸大宣传代理机构的人数、办公地点、业务范围、人员素质等。

从以上规定可以看出，在与潜在委托人接触，进行客户开发的过程中，专利代理机构应当诚实、客观地介绍自己的代理能力，告知委托人拟委托事项可能出现的法律

风险，不能为了建立委托关系而夸大宣传、误导委托人，尤其不能就案件的结果进行虚假承诺。无论是专利申请案件，还是专利权无效宣告或专利诉讼案件，案件审查或审理的权力是由专利行政机关或人民法院独立掌握的，不受专利代理机构的影响。因此，任何专利代理机构对于专利案件结果的承诺都是对诚实信用原则的违背，都不符合专利代理执业规范的要求。

【案例 2 - 3】

A 公司因其一项专利权被提起无效宣告请求，拟委托专利代理机构代为办理无效宣告程序中的法律事务。专利代理机构 B 在得知相关信息之后主动与 A 公司接洽，为能招揽到此项业务，该机构的负责人宣称其与专利复审委员会的审查员熟悉，可以对合议组施加一定影响以保证得到有利结果。A 公司信以为真，遂与专利代理机构 B 签订了委托协议。在该委托协议中，专利代理机构 B 书面承诺保证取得对 A 公司有利的无效宣告审理结果。随后在无效宣告程序中，合议组依法审查，依据请求人提出的确凿证据和理由，最终宣告 A 公司的专利权无效。

在收到宣告专利权无效的审查决定之后，A 公司与专利代理机构 B 发生纠纷，遂将该机构投诉至所在省的知识产权局。该省知识产权局经调查核实情况，对专利代理机构 B 作出了警告的行政惩戒。

1.1.4 关于非正常专利申请

根据国家知识产权局 2007 年发布的《关于规范专利申请行为的若干规定》，所谓非正常申请专利的行为，是指：

① 同一单位或者个人提交多件内容明显相同的专利申请，或者指使他人提交多件内容明显相同的专利申请。

② 同一单位或者个人提交多件明显抄袭现有技术或者现有设计的专利申请，或者指使他人提交多件明显抄袭现有技术或者现有设计的专利申请。

③ 专利代理机构代理提交上述①和②所述类型的专利申请。

非正常专利申请的存在，扰乱了正常的专利申请秩序，造成了国家行政资源的极大浪费。专利代理机构和专利代理人是专利制度有效运转的维护者，应当旗帜鲜明地反对非正常申请专利的行为。因此，专利代理人提供专利代理服务时，发现非正常专利申请的，应该劝说委托人不提出专利申请或者撤回已经提交的专利申请，同时也为本机构规避执业风险。如果委托人执意不予撤回，专利代理人可以建议本机构拒绝或辞去代理。

【案例 2 - 4】

专利代理机构 A 对同一申请人的数十件外观设计专利进行重复申请，同时请求了费用减缓，这导致多件内容明显相同的专利申请出现，经国家知识产权局按法定程序认定为非正常申请专利的行为。专利代理机构 A 所在省的知识产权局进一步调查，确认非正常申请专利的行为属实，随即要求专利代理机构 A 补交所述外观设计申请减缓的费用，并且对专利代理机构 A 给予了通报批评的行政惩戒。

【分析】

专利代理机构对于明显的非正常专利申请行为负有关注和劝诫义务，发现非正常专利申请的应该劝说委托人撤回专利申请。如果专利代理机构提交非正常专利申请，会受到相应的行政或纪律处罚。

1.2 专利代理委托关系的终止

专利代理机构与委托人之间的委托关系到委托协议规定的事件发生（例如专利授权或放弃）或法定/约定的终止时间自然终止。另外，根据合同自治原则，专利代理机构和委托人均可以根据相关法律规定单方面终止委托关系。例如：《合同法》第410 条就规定委托人或者受托人可以随时解除委托合同。不过对于专利代理机构和委托人随意终止委托关系也有一定限制，即：因解除合同给对方造成损失的，除不可归责于该当事人的事由以外，应当赔偿损失。另外，如果解除合同时专利代理人已经提供了代理服务，委托人应当相应地支付合理的费用。

在委托人提出终止委托关系的情况下，专利代理机构无正当理由，不得拒绝委托人转委托的要求，应当根据委托人的转案要求，将完整的案卷文档移交给委托人或其指定的专利代理机构。

在终止委托的专利代理事务涉及第三方的情况下，委托人或专利代理机构应当将委托关系终止的情况告知该第三方。例如在专利申请代理事务中，发生委托关系的终止和变更时，委托人或者专利代理机构应向国家知识产权局办理专利代理机构变更手续，在办理变更手续的过程中，专利代理机构有义务采取合理措施保护委托人的利益。根据《专利审查指南 2010》的相关规定，变更手续生效（即发出手续合格通知书）之前，国家知识产权局认定原专利代理委托关系依然有效，且专利代理机构已为申请人（或专利权人）办理的各种事务在变更手续生效之后继续有效。❶因此，如在变更手续生效之前收到国家知识产权局发出的官方通知书，被解除委托或者辞去委托的专利代理机构应当将该通知书尽快转达给委托人或委托人指定的新专利代理机构，并且配合委托人或新专利代理机构进行相应的妥善处理，例如协助完成针对该通知书的答复等。即使被解除委托或者辞去委托的专利代理机构在变更手续生效之后偶然继续收到国家知识产权局发出的官方通知书，尽管此时专利代理委托关系对于双方当事人和第三方均已终止，为了维护原委托人的利益，也应当将该通知书尽快转达给委托人或新专利代理机构，或者将该通知书退回国家知识产权局处理。

在专利代理委托关系终止之后，专利代理机构依然存在一定的随附义务。按照《专利代理职业道德与执业纪律规范》的相关规定，专利代理机构在与委托人依法解

---

❶ 中华人民共和国国家知识产权局. 专利审查指南 2010 [M]. 北京：知识产权出版社，2010：42.

除委托关系后，不得就同一专利申请或专利案件接受有利益冲突的他方当事人的委托。

此外，专利代理委托关系终止的特殊情形还有：①专利代理机构的重组、停业或消亡；②个人委托人的死亡或丧失民事行为能力和作为委托人的法人重组或消亡；❶③出现不可克服的利益冲突情况；④专利代理人因健康状况或工作变动不适合继续代理等。

2 专利代理机构与同行关系的规范

随着专利代理行业的市场化发展和涉外专利代理权的全面放开，越来越多的专利代理机构不断加入到专利代理市场中，截至2012年10月31日，执业的专利代理机构已达909家，而且机构数量还在呈现迅速增长的态势，这必然会带来专利代理市场竞争的加剧。在激烈的市场竞争中，专利代理机构应当以大局为重，注意维护专利代理行业的整体利益和形象，与同行之间相互尊重、高尚竞争。按照《专利代理惩戒规则（试行）》和《专利代理职业道德与执业纪律规范》的要求，专利代理机构与同行之间的关系规范有：专利代理机构在宣传活动中不得贬低同行，抬高自己。专利代理机构应当维护行业利益，不得以压价等方式进行不正当竞争，不得利用特殊关系进行业务垄断或以佣金、回扣等不正当手段招揽业务。

3 专利代理机构内部管理的规范

根据《专利代理职业道德与执业纪律规范》的规定，专利代理机构应当遵循的内部管理规范有：

① 专利代理机构应当建立健全人事、财务、业务、收费等内部管理制度。

② 专利代理机构应当依法与聘用的专利代理人及其他工作人员签订劳动合同或聘用协议。

③ 专利代理机构应当及时将本机构执业人员的信息报送中华全国专利代理人协会，并保证信息的准确、完整。

④ 专利代理机构对专利代理人提出的辞职申请应当在30日内予以答复；按照有关规定办理相关手续，并在解除劳动合同或聘用协议生效之日起10日内向中华全国专利代理人协会办理专利代理人执业证的注销手续。

⑤ 专利代理机构应当按照行业规定开展专利代理执业培训。

⑥ 专利代理机构停业或被撤销的，应当妥善处理各种尚未办结的事项，在国务院专利行政部门发布公告后10日内，到中华全国专利代理人协会办理其专利代理人执

---

❶ 吴观乐. 专利代理实务［M］. 2版. 北京：知识产权出版社，2008：11－12.

业证注销手续。

4 专利代理机构的执业责任

4.1 专利代理机构的纪律责任

专利代理机构的纪律责任是中华全国专利代理人协会对专利代理机构违反行业自律规范的行为作出的纪律处分，其责任承担方式、适用情形、实施纪律处分的机关和程序均与上文结合专利代理人的纪律责任所述内容一致，此处不再赘述。

4.2 专利代理机构的行政责任

专利代理机构的行政责任，是指专利代理机构在执业过程中违反专利行政法规、规章，实施行政违法行为所应承担的法律责任。同样，关于专利代理机构行政责任的规范也是主要体现在《专利代理条例》和《专利代理惩戒规则（试行）》中。

4.2.1 专利代理机构行政责任的承担方式

根据《专利代理条例》第24条的规定，专利代理机构承担行政责任的方式有以下两种：①警告，适用于情节轻微的行政违法行为；②撤销专利代理机构，适用于情节严重的行政违法行为。

根据《专利代理惩戒规则（试行）》第4条的规定，专利代理机构承担行政责任的方式有以下四种：①警告；②通报批评；③停止承接新代理业务3～6个月；④撤销专利代理机构。

4.2.2 对专利代理机构适用行政惩戒的情形

根据《专利代理条例》第24条的规定，对专利代理机构适用处罚的情形有：

① 申请审批时隐瞒真实情况，弄虚作假的。

② 擅自改变主要登记事项的。

③ 未经审查批准，或者超越批准专利代理业务范围，擅自接受委托，承办专利代理业务的。

④ 从事其他非法业务活动的。

根据《专利代理惩戒规则（试行）》第6条和第8条的规定，对专利代理机构适用惩戒的情形有：

① 申请设立时隐瞒真实情况，弄虚作假的。

② 擅自改变主要登记事项的。

③ 擅自设立分支机构的。

④ 年检逾期又不主动补报的。

⑤ 以不正当手段招揽业务的。

⑥ 接受委托后，无正当理由拒绝进行代理的。

⑦ 就同一专利申请或者专利案件接受有利害关系的其他委托人的委托的。

⑧ 因过错给当事人造成重大损失的。

⑨ 从事其他违法业务活动或者违反国务院有关规定的。

⑩ 违反《专利法》第19条的规定，泄露委托人发明创造的内容的。

⑪ 剽窃委托人的发明创造的。

⑫ 向专利行政部门的工作人员行贿的，或者指使、诱导当事人行贿的。

⑬ 提供虚假证据、隐瞒重要事实的，或者指使、引诱他人提供虚假证据、隐瞒重要事实的。

⑭ 受刑事处罚的（过失犯罪除外）。

⑮ 从事其他违法业务活动后果严重的。

鉴于以上第⑩～⑮项行政违法情形的严重后果，可以给予专利代理机构停止承接新代理业务3～6个月或者撤销专利代理机构的惩戒。

另外，对专利代理机构实施行政惩戒的机关和程序均与对专利代理人实施行政惩戒的相应机关和程序一致，此处不再赘述。

【案例2-5】

某省知识产权局接到群众关于专利代理机构A存在违规行为的举报。经调查核实，专利代理机构A的专利代理人甲在执业过程中使用十余份虚假证明办理专利申请费用减缓手续。鉴于专利代理人甲的行为造成了恶劣的社会影响，该省知识产权局按照《专利代理惩戒规则（试行）》的规定报请国家知识产权局吊销了专利代理人甲的专利代理人资格证书。同时鉴于专利代理机构A对于专利代理人甲使用虚假证明办理专利申请费用减缓手续的行为负有监管不力的责任，该省知识产权局给予专利代理机构A停止承接新代理业务3个月的惩戒。

4.3 专利代理机构的民事责任

专利代理机构的民事责任，是指专利代理机构在执业过程中，因违法执业或过错给委托人造成损失而应承担的民事赔偿责任。关于专利代理机构民事责任的规范主要体现在《专利代理条例》中。

4.3.1 专利代理机构民事责任的主体

按照《专利代理条例》第7条和第9条的规定，专利代理机构依法开展专利代理业务，享有民事权利，承担民事责任。专利代理机构接受委托，可以根据需要，指派专利代理人承办代理业务。专利代理机构接受委托，承办业务，可以按照国家有关规定收取费用。由此可以看出，专利代理的执业主体、接受委托的合同主体以及民事责任承担主体均是专利代理机构。专利代理人是接受专利代理机构指派承办具体业务工作的人员，不是与委托人对等的合同主体。因此，在专利代理人因违法执业或过错造成委托人损失的情况下，尽管专利代理人属于直接责任人，但最终的民事赔偿责任仍然归属于专利代理机构。当然，专利代理机构在向委托人承担经济赔偿责任之后，对于有故意或者重大过失的专利代理人即取得追偿权，可以按一定比例向该专利代理人追偿。

4.3.2　专利代理机构承担民事责任的条件

按照《专利代理条例》第25条的规定，专利代理机构承担民事责任的前提是专利代理人因违法执业或过错行为给委托人造成经济损失。所述的违法执业或过错行为包括：

① 不履行职责或者不称职以致损害委托人利益的。

② 泄露或者剽窃委托人的发明创造内容的。

③ 超越代理权限，损害委托人利益的。

④ 私自接受委托，承办专利代理业务，收取费用的。

4.3.3　专利代理机构赔偿责任范围

根据组织形式的不同，专利代理机构的赔偿责任范围是有所区别的：合伙制专利代理机构的合伙人对该专利代理机构的债务承担无限连带责任，赔偿不受该机构资产额的限制。有限责任制专利代理机构在该机构的全部资产额的范围内承担赔偿责任。

4.3.4　专利代理机构执业责任保险制度简介

由中华全国专利代理人协会牵头组织实施的专利代理机构执业责任保险制度正在稳步推进。在该保险制度的框架下，专利代理机构向保险公司投保之后，一旦出现专利代理机构给委托人造成损失而需要承担民事责任的情况，可以由保险公司代为承担一定的赔偿责任。这种执业责任保险制度将会进一步减轻专利代理机构的执业风险，有利于专利代理行业的健康发展。

第3章 专利代理职业道德

第1节 基本概念

1 道德与职业道德

道德作为人类社会生活中特有的社会现象，是由社会经济关系决定的，以善恶为标准的，由社会舆论、传统习惯和内心信念所维系的，调整人与人之间以及人与自然之间关系的原则规范、心理意识和行为活动的总和。❶

众所周知，道德和法律属于不同的规范体系，二者虽然存在较大区别，但更多的是相互联系，通过在不同层面上规范、约束个体的行为，共同维系社会秩序的稳定。与成文的法律法规不同，道德是人类社会在长期的社会实践中形成的处理社会关系的行为准则和规范，但没有固定的表现形式。

作为人们之间相互关系规范的总和，道德贯穿于社会生活的各个方面，包括社会道德、家庭伦理道德等多种形式。职业道德作为社会道德的重要组成部分之一，是社会道德在社会职业中的特殊体现，是在社会职业自身发展过程中逐步形成的。职业道德同具体职业密切相关，具有自身职业特征的执业规范、规则和情操境界，具有鲜明的行业性，本质上体现了在从事职业活动过程中从业人员与服务对象之间、从业人员相互之间以及与相关职业之间的社会关系。职业道德由从业人员在长期执业的过程中逐步形成，依靠行业惯例、社会舆论等来维系，体现了广大从业人员共同遵守的执业规范，渗透在执业过程中的方方面面。职业道德的维系主要通过从业人员内在的自觉性实现。

《公民道德建设实施纲要》中明确指出：职业道德是所有从业人员在职业活动中应该遵循的行为准则，涵盖了从业人员与服务对象、职业与职工、职业与职业之间的关系。《公民道德建设实施纲要》中明确要求：随着现代社会分工的发展和专业化程度的增强，市场竞争日趋激烈，整个社会对从业人员职业观念、职业态度、职业技能、执业纪律和职业作风的要求越来越高。要大力倡导以爱岗敬业、诚实守信、办事

---

❶ 田秀云. 伦理学概论［M］. 北京：科学出版社，2009：4.

公道、服务群众、奉献社会为主要内容的职业道德，鼓励人们在工作中做一个好建设者。

2 专利代理职业道德

根据现行专利法，专利代理是建立在专利代理机构与委托人之间的针对专利申请及相关专利事宜提供法律服务的行为。概括来说，专利代理行业具有如下主要特点：

① 承办专利代理业务的专利代理人必须是了解国内外相关科学技术最新动态、熟悉我国以及其他国家专利法等相关法律知识、具备相应外语水平的复合型人才。这是因为，专利制度保护的发明创造涉及全球科学技术发展的最新动向，特别要求专利代理人具备相应的理工科背景，以便准确理解相应的技术内容，领会发明创造的精髓。

② 专利代理人还需要精通专利法律事务，尤其要精通《专利法》以及相关法律法规以及业务流程和办理手续。

由于专利的地域性，专利申请需要在各个国家单独提出。由于各个国家的现行专利法律制度不尽相同，因此，对于涉及国外专利申请代理业务的专利代理机构和专利代理人，还需要学习、掌握美国、日本、韩国、欧洲、南美洲、大洋洲、非洲等相关国家和地区的专利制度。

需要特别指出的是，在专利代理工作开展过程中，专利代理机构和专利代理人一方面需要依照委托人的指示办理专利事务，另一方面需要依照法律法规的规定独立地办理各项专利事务。

正是由于上述原因，专利代理职业道德具有鲜明的行业特点，是专利代理机构和专利代理人在为委托人办理专利代理事务过程中所应当遵循的共同行为准则。

在当前我国建设创新型国家，大力推行《国家知识产权战略纲要》实施的背景下，作为知识产权保护工作重要部分之一的专利相关业务发展迅猛，社会各界对于专利代理行业的认识和依赖性不断提升。伴随着专利代理行业飞速发展，从业人员和代理机构数目和业务量快速增长，更有必要花大力气树立和弘扬专利代理职业道德，确立正确的价值目标，强化行业自律和从业人员的自律意识，树立专利代理行业形象。违反职业道德的行为，应当受到行业主管机关、行业协会的惩戒和业内同行的谴责。同时，为了给专利代理行业创造更加良好的工作环境，建立合理的竞争机制，充分发挥专利代理行业的优势，服务社会，不断提升我国知识产权创造、运用、保护、管理的水平，也要求专利代理行业加强行业自律和职业道德的建设。

专利代理人在专利代理业务过程中具体涉及的实务大体上可以分为如下几类：专利申请代理业务、专利权无效宣告代理业务、专利诉讼代理业务以及专利检索预警等其他专利相关事务。专利代理行业的职业道德与专利代理人在开展专利代理业务中所承担的角色紧密相关。为了更好地履行专利代理人的职责，体现专利代理人的职业素

养，维护委托人合法利益并努力实现其利益最大化，在执业行为过程中就需要特别注意遵守专利代理职业道德，将遵纪守法、诚实守信、保守秘密、避免冲突、勤勉敬业、精于业务、举止礼仪、尊重同行等具体要求体现在实处。

第2节　专利代理职业道德的主要内容

1　遵　纪　守　法

遵纪守法不仅是每一社会成员所应承担的义务，更是对各行各业从业主体的道德要求。对于专利代理机构和专利代理人而言，首先需要遵守适用于所有社会成员的法律、法规和道德规范，其次要遵守本行业的特定的法律、法规和行业纪律。具体来说，一方面，遵纪守法就是要求从业主体应当具有法律观念，在具体行为过程中努力做到知法、守法、护法，即：增强法制观念，做守法公民，积极维护法律的权威性；另一方面，还要严格遵守执业纪律。所谓执业纪律是指在特定的职业活动范围内，从业主体应当共同遵守的行为准则，根据所从事的行业不同，主要包括：劳动纪律、财经纪律、组织纪律、保密纪律、外事纪律等基本纪律，以及各行业自身制定的特殊执业纪律。

1.1　遵纪守法是公民的社会责任和道德义务

遵纪守法是每个公民应尽的义务。"没有规矩，不成方圆。"任何一个行业的健康发展，都必须在全行业中形成"以遵纪守法为荣、以违法乱纪为耻"的道德观念，让遵纪守法成为共同的行为准则。

随着经济高速发展，科学技术不断进步，社会分工越来越细化。对于专利代理行业而言，相关法律法规也随着专利代理制度的建立、完善而不断地细化与完善。也正是依靠相关法律法规的不断完善，才能确保专利代理制度的生命力。正如法国的泰·德萨米在《公有法典》中说的那样："这些神圣的法律，已被铭记在我们的心中，镌刻在我们的神经里，灌注在我们的血液中，并同我们共呼吸；它们是我们的生存，特别是我们的幸福所必需的。"

在现代社会中，随着科学技术的突飞猛进和生产力的迅速发展，不仅企业内部分工日趋细化，而且社会协作越来越广，各行业之间的联系也更为密切。在经济全球化、一体化的大背景下，要进行正常的业务往来，就必须建立共同遵守的秩序和规则，否则就会使得业务的开展处于混乱状况。因此，全体从业人员遵纪守法是职业道德的要求，这不仅仅是从业人员被强迫服从的要求，还应当是全体从业人员发自内心的共同遵守的行动准则。遵纪守法作为职业道德的重要内容，是从业人员高度自律的结果。

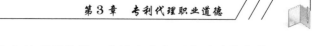

遵纪守法也是保持社会和谐安宁的重要条件。在社会主义民主政治的条件下，从国家的根本大法到基层的规章制度，都是民主政治的产物，都是为维护人民的共同利益而制定的。"以遵纪守法为荣、以违法乱纪为耻"，就是遵从广大民众意愿、维护人民利益的高尚之举，应当受到肯定和赞同，也应该是每一个公民所追求的荣誉所在。

1.2 遵纪守法是专利代理职业道德的底线

对于专利代理行业而言，遵纪守法不仅是全体从业人员应尽的责任和义务，更是专利代理职业道德的底线。为了建立良好的执业环境，树立行业形象，全体从业人员必须遵纪守法。

对于专利代理人而言，所谓遵纪守法，首先就是要做到忠于宪法和法律，在执业过程中尊重客观事实，坚守原则，维护社会正义，时时处处维护法律尊严，依法执业，这也是专利代理行业职业道德的基本要求。

专利代理人要遵守现行的《专利法》《专利法实施细则》《专利代理条例》以及《反不正当竞争法》等相关法律法规。专利代理人执业过程中的行为还需要符合《专利代理管理办法》《专利代理惩戒规则（试行）》以及《专利代理职业道德和执业纪律规范》等相关规定。上述法律、法规、规章和行业规范是全国人大、国务院批准颁布或由国家知识产权局、中华全国专利代理人协会等制定的，作为提供法律中介服务的专利代理人必须自觉遵守和维护。

为了规范专利代理执业的行为，维护专利代理行业的正常秩序，业已从国家法律、部门规章、行业规范等多个层面对专利代理行业的执业行为进行规范。例如，《专利代理惩戒规则》分别在专利代理机构设立、专利代理人不当执业或执业过失等具体行为上作了明确规定，对于违反上述规定的专利代理机构或代理人，规定由专利代理惩戒委员会予以处理。

《专利法》第 19 条明确规定：专利代理机构应当遵守法律、行政法规，按照被代理人的委托办理专利申请或者其他专利事务；对被代理人发明创造的内容，除专利申请已经公布或者公告的以外，负有保密责任。《专利代理职业道德与执业纪律规范》总则部分第 3 条中明确规定：专利代理机构和专利代理人应当依法执业，遵守宪法、法律、法规和部门规章，贯彻执行国家有关政策。《专利代理惩戒规则（试行）》第 2 条也明确规定：专利代理机构、专利代理人执业应当遵守法律、法规和规章的规定，恪守专利代理职业道德和执业纪律。

国无法不治，民无法不立。人人守法纪，凡事依法纪，则社会安宁，经济发展。倘若没有法纪的规范，失去法度的控制，各行各业的秩序就无从保证，行业生存、发展的环境就会遭到破坏。对于专利代理行业而言，不遵纪守法，专利代理业务就不可能顺利开展。实践表明，遵纪守法还是委托人选择专利代理机构或专利代理人的考核因素。一项针对专利申请人特别是企业委托人的调查表明，在选择合作专利代理机构时，委托人主要考察的因素包括：技术/业务能力、法律素养、保密意识、语言能力、沟通能力等。虽然不同的企业由于各自行业或领域特点，对于上述因素的重视程度有所不同，但是对于曾经有过违纪行为的事务所，企业均选择一票否决。

多年来，专利代理行业坚持以诚信服务、规范发展为主线，行业建设取得了明显成绩。据不完全统计，由专利代理机构代理的专利申请数量已超过专利申请总量的60%。与此相适应的是，我国专利代理行业法律、法规、规章体系基本建立，法治环境下的市场运作机制已经形成，专利代理行业的管理监督工作日趋规范有序。

随着市场经济的竞争日趋加剧，知识产权在企业升级转型过程中的作用逐渐凸显。个别委托人在各种经济利益或短期效应驱动下，也会暗示甚至要求专利代理机构利用现行管理体系或制度的漏洞或缺陷，通过非正常或不规范的专利代理行为，牟取不正当利益。在此类情形中，专利代理人同样应当坚守职业道德底线，拒绝迎合极个别当事人的不合理要求，勇于维护法律尊严，对委托人负责，维护专利代理行业的良好形象。

对于来自专利申请人/委托人的非正常委托，专利代理机构应当坚决抵制，做到遵纪守法，守住专利代理职业道德的底线。在实践中，专利代理机构要加强内部管理措施，从制度建设和加强职业道德教育这两个方面入手，维持本机构的健康发展、树立专利代理行业的良好形象。

以往实践表明，在某些与专利代理行业相类似的对专业技能具有高度依赖性的中介和/或服务行业的发展过程中，违反职业道德的事件时有发生，造成严重的职业道德危机，对相关行业的发展造成不利局面。这些惨痛教训值得认真汲取，对于加强行业监督管理，倡导行业自律，从而保障专利代理行业健康发展，有重要的警示意义。

由于个别专利代理机构的弄虚作假等不规范行为，既扰乱了行业内部的正常经营秩序，也严重影响社会对专利代理服务的信任程度，不利于专利代理行业的健康发展，因此，国家知识产权局和中华全国专利代理人协会近年来采取了有力措施进行监督管理以及行业自律。例如，国家知识产权局通过官方网站以及中华全国专利代理人协会网站，加大对弄虚作假行为的曝光力度。对每一起涉及违法违规行为的处理在网站上予以公布、曝光，并通报全行业。

【案例3-1】

某知识产权事务所由3名合伙人发起设立。在申请设立时，其中2人分别系当地另外两家企业的在职员工，不能专职从事专利代理业务，因此不符合《专利代理条例》和《专利代理管理办法》规定的专利代理机构的设立条件。然而该事务所在设立申请时却提供了未反映真实情况的材料，隐瞒了2人在其他企业工作的事实，取得了设立专利代理机构的行政许可。国家知识产权局认定上述行为情节严重、性质恶劣，扰乱了专利代理行业的正常秩序，造成了极为不良的社会影响，属于《行政许可法》中规定的被许可人以欺骗等不正当手段取得行政许可，应当予以撤销的情形，决定撤销该代理机构。

【案例3-2】

某知识产权代理有限公司在向国家知识产权局提出机构地址和邮编变更申请时，提交了变造的企业法人营业执照的复印件，并且未经国家知识产权局批准，擅自在工商行政管理部门将不具备专利代理人资格的人员变更为股东和法定代表人，为此，国家知识产权局作出对其给予警告的惩戒决定。

【分析】

专利代理机构的设立，必须符合《专利代理条例》《专利代理管理办法》等相关规定。为了获得专利管理机关的行政许可，作为提供法律中介服务的专利代理机构，公然违反相关法律法规的规定，采取欺骗手段获取行政许可，企图逃避专利管理机关对专利代理机构的监管，骗取委托人对专利代理机构的信任。对于这种行为，无论是从加强政府监管职能的角度出发，还是作为行业自律的要求，都必须进行严肃处理，否则，整个专利代理行业的社会形象将会受到严重影响。

实践表明，遵纪守法是专利代理行业必须坚守的职业道德底线。没有法纪的规范，专利代理行业的正常秩序就无法得到保证，更谈不上专利代理行业的健康发展。

2 诚实守信

2.1 诚实守信是中华民族的传统美德

所谓"诚"主要是指"诚实""真诚"和"忠诚"，也就是古人所说的"诚于中、形于外"，就是要"勿自欺""勿欺人"。诚实即忠诚老实，就是忠于事物的本来面貌，不隐瞒自己的真实思想，不掩饰自己的真实感情，不说谎，不作假，不为不可告人的目的而欺瞒别人。所谓"信"，主要是指"真实""诚实"和"信守诺言"，守信即讲信用，重信誉，信守承诺，言而有信，忠诚地尽义务和承担责任。

诚实守信是为人之本，从业之要，是一切职业活动中职业人相互联系的道义保障。首先，做人是否诚实守信，是一个人的品德修养和人格品位的表现。其次，做人是否诚实守信，是能否赢得别人尊重和友善的重要前提条件之一。要成为一个诚实守信的人，必须要能够正确对待利益问题，还要有开阔的胸襟、高尚的人格。

"诚实守信"也是人和人之间正常交往、社会生活能够稳定、经济秩序得以保持和发展的重要力量。"诚实守信"既是一种道德品质和道德信念，也是每个公民的道德责任。对一个行业而言，"诚实守信"则是"形象""品牌"和"信誉"，是确保事业兴旺发达的基础。

2.2 诚实守信是建立市场经济秩序的基石

市场经济，是交换经济、竞争经济，又是一种契约经济。因此，如何保证契约双方履行自己的义务，是维护市场经济秩序的关键。一方面，我们强调市场经济是法治经济，用"法律"的手段，来维护市场的"秩序"；另一方面，我们还必须倚重道德的力量，以"诚信"的道德觉悟，来维护正常的经济秩序。市场经济的健康运行，不仅靠对违法者的惩处，更重要的，要使大多数参与竞争的人，能够成为竞争中的守法者，成为一个有道德的人。如果忽视道德教育，荣辱观念混乱或者缺失，信奉"自私自利""损人利己"的价值观念，从业人员就可能以各种手段获取一私之利，相互之间的正常业务交往就无法正常进行。失去了"诚实守信"的道德基石，失去了"诚实守信"为荣、"背信弃义"为耻的舆论氛围，市场经济的正常秩序根本无法建立。

在市场经济发展过程中，假冒伪劣、欺诈欺骗、坑蒙拐骗、偷税漏税的歪风，制约着经济的发展。在某些行业中，也曾经出现过弄虚作假、欺上瞒下、无中生有、以假乱真的不良现象。由于欺骗欺诈等现象屡禁不止和不断蔓延，在部分行业特别是个别代理服务行业中已出现了所谓"信用缺失""信用危机"的现象，成为阻碍市场经济健康发展的一大"公害"。

在市场经济的激烈竞争中，只有使参与竞争的大多数人自觉守法，才能够避免"法不责众"的混乱局面，才能真正发挥法律的作用，才能保证市场经济秩序的正常运行。以往经验表明，弘扬"诚实守信"的职业道德对克服市场经济发展中的种种消极因素，如拜金主义、享乐主义和极端个人主义的滋生有积极作用。

2.3 诚实守信是职业道德的"立足点"

公民道德建设要求把"诚实守信"融入到职业道德的各个领域和各个方面，使各行各业的从业人员，都能在各自的职业中，培养诚实守信的观念，忠诚于自己从事的职业，信守自己的承诺。"诚实守信"是各项职业道德建设与实施的"立足点"。

在市场经济发展过程中，部分行业中的个别企业和个人，曾失去"诚实守信"，导致行业性的"信誉扫地"。例如，冠生园的月饼馅料事件就使得全行业在经济上、形象上均蒙受了重大损失。对于有过类似经历的行业或企业，这种"痛定思痛"、不得不以更大的代价重新铸造行业中"诚实守信"形象的沉痛教训，是值得认真吸取的。

大量事实证明，企业的工作人员，如果能够树立起"诚信为本""童叟无欺"的形象，企业就能够不断健康经营和发展。一些企业之所以能兴旺发达，走出中国，在世界市场占有重要地位，尽管原因很多，但"以诚信为本"是其中的一个决定性的因素；相反，如果为了追求最大利润而弄虚作假、以次充好、假冒伪劣和不讲信用，尽管也可能得利于一时，但最终必将身败名裂、自食其果。

2.4 诚实守信是专利代理行业自律的要求

专利代理行业自律是指专利代理行业的自我约束。即便没有或缺少政府和社会公众的监督，专利代理行业内部也要对本行业的行为谨慎不苟，做到诚实守信，不要破坏行业在社会和公众中的形象。

《专利代理职业道德与执业纪律规范》中明确规定：专利代理机构和专利代理人执业应当坚持诚信的原则，遵守行业规范，公平竞争，禁止不正当竞争行为，维护专利代理行业形象。

专利代理行业不但要求专利代理人具有娴熟的法律知识和丰富的专业技术背景，更重要的是，这个行业还要求从业人员具有很高的职业道德水准，法律职业的基本素养，特别是需要做到诚实守信。

客户的信任是专利代理机构与专利代理人的财富，是专利代理行业得以生存的基础。因此，作为专利代理行业的从业人员，始终要把"诚实守信"融入到职业道德的具体要求之中，使其成为职业道德的"立足点"，在执业过程中必须诚实行事，诚心诚意为委托人办理相关事务，赢得委托人的信任。

自我国《专利法》实施至今，为规范专利代理行业的业务行为，国务院相继批准颁布了《专利代理暂行规定》和《专利代理条例》。进入21世纪以来，国家知识产权局陆续颁布实施了《专利代理惩戒规则（试行）》《专利代理管理办法》《专利代理人资格考试实施办法》和《专利代理人资格考试违纪行为处理办法》等部门规章。与之相配套的是中华全国专利代理人协会陆续出台的《专利代理职业道德与执业纪律规范》《专利代理服务指导标准（试行）》《反对不正当竞争，规范行业市场的决议》《关于加强专利代理机构内部管理的通知》《中华全国专利代理人协会会员纪律处分工作规程（试行）》等行业自律性规范。上述法律、法规、规章以及行业规范的颁布实施，为专利代理行业职业道德建设，特别是违反诚实守信等执业不当行为的惩处提供了相应的依据和制度上的保障。

专利代理机构自2001年脱钩转制以来，特别是2008年《专利法》修订以来，基本上走上市场化的道路，初步建立了"自愿组合、自主经营、自我约束"的行业发展机制，专利代理从业人员不断增加，也涌现了大量新的专利代理机构，为国家知识产权战略的实施起到了积极作用。然而，应当承认，专利代理行业的快速发展也暴露出市场化机制带来的一些问题，例如：极个别代理机构一味追求利益，以"求生存求发展"的名义，恶性竞争，忽视职业道德，放弃"诚实守信"的底线，利用当事人对法律法规的片面认识，误导当事人或迎合当事人的不正当要求，出现了诸如提交非正常申请牟取不正当利益等极端事例。国家知识产权局针对这种事件采取了诸如通报批评等惩戒措施，同时要求中华全国代理人协会加强行业自律，避免类似事件的发生。

专利代理机构和广大专利代理人作为我国知识产权中介服务队伍的主力，是建设创新型国家，提升知识产权创造、运用、保护和管理水平的重要力量。在开展各项业务的同时，应当清楚地了解自身所承担的社会责任，强化诚实守信的职业道德规范，加强行业自律，不得误导或协同委托人弄虚作假、捏造事实，欺骗专利主管机关或委托人。对于专利代理机构而言，诚实守信是立足之本。只有视诚信如生命，本着对客户负责、对社会负责、对专利代理行业负责的原则，拒绝不正当竞争，抵制不当执业

行为，才能营造专利代理行业公平竞争的市场环境，在社会上树立良好的行业形象，为国家知识产权战略纲要的实施作出积极的贡献。

【案例3-3】

专利代理机构A指派专利代理人甲承办一件涉及基因工程技术的专利申请的无效宣告请求委托。该专利代理人的技术背景为通信工程，之前并不具备基因工程技术的相关专业知识，也从未参与过无效案件的处理。为了争取客户的信任，专利代理人甲宣称自己曾代表国内外多家公司处理过无效案件，同时未如实介绍自己的专业技术背景。在后续工作的开展过程中，无效宣告的委托人通过访问专利代理机构A的网站，了解到该代理人的技术背景与该专利的技术方案存在一定差距，要求更换代理人。最终，不仅拖延了该无效宣告请求的进程，也造成了委托人对该专利代理机构的不满。

【分析】

专利代理行业赖以生存的基础是客户信任。专利代理机构只有对客户坦诚相待，方能赢得客户的信任。因此，诚实守信是专利代理行业自律的重要内容。在接受客户委托时，专利代理机构或专利代理人均应当按照《专利代理服务指导标准（试行）》中要求的告知原则，如实向委托人披露承办专利代理人的技术背景，办案经验等基本情况。否则，容易在实际工作开展过程中造成委托人对专利代理机构或专利代理人的不信任，影响具体工作的开展，严重的甚至会导致转案或者转委托的情况发生，既损害了客户的利益，也影响了专利代理机构的声誉。

3 保 守 秘 密

专利代理行业与律师行业类似，在业务开展过程中，全体从业人员均须严格保守职业秘密。委托人之所以委托专利代理机构或专利代理人承办相关事务，正是基于严守秘密基础上的相互之间的信任关系。

3.1 保守秘密是专利代理机构和专利代理人的义务

委托人用来申请专利的技术、商业秘密和委托人不愿泄露的其他信息与委托人的利益密切相关，未经委托人同意泄露相关信息，将严重损害委托人的利益，破坏委托人与专利代理机构和专利代理人之间的信任关系。

《专利法》第19条明确规定："专利代理机构……对被代理人发明创造的内容，除专利申请已经公布或者公告的以外，负有保密责任。"众所周知，当前各国专利法普遍规定，凡申请专利保护的技术方案，无论是发明、实用新型还是外观设计，均需要具有新颖性。《专利法》第22条规定："授予专利权的发明和实用新型，应当具备新颖性、创造性和实用性。新颖性，是指该发明或者实用新型不属于现有技术；也没有任何单位或者个人就同样的发明或者实用新型在申请日以前向国务院专利行政部门提出过申请，并记载在申请日以后公布的专利申请文件或者公告的专利文件中……本法所称现有技术，是指申请日以前在国内外为公众所知的技术。"《专利法》第23条规定："授予专利权的外观设计，应当不属于现有设计；也没有任何单位或者个人就同样的外观设计在申请日以前向国务院专利行政部门提出过申请，并记载在申请日以后公告的专利文件中……本法所称现有设计，是指申请日以前在国内外为公众所知的设计。"

上述法律规定明确要求，申请专利的有关技术信息在申请专利之前以及过程中不得为公众所知，否则其发明创造即丧失新颖性，因而也就丧失了获得专利权的条件。因此，对于了解或接触相关拟申请专利保护的技术内容的相关人员，更应当认真履行保守秘密的承诺和义务。

《专利代理惩戒规则（试行）》第7条和第8条明确规定，对于泄露委托人的商业秘密或者个人隐私的，泄露委托人发明创造内容的专利代理人和专利代理机构均应当责令改正，并给予惩戒。

《专利代理职业道德与执业纪律规范》第8条也明确规定，专利代理人应当保守在执业活动中知悉的委托人的技术、商业秘密和委托人不愿泄露的其他信息，不得以泄露、剽窃或利用这些秘密和信息的方式损害委托人的合法权益。

3.2 保守秘密是专利代理行业的工作纪律

保守秘密也是专利代理从业人员的工作纪律。委托人与代理机构在基于委托合同建立委托关系之后，通常情况下委托人还会与受托方签署保密协议或者在委托协议中增加保密条款，明确受托方的保密义务以及违反相关义务的救济方案。对于专利代理机构和专利代理人而言，利用工作之便，剽窃委托人的技术方案或商业秘密，或者泄露相关信息均属于违法行为，均应承担相应的法律责任。为防止在执业过程中出现因疏忽造成泄密的情况，专利代理机构应该加强对从业人员的保密意识培训，避免因泄密给委托人造成不必要的损失。鉴于专利代理人在执业过程中所承担的保密义务源于委托双方的约定以及法律规定，因此，保守客户秘密就成为专利代理人的铁的纪律和工作原则。一旦违反了保密纪律，例如剽窃委托人的技术方案或商业秘密，或者泄露相关信息等，应当受到行业主管机关的惩戒，承担相应的合同违约责任，情节严重的，甚至有可能承担刑事责任。

在具体执业过程中，专利代理机构和专利代理人除依据合同约定在执业过程中承担保密义务之外，对于在业务工作中接触到的其他技术情报或信息，例如与当事人相关的案件信息和或申请、审理进展情况等，都要采取切实有效的措施，严格保密。

专利代理机构应当建立完善的保密制度，制定相关管理规定，明确规定承办案件的专利代理人不在非工作场所谈论工作内容；不随意与无关人员交流案件内容；不将与案件相关的材料或电子文档带离办公场所以避免遗失；未经委托人书面授权，不通过传真、邮寄或者互联网传送案件；在委托业务完成后应当按照委托人要求将相关材料退还委托人等。严格执行保密制度，不仅有利于避免客户的损失，也有利于赢得客户的信任。大量实践表明，保密制度是否健全或完善，也是委托人考察专利代理机构的一个重要因素。

【案例3-4】

某专利事务所的工作人员甲接到电话，一名自称是之前委托该专利事务所承办一项发明专利申请的申请人，要求该事务所工作人员立即将该申请的全部审查历史文件（包括收到的审查意见通知书及意见陈述书）传真给他。

该事务所经核对事务所计算机数据库信息，确认该申请确为该事务所代理，且来电提供的申请人等信息与该案相符，目前处于复审阶段。按照事务所流程管理规定，工作人员甲随即要求对方提供加盖委托人公章的书面指示，并告知对方，只有收到相关书面指示后才能按照委托人要求提供上述文件，同时将委托人的上述要求向承办该申请的专利代理人汇报。工作人员甲的上述回复遭到当事人的训斥，声称该工作人员未按照委托人的指示提供服务，要向事务所领导投诉。尽管如此，工作人员甲仍然坚持按照事务所流程管理规定办事，反复提醒当事人，没有收到上述书面指示之前不能够传真相关材料。

专利代理人后经与该申请的委托人联系，得知索要审查历史文件的并非案件的真正申请人，而是目前与该申请人谈判商议购买该专利申请的另一家公司。索要相关审查历史文件的真正目的是为了判断该专利申请的授权前景，争取谈判主动。

【分析】

根据《专利代理服务指导标准（试行）》的要求，专利代理工作应当遵循对委托人负责原则以及保密原则，即专利代理机构的服务对象是委托人，因此专利代理机构应当按照委托人的指示处理所代理的事务，并对委托人负责；同时专利代理机构还应在开展业务活动过程中，对所接受的信息和生成的信息，除法律规定必须披露或委托人要求/同意披露的内容外，应当承担保密义务。

上述案例中，正是由于该事务所的工作人员严格按照流程管理规定操作，严格遵守保密协议，在获得真正委托人授权之前，未轻易将上述文件错误地提供给第三方，才避免了真正委托人的潜在经济损失，赢得了客户的信任与尊重。即便是从工作效率的角度考虑，虽然该工作人员在工作中严格执行事务所操作流程的行为，可能会某种情况下对委托人造成一定的不便，但上述行为向客户展示了该事务所规范的操作流程和严格的内部保密措施，从长远来看，是符合委托人利益的，这样不仅能够赢得客户的信赖，甚至有可能在今后为赢得包括该第三方公司在内的更多客户打下了良好的基础。

4 避免冲突

专利代理机构和专利代理人的执业活动涉及各种利益，例如：委托人的利益和专利代理机构自身的利益，这些利益之间时常会发生冲突。随着世界经济和科技的发展、我国知识产权战略实施所带来的专利申请、无效、诉讼、咨询等业务的急剧增加、专利代理机构规模的不断扩大、日趋频繁的专利代理人流动，以及公司的兼并、重组与业务范围的变化，利益冲突的问题日趋复杂化和常态化。因此，怎样妥善处理利益冲突问题，已成为摆在专利代理机构和专利代理人面前的重要课题。

4.1 专利代理利益冲突的基本概念

所谓专利代理利益冲突，是指专利代理机构和专利代理人对委托人的代理将因专利代理机构和专利代理人自身的利益、专利代理机构和专利代理人对其他现委托人或前委托人或第三人所负有的职责或因法律法规的规定而受到实质不利影响的情形。

由于利益冲突的存在可能导致委托人利益受损，继而影响到委托人对于专利代理机构和专利代理人的信任基础，所以专利代理机构和专利代理人在执业过程中必须采取必要的措施来避免利益冲突。

4.2 避免专利代理利益冲突的理论根源

根据职业伦理的理论，专利代理机构和专利代理人对于委托人负有的基本义务包括：忠诚于委托人的义务、保守秘密的义务❶以及保持执业独立的义务。结合我国专利代理行业的情况，可以看出避免利益冲突的理论正是源于上述这些基本义务。

4.2.1 忠诚于委托人的义务

如前所述，专利代理委托关系来源于委托人的委托授权，是建立在委托人对专利代理机构和专利代理人的信任基础之上的。因此，专利代理机构和专利代理人在执业过程中应当保持对委托人的忠诚，帮助委托人实现最大化的合法权益，而不能作出有损于委托人利益的行为，否则将会破坏委托人对专利代理机构和专利代理人的信任，甚至会破坏社会公众对于整个专利代理行业的信任。

假设专利代理机构在专利权无效宣告程序中同时代理双方利益冲突的无效请求人和专利权人，如果专利代理机构忠诚于无效请求人而尽力将专利权无效掉，则会损害专利权人的利益，同时也违反了忠诚地代理专利权人的义务，反之亦然。因此，根据忠诚于委托人的义务，专利代理机构和专利代理人在执业过程中应当避免利益冲突。

4.2.2 保守职业秘密的义务

专利代理机构和专利代理人在执业活动中可能会接触到委托人的技术秘密，甚至

---

❶ NATHAN M. CRYSTAL. Professional Responsibility Problem of Practice and the Profession ［M］. New York：Wolters Kluwer Law & Business，2012：2 - 3.

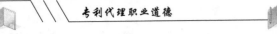

是商业秘密。《专利法》及相关规范性文件均明确规定专利代理机构和专利代理人在执业过程中负有保守职业秘密的基本义务，这也成为避免利益冲突的理论根源之一。

以专利申请的撰写工作为例，假设专利代理人甲同时代理在相同技术领域中生产相同类型产品的委托人 A 和委托人 B，在替委托人 A 撰写专利申请的过程中了解到委托人 A 的一项关键工艺参数 m 要作为技术秘密保护，没有在专利申请中予以披露。而在向委托人 B 提供服务时，专利代理人甲向委托人 B 披露了这一工艺参数 m，使得委托人 B 改进了生产工艺，扩大了产品销量，同时挤压了委托人 A 的市场份额。在这个例子中，专利代理人甲违反了对委托人 A 的保密义务，侵害了委托人 A 的合法权益，也使自身承担了执业风险。因此，对利益冲突进行规制，可以避免专利代理机构和专利代理人利用秘密信息为自己的利益或他人的利益而滥用该信息的行为，消除专利代理机构和专利代理人向他人披露委托人秘密的动机和机会。

4.2.3　保持执业独立的义务

《专利代理条例》第 21 条规定专利代理人依法从事专利代理业务，受国家法律的保护，不受任何单位和个人的干涉。❶ 据此，专利代理人在执业活动中应当在委托人授权范围内独立地提供专利代理服务，独立地提出各项法律意见和技术意见，而不受其他人员的影响。专利代理人对于专利案件中的专业问题的判断是基于对技术事实、《专利法》及相关法律法规的深刻理解，结合自身办案经验独立作出的。即使是委托人方面提出不合理的要求，专利代理人也不应一味迎合，而是要基于事实情况提出独立的修正意见。为了保障专利代理机构和专利代理人的执业独立，有必要对利益冲突进行规制。❷

假设专利代理机构 A 接受专利权人 B 公司的委托，指派专利代理人甲代理 B 公司进行专利侵权诉讼，而专利代理人甲在接受指派开始阅卷的过程中发现被控侵权人 C 公司的负责人恰好是他的近亲属。可以想象，在这种情况下专利代理人甲自身的利益很可能影响到其独立的专业判断，专利代理人甲很难为了达到 B 公司胜诉的目的而保持独立地提出专利侵权分析意见并继续推进侵权诉讼程序。因此，从履行执业独立义务的角度出发，专利代理人甲应当向专利代理机构 A 报告利益冲突情况并且主动申请回避。

4.3　针对专利代理利益冲突的基本规范

我国专利代理行业的利益冲突规范主要体现于《专利代理条例》《专利代理惩戒规则（试行）》《专利审查指南 2010》《专利代理职业道德与执业纪律规范》中，具体

---

❶ 与此相似，《美国专利商标局职业行为守则》第 10.61 条也将"从业者应当代表委托人进行独立的专业判断"规定为专利律师和专利代理人的基本义务。

❷ 例如，《美国专利商标局职业行为守则》第 10.62 条和第 10.66 条规定：当从业者的利益或者另一委托人的利益可能损害从业者独立的专业判断时，应当拒绝接受雇佣或拒绝继续雇佣。

的规范有：

《专利代理条例》第10条规定：专利代理机构接受委托后，不得就同一内容的专利事务接受有利害关系的其他委托人的委托。

《专利代理惩戒规则（试行）》规定的惩戒情形包括：就同一专利申请或者专利案件接受有利害关系的其他委托人的委托的；专利行政部门的工作人员退休、离职后从事专利代理业务，对本人审查、处理过的专利申请案件或专利案件进行代理的。

《专利审查指南2010》在专利权无效宣告程序中规定：请求人和专利权人委托了相同的专利代理机构的，专利复审委员会应当通知双方当事人在指定期限内变更委托；未在指定期限内变更委托的，后委托的视为未委托，同一日委托的，视为双方均未委托。❶

《专利代理职业道德与执业纪律规范》第18条和第30条分别规定：专利代理人不得就同一专利申请或专利案件为有利益冲突的双方或多方当事人提供代理服务，专利代理机构在与委托人依法解除委托关系后，不得就同一专利申请或专利案件接受有利益冲突的他方当事人的委托。

相比较而言，国外的专利代理行业对于利益冲突问题也十分重视，同样制定了大量的规范来对利益冲突情形加以规制，例如：

《美国专利商标局职业行为守则》第10.62条规定：

"当从业者的利益可能损害从业者独立的专业判断时，应当拒绝雇佣

（a）除非在完全披露后得到委托人的许可，否则如果从业者代表委托人进行的专业判断将会或者可能合理地受到从业者自身经济、商业、财产或个人利益的影响，则从业者不应该接受雇佣。"

该守则的第10.66条进一步规定：

"如果另一委托人的利益可能损害从业者独立的专业判断时，应当拒绝接受雇佣或拒绝继续雇佣

（a）如果从业者代表委托人进行的独立的专业判断将会或者可能会受到接受所提供雇佣的不利影响，或者如果从业者可能代理不同利益方，从业者应该拒绝提供的雇佣，除非获得在本条（c）款中规定的许可。

（b）如果从业者代表委托人进行的独立的专业判断将会或者可能会因从业者代理另一委托人而被不利地影响，或者如果从业者可能代理不同利益方，从业者不应该继续多重雇佣，除非获得在本条（c）款中规定的许可。

（c）在本条（a）款和（b）款覆盖的情形中，如果从业者明显能够恰当地代理利益各方，且如果在从业者代表各方作出独立的专业判断时这种代理的可能后果被充

---

❶　中华人民共和国国家知识产权局. 专利审查指南2010［M］. 北京：知识产权出版社，2010：378.

分披露后，各方同意这种代理，则从业者可以代理多个委托人。

（d）如果根据纪律规则从业者被要求拒绝雇佣或者退出雇佣，则与从业者或从业者所在事务所有关联的合伙人、同事、或任何其他从业者均不得接受或继续这种雇佣，除非专利商标局局长或者注册和纪律办公室主任另行要求。"

《法国专利和商标律师行为准则及职业道德管理规定》第5条规定："专利及商标律师不得为存在对立利益关系的客户提供咨询服务，协助或代表其处理事务，也不得在以前客户的信息有可能受到侵害时接受新的案件。"

在日本《弁理士法》中，利益冲突行为被当作不能从事业务的情况处理。相应地，根据《弁理士法》第31条的规定，弁理士不得处理的案件有：

① 接受案件的对手方的协商，并协助之，或应诺其委托的案件。

② 已接受案件对手方的协商，其协商程度和方法被认为是基于信赖关系的案件。

③ 正在代理的案件的对手方委托的其他案件。

④ 作为公务员处理过的案件。

⑤ 仲裁程序中作为仲裁人处理过的案件。

⑥ 合伙人或者雇员弁理士，在过去从事专利业务法人的业务期间，该专利业务法人接受案件对手方的协商，并协助之，或者应诺其委托的案件。

⑦ 合伙人或者雇员弁理士，在过去从事专利业务法人的业务期间，该专利业务法人已与案中对手方协商，其协商程度和方法被认为是基于信赖关系的案件。

对于上述第③项，如果得到案件委托人的同意，则不受此限制。

4.4 专利代理利益冲突的基本类型

根据专利代理行业中对利益冲突进行规制的法规、规章和行业自律规范，同时结合利益冲突的外部表现形态来看，专利代理利益冲突可以分为法定利益冲突和非法定利益冲突两种基本类型。

4.4.1 法定利益冲突

法定利益冲突是指专利代理机构和专利代理人的代理活动受到重大不利影响、直接损害委托人利益的情形。法定利益冲突的情形具体规定在《专利代理条例》《专利代理惩戒规则（试行）》《专利审查指南2010》和《专利代理职业道德与执业纪律规范》等规范性文件中，其主要包括：

① 专利代理机构及其专利代理人就同一专利申请或专利案件为有利益冲突的双方或多方当事人提供代理服务的。

② 专利行政部门的工作人员退休、离职后从事专利代理业务，对本人审查、处理过的专利申请案或专利案件进行代理的。

法定利益冲突对委托人的危害性很大，因此是被专利代理行政法规、规章和行业规范所绝对禁止的。

【案例3-5】　面对法定利益冲突,专利代理机构应当说"不"。

专利代理机构 A 接受 B 公司的委托,指派专利代理人甲代理 B 公司的专利申请并且担任 B 公司的专利法律顾问。在长期合作过程中,为了进行专利申请文件撰写工作,专利代理人甲与 B 公司的发明人密切沟通,掌握了 B 公司的大量技术信息。同时为了协助 B 公司制定企业专利战略,实现该公司的专利在相关技术领域和目标国家、地区的有效布局,专利代理人甲还掌握了 B 公司的大量商业运营信息。

C 公司是 B 公司的商业竞争对手,与 B 公司在同一技术领域生产、销售同类产品。最近 C 公司因涉嫌侵犯 B 公司的一项专利权被 B 公司起诉到人民法院。作为侵权诉讼的抗辩手段,C 公司拟提起专利权无效宣告请求,意图宣告 B 公司的该项专利权无效。在准备无效宣告请求的过程中,C 公司发现该项专利的申请工作是由专利代理人甲代理的,并且经检索发现专利代理人甲还代理过 B 公司的数十件专利申请。考虑到这些情况,C 公司的负责人认为专利代理人甲熟悉 B 公司的技术,能够找到该项专利的漏洞加以攻击,故联系到专利代理机构 A,拟委托该机构代理宣告 B 公司专利权无效的工作,并要求指定专利代理人甲具体办理,但遭到了专利代理机构 A 的拒绝。

【分析】

这是专利代理行业中最为典型的法定利益冲突情形。在本例中,如果专利代理机构 A 接受 C 公司的委托,就会违反对 B 公司的忠诚义务和保密义务,同时给自身带来执业风险,即:对于代理法定利益冲突双方的行为要承担相应的行政责任或纪律责任。

4.4.2　非法定利益冲突

非法定利益冲突也可称为潜在利益冲突,是指除法定利益冲突以外的,可能对专利代理机构和专利代理人的代理活动产生不利影响,并可能损害委托人利益的情形,例如专利代理机构代理委托人 A 的专利申请,同时还代理在相同技术领域与之竞争的委托人 B 的专利检索。现行法规、规章和行业规范中对于专利代理行业的非法定利益冲突并未禁止。在代理实务中,当专利代理机构的潜在委托人与现委托人之间或者多个现委托人之间出现非法定利益冲突时,在专利代理机构向各方委托人披露可能存在的非法定利益冲突情况并且得到各方委托人的同意之后,可以接受委托或者继续代理,这就是非法定利益冲突的豁免。

根据国家知识产权局发布的统计数据,2011 年受理的专利申请量达 1 633 347 件。而根据最高人民法院在 2012 年 4 月发布的《中国法院知识产权司法保护状况(2011年)》中的统计,全国地方人民法院在 2011 年共新收专利民事一审案件 7 819 件,新收专利行政一审案件 654 件。根据《国家知识产权局 2011 年年度报告》的统计,专利复审委员会在 2011 年受理专利权无效宣告请求案件 2 749 件。由此可见,相比于专利诉讼业务或者专利权无效宣告业务,专利申请及相关的非诉讼案件依然是各专利代理机构的主流业务。而在专利申请等非诉讼业务中,专利代理机构代理的双方委托人之间对抗性较弱，即使发生利益冲突，也多属非法定利益冲突情形，双重代理不一定导致某一委托人的利益受损。

现行法律法规之所以对于非法定利益冲突没有严格禁止，正是考虑到社会公众自由选择专利代理机构的需求，同时也避免了少数实力较强的大企业垄断优质的专利代理资源。

4.4.3 专利代理利益冲突的其他分类方式

根据不同的角度和范围，对于专利代理利益冲突还有多种不同的分类方式，其中比较重要的一种是依据利益冲突发生的时间顺序进行区分，可以分为同时性利益冲突与连续性利益冲突。同时性利益冲突主要表现为专利代理机构及其专利代理人与多个委托人同时具有委托关系或利益上的关系的冲突。例如，专利代理机构在专利权无效宣告程序中同时代理无效请求人和专利权人的，就属于同时性利益冲突。连续性利益冲突主要表现为专利代理机构及其专利代理人代理的委托人或潜在的委托人与前委托人或利害关系人之间产生利益上的冲突。例如，专利代理机构在代理委托人申请专利并获得授权之后解除了委托关系，然后又在针对该专利权提起的无效宣告程序中代理无效请求人，这就属于连续性利益冲突。❶

4.5 专利代理利益冲突的防范措施

专利代理机构是专利代理的执业主体，应当建立健全严格的内部管理制度，切实承担起防范专利代理利益冲突的责任。

根据《专利代理服务指导标准（试行)》中对于专利代理服务的基本要求，专利代理机构提供专利代理服务时，应当采取适当的措施避免利益冲突。另外，在程序方面，《专利代理服务指导标准（试行)》中也规定了专利代理机构防范利益冲突的具体程序步骤，例如，在接到申请人委托的专利新申请后，专利代理机构应该首先进行利益冲突排查、协调。在确认无冲突或限制或冲突已解决后，接受委托。若有冲突或限制，则及时通知当事人，建议其另行委托其他专利代理机构。但是，如果时间紧急，专利代理机构应该在通知委托人的同时，先准备申请文件并在期限内提出专利申请。在提交申请后，专利代理机构应该尽快将事务转给委托人新指定的专利代理机构。当然，根据《专利代理服务指导标准（试行)》的要求，针对专利申请之外的其他专利代理服务项目，专利代理机构在接受委托之前也应当进行类似的利益冲突排查、协调工作。

在目前的行业实践中，大多专利代理机构已逐步建立起较为完善的利益冲突防范机制，并且在利益冲突审查和处理程序中积累了许多有益经验。

---

❶ 此处对律师利益冲突分类方式略有借鉴。关于律师利益冲突的类型，可参阅：中华全国律师协会. 律师职业道德与执业基本规范［M］. 北京：北京大学出版社，2007：53－57.

4.5.1 利益冲突审查

利益冲突审查制度应当在程序和组织上落到实处。为此，专利代理机构应当从完善收案登记制度、档案制度入手，建立起一套完整的电子化业务信息管理系统，最好能够专门成立由高级业务管理人员组成的利益冲突审查部门来协调、防范利益冲突情况。在接受委托之前，利益冲突审查部门应当根据所积累的利益冲突排查经验，必要时利用电子化业务信息管理系统进行信息检索，从而准确地识别和确认潜在委托人与现委托人之间是否存在利益冲突。

4.5.2 利益冲突处理

经过利益冲突审查程序之后，如果确认潜在委托人与现委托人之间存在法规所禁止的法定利益冲突，专利代理机构应当果断地拒绝潜在委托人的委托，建议其另行委托其他专利代理机构。如果确认潜在委托人与现委托人之间存在非法定利益冲突，例如专利申请等非对抗性业务中潜在委托人提供的竞争对手名单包含现委托人的情况，专利代理机构应当将利益冲突情况告知潜在委托人和现委托人双方，如果其中一方不予豁免，专利代理机构应当拒绝潜在委托人的委托；如果能得到双方的豁免，则可以接受潜在委托人的委托。

专利代理机构在得到非法定利益冲突双方委托人的同意之后进行双重代理的过程中，应当进一步采取内部屏蔽的防范措施，也就是业界俗称的"防火墙"，即指定不同的专利代理人团队分别代理双方委托人，并且严格禁止不同的专利代理人团队之间就相关专利案件进行讨论和交换意见，严格禁止相互之间接触相关专利案件的案卷资料，从而将非法定利益冲突可能对任何一方委托人造成的不利影响减至最低程度。

4.5.3 存在利益冲突的典型情况

① 专利代理机构对本机构代理获得授权的专利，提出无效宣告请求。

② 专利代理机构对本机构代理获得授权的专利，为第三方提供有效性分析意见。

③ 针对本机构代理获得授权的专利，在专利侵权诉讼中专利代理机构担任被控侵权人的代理人。

4.5.4 可能产生利益冲突的典型情况

① 专利代理机构代理不同客户同一技术领域的专利申请。

② 专利代理机构代理有竞争关系的不同客户的不同技术领域的专利申请。

③ 专利代理机构接受委托进行专利有效性分析时，所涉及的对比文件是曾代理过的其他委托人的专利申请或专利。

④ 专利代理机构接受委托进行专利侵权风险分析时，所涉及的对比文件是曾代理过的其他委托人的专利申请或专利。

⑤ 专利代理机构接受委托人的委托，针对另一委托人进行目标专利检索。

⑥ 专利代理机构合并导致引入有利害关系的其他委托人。

⑦ 曾经代理与本机构委托人有利害关系的其他当事人的专利代理人或助理人员加

入本专利代理机构。

5 勤勉敬业

"勤勉"一词最早见于《荀子·富国》:"奸邪不作,盗贼不起,化善者勤勉矣"。所谓勤勉,即勤劳工作,努力不懈,通常指对于工作和学习态度要认真、勤奋。所谓敬业,就是以极端负责的态度对待自己的工作,表现为对本职工作专心、认真、负责。孔子把这种对待工作的态度称为"执事敬"。宋朝朱熹的解释是:"敬业,专心致志,以事其业",即对工作严肃认真、精益求精、尽职尽责。❶ 勤勉敬业是我国劳动人民的传统美德。从古代悬梁刺股的孙敬、苏秦,到当代的铁人王进喜,数学家华罗庚、陈景润等,古今中外、各行各业的许多有成就的人,都是因为勤勉敬业才从众多的人中脱颖而出。这些勤勉敬业的道德楷模都是专利代理人应当学习的榜样。

5.1 勤勉敬业是专利代理职业道德的重要内容

勤勉敬业是专利代理职业道德的重要内容。专利代理作为委托代理的一种,"受人之托,忠人之事"是对专利代理行业最基本的职业道德要求。对于向社会提供法律中介服务的专利代理行业,勤勉就是要求从业人员在处理业务时能像处理个人事务时那样认真和尽力,或者说必须以一个谨慎的人在处理自身事务时所具有的勤勉程度去办理业务。敬业则是要求从业人员忠于职守,对自己所从事的工作持高度负责的态度,同时要求从业人员努力学习,不断提高自身业务水平,以期在符合法律的前提下实现委托人利益的最大化。

勤勉敬业就是要求专利代理人热爱专利代理事业,认真履行代理职责,及时、准确、高效地向委托人提供专利代理服务,以实现委托人合法利益最大化为目标而努力奋斗。在专利代理行业中提倡勤勉敬业,就是要增强从业人员的责任感与使命感,通过广大从业人员的不懈努力,树立专利代理行业的良好社会形象,维护专利代理行业的荣誉感和自豪感。中华全国专利代理人协会出台的《专利代理职业道德与执业纪律规范》对专利代理人职业道德作了专章规定,要求专利代理人应当注重职业道德修养,诚信履约,勤勉自律,保证自己的行为无损于专利代理行业声誉,要求专利代理人应当敬业勤业,努力学习和掌握执业所应具备的各种专业知识和技能,自觉培养科学、严谨的工作作风。

针对专利代理人或专利律师的勤勉敬业,各个国家和地区的专利代理行业均设置了一定的职业道德规范,提出了具体的要求。

《美国专利商标局职业行为守则》将"从业者应在法律的范围内热忱地代理委托人"作为专利代理人或专利律师的一项重要的职业行为准则,并在第10.84条中进一

---

❶ 王易,邱吉. 职业道德 [M]. 北京:中国人民大学出版社,2009:58.

步具体规定：

"（a）从业者不应故意：

（1）不在法律及惩戒条例的范围内通过合理手段达成委托人的合法目的，本条（b）款规定的情况除外。然而，从业者同意对方法律顾问不损害本方委托人权益的合理请求的，从业者准时履行所有的职业义务的，从业者避免采取攻击型策略的，从业者礼貌尊重地对待法律程序中的所有相关人员的，并不违反本条的规定。

（2）不履行与委托人签订的职业服务雇用合同，但从业者可根据第10.40条、第10.63条、第10.66条退出代理。

（3）除本部分要求以外，在保持职业关系的过程中对委托人有所损害或伤害。

（b）在代理委托人时，从业者应当：

（1）在允许的情况下，通过职业判断决定是否放弃委托人的权利或立场或免于维护委托人的权利或立场。

（2）拒绝协从或参与从业者认为是非法的行为，即使该行为是否合法还存在争议。"

相应地，美国律师协会颁布的《职业行为示范规则》中对于专利律师也有着勤勉敬业的要求。例如，该规则的第1.3条规定：在代理委托人的过程中，律师的行为应当合理地勤勉、迅捷。

我国台湾地区专利师公会制定的《专利师职业伦理规范》第11条中也有类似的规定："专利师应依据法令及正当程序，维护委托人之合法权益，对于受任案件之处理，不得无故延宕，并应告知案件进行之重要情事。"这一方面是要求专利师向委托人提供及时的专利代理服务，另一方面是要求专利师与委托人保持及时的信息沟通，类似于《专利代理服务指导标准（试行）》中告知原则的体现。

以上这些有关勤勉敬业的规范要求对于专利代理人具有重要的启示意义。

5.2　勤勉敬业要求业务处理应当及时

专利代理行业日常所承办的大量业务均具有非常强的时效性，例如：在专利申请文件准备阶段，为确保专利申请的新颖性，专利申请须尽早提交；在办理专利相关事务过程中，根据《专利法》《专利法实施细则》以及《专利审查指南2010》的具体要求，各种法定或指定期限还需要予以严格遵守。专利代理行业的上述特点也要求专利代理人在执业过程中必须勤勉尽责，审慎处理每一件委托业务，及时完成委托事项。

在中华全国专利代理人协会的现行《专利代理服务指导标准（试行）》中，对于专利代理工作的及时性有明确的规定与要求。例如，在第1节专利代理通用服务指导标准的第4部分"专利代理服务的基本要求"中要求："专利代理机构应当在法定和规定的期限内，办理相关专利代理事务"；还在第1节第1.1部分"专利代理工作基本原则"中的告知原则部分明确要求:"专利代理机构应当将所有代委托人准备的文件及时送交委托人,……将收到的所有官方文书和例如专利无效或诉讼等程序的对方当事人文书及时送交委托人。"

众所周知,专利代理委托关系的一大特点是存续时间长。一件专利从提出申请到授权,再到授权后的有效维持、实施,通常需要几年,甚至十几年,最长可达20年的时间,这期间有很多专利事务需要在法定或指定的时限内完成。此外,为了方便专利申请人、委托人了解所委托事务,专利代理人还应当及时报告委托人有关代理工作的进展情况,对委托人的咨询或疑问应当尽快给予答复。

以一件进入中国国家阶段的PCT国际申请为例,在专利代理人提供代理服务的过程中,需要遵守的时限有:①自国际申请日或优先权日起30个月内进入中国国家阶段的时限;②自国际申请日或优先权日起3年内提出实质审查请求的时限;③收到进入实质审查阶段通知书之日起3个月进行主动补正的时限;④收到审查意见通知书后进行转达和答复的时限;⑤收到授权通知书后办理登记手续和缴费的时限;⑥授权后每年缴纳年费的时限。如该专利申请或者专利进入复审、复议、无效或者诉讼程序,各程序中相应的时限还须遵守。

面对如此众多的时限要求,专利代理人的任何不合理的拖延都有可能引起委托人方面不必要的焦虑或者给委托人的利益造成直接损失,这必然会影响委托人对于专利代理人,甚至是对于专利代理机构或专利代理行业的信任。

对于专利代理机构而言,为了保证本机构所属专利代理人能够及时处理相关业务、履行勤勉敬业的义务,以下两点应当予以注意:

① 专利代理机构应当配备足够的专利代理人力资源,控制好每一个专利代理人的工作负荷,以使专利代理人能够对每一项专利事务投入足够的时间和精力,保证该事务得到妥善处理。

② 专利代理机构应当建立完善的业务管理制度,尤其是专利流程时限监控制度,确保每一项专利事务都能在法定或指定的期限内得到及时处理。

【案例3-6】

委托人甲委托专利代理机构A代为办理专利申请事宜,双方签订了《专利申请委托代理合同》,就委托权限、收费标准等内容进行了约定。随后,在专利申请过程中,专利代理机构A未能在自申请日起3年内的法定期限内针对该专利申请提出实质审查请求,在收到国家知识产权局发出的视为撤回通知书后也未及时请求恢复权利,造成该专利申请被最终视为撤回的结果。由此,委托人甲将专利代理机构A诉至人民法院。经审理,人民法院依照《合同法》的相关规定,判决专利代理机构A败诉,承担相应的赔偿责任。

【分析】

委托人甲基于信任将专利申请委托给专利代理机构A办理,其最终目的在于涉案专利能够获得授权，专利代理机构 A 应当在接受委托后全面履行自己的义务，认真、负责、勤勉、敬业地办理专利申请事务，以维护委托人的权益。但专利代理机构 A 怠于履行义务，未在法定期限内提出实质审查请求，尤其是在收到视为撤回通知书后仍未能采取积极补救措施，致使涉案专利申请最终被视为撤回，其行为存在过错。而根据《合同法》第 406 条的规定，有偿的委托合同，因受托人的过错给委托人造成损失的，委托人可以要求赔偿损失。因此，在本案中，由于专利代理机构 A 没有做到勤勉敬业，一方面损害了委托人的合法权益，另一方面给本机构带来了经济利益和声誉的双重损失。

专利代理人的执业活动涉及对委托人知识产权的处置，如果缺乏勤勉敬业精神，未能按照客户要求或法规规定及时处理相关事务，在执业过程中出现懈怠、疏忽和散漫都可能给委托人造成无法弥补的损失。因此，专利代理人应当具备高度的责任心、事业心，对委托人应当积极服务，对专利代理工作应当认真谨慎、恪尽职守，及时处理委托人交付的专利代理事务，力争以勤勉敬业的工作态度赢得委托人的信任，维护专利法律制度的尊严。

5.3　勤勉敬业是维护专利代理职业尊严的要求

三百六十行，行行出状元。当今社会的行业分工越来越细，现在的行业在数量上远远超出了传统意义上的三百六十行。虽然不同行业社会知名度各不相同，但每个行业都是保障社会秩序、经济生活正常运转的一部分，都值得我们尊重。这种职业尊严更需要广大从业人员的勤勉敬业加以维系。

我国专利代理行业是一个年轻的行业。社会公众对专利代理行业的了解目前仍十分有限，社会公众对专利制度、专利行政机关、专利代理机构、专利代理人、专利代理工作内容和流程等了解不够、认识不足，对专利代理机构和专利代理人的工作容易产生误解，造成专利代理工作上的困难。在这种情况下，广大专利代理机构和专利代理人更加需要发扬勤勉敬业的职业精神，以自身扎实有效的专利代理工作切实维护委托人的合法权益，塑造专利代理行业的良好社会形象，维护专利代理行业的尊严。

例如，由于专利代理所涉及的业务内容多种多样，加之专利申请人、委托人在委托专利代理机构开展相关业务之前对于法定或指定期限大多缺乏明确认识，专利代理机构常常需要在较短时间内优质、高效地完成大量工作，而把原有工作计划与安排彻底打乱。尽管可能遇到类似不利情况，但为了确保各项委托人所委托专利事务的办理能够严格按照规定的期限、时效及与委托人约定的时间及时完成，专利代理人也应当勤勉敬业，全身心投入工作，履行应尽的职责，避免因个人事务或其他日程安排等因素影响专利代理业务的正常开展。

又如，在专利申请文件的撰写过程中，专利代理人往往需要花费足够的时间与精力研读前期交底材料，通过与申请人或发明人反复沟通，合理引导申请人提供较为丰

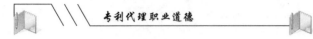

富、翔实的材料，从而保证整个申请文本的撰写质量。在极端情况下，前期准备的申请文件甚至需要全面推翻，另起炉灶重新撰写。遇有这种情况，专利代理人就更需要加强自身的职业道德修养，站在树立行业形象、维护职业尊严的高度克服困难、努力完成每一项任务，而不应单纯追求经济利益，减少工作时间，降低服务质量。

综上所述，只有通过每一位专利代理人勤勉敬业地工作，使委托人能够切身感受到最优质的专利代理服务，加深对专利代理行业的了解，才能赢得广大委托人和社会公众对专利代理行业的尊重，实现专利代理行业的社会价值。

【案例3-7】

为配合公司业务开展，通信技术公司A紧急委托专利事务所B撰写一件发明专利申请，要求3天内完成并提交国家知识产权局。然而，A公司提供的技术交底内容非常简单，仅包括一个主要发明点的效果性描述。

为确保该公司的相关技术成果能够及时、全面地获得恰当的专利保护，B专利事务所选派从业多年具有丰富撰写经验的资深专利代理人C立即启动作业流程。面对时间紧、技术交底内容简陋等诸多困难，专利代理人C将手头处理的其他工作及时进行调整，在很短的时间内研读技术交底材料，并凭借自身的通信领域专业知识对发明可能应用的网络环境、业务流程等完成了初步的扩展性设想。专利代理人C随即在此设想基础上与发明人进行了初次电话交流，明确了发明目的以及为实现该目的的技术路线，同时与发明人确认该发明潜在的应用网络环境、网络实体等。

令人遗憾的是，由于发明人对相关技术的应用尚无深入研究，仅表示专利代理人主动设想到的网络环境都可以使用，但具体如何实现尚无具体想法。尽管如此，专利代理人并没有降低对申请文件撰写质量的要求，从为争取客户合法利益最大化的高度出发，根据首次交流结果，在初步设想基础上以高效率主动对可能应用的网络环境、网络实体、业务流程进行了大量检索，并对可能应用的网络环境、网络实体、业务流程进行应用时的具体实现方式与实现流程进行了较为详细的架构，终于在当天下午下班前与发明人进行了第二次电话交流。

在上述工作得到发明人肯定后，专利代理人连夜加班完成了专利申请文件框架——说明书背景技术与权利要求书的撰写工作，于次日上班前发送给发明人。为提高发明人的审阅效率，还同时向发明人解释了权利要求的架构层次与原因。在发明人审阅说明书背景技术与权利要求书的同时，专利代理人完成了专利申请文件其余部分的撰写工作，成功地为发明人当天完成全部内容的审核并提供反馈意见赢得了宝贵时间。

根据发明人的反馈意见，专利代理人再次与发明人进行电话交流，对于需要修改的内容与发明人进行讨论。根据电话沟通的情况，专利代理人连夜对专利申请文件的第二稿进行完整的修改，终于在预定提交国家知识产权局的当天（即第三日）上午再次将拟提交的专利申请文件交发明人审阅。由于之前专利代理人的准备工作充分，与

发明人就具体修改内容交流充分，发明人在很短的时间内顺利完成对长达 74 页的专利申请文件第三稿的确认，并按照委托人的要求于预定的日期顺利提交国家知识产权局。

【分析】

在不足 72 小时内，从尚无具体实现思路的 3 页技术效果描述，到尽可能覆盖了各种可能的应用环境与技术方案的逻辑思路严谨、权项布局合理的 74 页专利申请文件，作为专利申请的亲历者，该专利申请的发明人之一对于专利代理人的专业素养和敬业精神表示了由衷的钦佩。这一生动案例不仅仅反映出该专利代理人扎实的业务能力，更体现出专利代理人勤勉敬业的精神风貌。如果专利代理人没有主动引导发明人拓展可能应用的网络环境、网络实体、业务流程以及具体实现方式，没有以主导者的身份形成宽泛的应用领域、具体的技术内容，探索尽可能大的保护范围，积极主动与发明人交流沟通、合理安排作业计划，显然无法在如此之短的时间内高质量的完成申请人的委托。作为与该公司合作的大量案例中的典型案例之一，不仅体现了该专利代理人本身的业务素养和敬业精神，也为其所在的代理机构赢得了委托方案件负责人的充分肯定与高度评价，也为广大专利代理从业人员和专利代理机构赢得了社会尊重。

尽管现阶段专利代理人的自身业务水平不尽相同，但是勤勉敬业必须贯彻始终，这是对于专利代理行业普遍的职业道德要求。天道酬勤、以敬其业。

6 精 于 业 务

业务素质是从事相关职业所具备的解决问题的经验、知识和能力的综合体现，在专利代理行业中包括专利代理人在从事专利代理工作时所需要具备的、解决专利代理过程中各类问题的知识、经验和能力。精于业务是专利代理行业赖以生存的基础，不仅是一种行业技能要求，更是专利代理职业道德的一项重要内容，它要求专利代理人具备称职的、精通法律和熟知有关技术状况和技术发展的业务素质。精于业务包含有对相关理论知识的了解和熟悉以及对实务操作技能的掌握和运用两方面的内容。

6.1 精于业务是专利代理职业道德的重要内容

中华全国代理人协会颁布的《专利代理职业道德与执业纪律规范》第 10 条规定："专利代理人应当敬业勤业，努力学习和掌握执业所应具备的各种专业知识和技能，自觉培养科学、严谨的工作作风。"

专利代理是根据委托人委托代为处理专利相关法律事务的行业，业务内容横跨科学技术、法律、经济、贸易、外语等诸多领域，所需要处理的专利申请和其他相关专利事务依专利申请提交的类型、提交的时机、受理国家的不同而不同，手续繁杂、格式严谨，专业性极强。由于绝大多数专利申请人、委托人、权利人等相关人员不了解上述专利事务的相关法律规定，且受到知识范围、时空条件等限制，不具备处理专利代理事务的能力与精力，需要依赖专利代理机构代为处理上述专利业务。因此，精于业务是专利代理行业生存的基础。

不仅如此，随着世界科学技术的发展和专利法律的不断变革，专利代理服务的业务领域不断拓展，委托人对于专利代理服务的专业化、国际化水平要求越来越高。在这样的要求下，专利代理行业成为一门需要终生学习的行业，从业人员必须刻苦钻研、精于业务，不断提高自身的业务素质和执业水平，方能胜任专利代理工作，顺应专利代理行业的发展趋势，在激烈的业务竞争中为委托人提供更优质的服务。

为了确保委托人的合法利益不受损害，针对专利代理人或专利律师的实务操作技能，各个国家和地区对专利代理行业不仅设置了专门的学识与能力的行业入门考察系统，而且制定了行业的职业道德规范，提出了具体的要求。

我国台湾地区的《专利师职业伦理规范》在总则部分也提出了"专利师应保持经常研修以提升专业执业素质"的要求。日本的《弁理士法》和《弁理士职业道德指南》在法律的高度上把"精通法令和实务"定为弁理士的基本义务。但是该义务的宗旨并不是要求弁理士僵硬地死记硬背弁理士业务范围内的所有法令及相关实务的知识，而是要求弁理士应当熟知作为业务履行基础的事项，而且为了迅速、合理地应对高科技技术、委托人需求的多样化、知识产权制度的变化、弁理士的业务扩大等情况，自己判断所需要的技能，自己努力掌握这种技能，根据所掌握的技能从事业务，谋求知识产权制度的合理运用和对委托人的利益保护。

"精于业务"在西方的职业伦理研究中体现为专利代理人或专利律师胜任代理的义务。例如，《美国专利商标局职业行为守则》第10.76条就将"从业者应当胜任代理委托人"作为专利代理人或专利律师的一项职业准则，并且该守则在第10.77条进一步列举了三种不胜任代理的情形：

① 从业者处理该从业者明知或应当知晓自己没有能力胜任的法律业务，且不与具备胜任能力的其他从业者合作。

② 从业者在没有充分准备的情况下处理法律业务。

③ 从业者对接受委托的法律业务玩忽职守。

相应地，美国律师协会的《职业行为示范规则》在第1.1条中针对专利律师也规定："律师应当为委托人提供胜任的代理。胜任的代理要求律师具备代理所合理必须的法律知识、技能、细心和准备工作。"

6.2 精于业务对理论知识的要求

具有广博的知识结构和深厚的理论知识功底是对专利代理人精于业务的基本要求之一。由于专利代理业务具有专业性、综合性强的特点，专利代理职业所要求的理论知识应当至少包括法学知识和自然科学知识。

（1）法学知识

专利代理业务属于法律中介服务的一种，因此，专利代理人必须全面了解与掌握本职业务工作所涉及的法律、法规，例如：《专利法》《专利法实施细则》《专利审查指南 2010》以及国家知识产权局针对专利代理业务发布的各种公告、通知等。只有熟练掌握上述法律、法规、公告和通知的具体内容，才能在为专利申请人或委托人办理专利申请、审查意见答复、专利许可或转让、专利复审、专利无效宣告等相关业务的过程中，严格按照规定的具体流程和要求，依法提交相关材料，及时办理各种手续，避免造成专利申请人或委托人权利的丧失。

为了承办专利申请人、权利人或委托人遇到的专利侵权诉讼、专利行政诉讼等的事宜，还要求专利代理人了解并掌握例如《民事诉讼法》《刑事诉讼法》《民法通则》《合同法》《反不正当竞争法》《刑法》以及最高人民法院发布的关于审理专利案件的司法解释等法律、法规的内容，以期在诉讼程序、证据收集与准备过程中为当事人提供专业建议或意见，确保委托人的合法权益不因自身业务水平有限而受到损害。

随着对外贸易和产品出口的不断增加，越来越多的中国企业开始向海外申请专利。对于代理专利申请人或委托人处理海外专利申请业务的，专利代理人还须具备相关国家的知识产权法规知识，例如：有关专利申请委托所需要的手续性文件，相应的流程和救济办法等法律法规的规定。

在实际业务工作中，专利代理人仅仅熟悉、了解上述相关法律法规仍然是远远不够的。专利申请、审查、专利纠纷、专利诉讼、专利许可与专利转让等代理业务工作，往往涉及多种不同类型的知识产权，专利代理人需要不断地学习、了解更多方面的法律知识才能达到精于业务所要求的理论知识。在与国外同行密切配合、代理涉外专利业务的过程中，专利代理人还须了解和掌握相关国家的法律法规、国际知识产权保护公约等并提出意见或建议，以期争取委托人合法利益的最大化。

在专利代理相关业务涉及的各项法律、法规随着社会、经济的发展而不断地被修订完善，以及现阶段各个国家的知识产权相关法律制度也时有更新或调整的情况下，为了确保专利代理相关业务的顺利开展，要做到精于业务，广大从业人员还必须加强主动学习，及时更新相关法律知识。

（2）自然科学知识

众所周知，专利代理业务的核心涉及发明创造的技术方案。根据《国际专利分类表》（IPC 2012 版），专利申请的技术领域按照所涉及的应用与功能可以分成如下几个大类，包括：

A：人类生活必需；

B：作业；运输；

C：化学；冶金；

D：纺织；造纸；

E：固定建筑物；

F：机械工程；照明；加热；武器；爆破；

G：物理；和

H：电学。

现行《专利代理条例》也要求申请获得专利代理人资格的人应当具有高等院校理工科专业的学历。这说明从事专利代理工作，专利代理人需要具备基础的科学技术知识。

众所周知，随着现代科学技术的不断发展，大量新技术、新知识不断出现，各种现有技术的知识更新日益加快，周期不断缩短，新兴学科不断涌现。在开展代理业务的过程中，就必须加强对新技术、新知识的学习，努力拓宽知识面，及时更新现代科学技术知识内容。对于不熟悉的技术领域或相关内容，还必须虚心向该领域的技术人员、专家求教，避免因对技术问题的理解不准确给客户造成不应有的损失。

事实上，在专利代理业务的开展过程中，为了全面、透彻理解专利申请人/委托人希望保护的技术方案，发掘专利点，对于专利代理人的专业技术背景知识也有了越来越高的要求。一方面，由于申请专利保护的技术方案侧重于核心技术的创新与应用，在处理专利实务过程中，即便是一件专利申请，其中的技术方案常常并不仅仅局限在单一技术领域，更多情况下会涉及横跨诸多技术领域的综合应用；另一方面，专利代理人所处理的大量不同的专利申请涉及的技术领域范围更广、种类更多，这就决定了专利代理人需要不断更新知识，跟踪最新科技发展的动态，提高自己的专业技术知识水平。

6.3　精于业务对实务操作技能的要求

由于专利代理行业具有很强的实践性，因而"精于业务"对专利代理人的实务操作技能方面也具有十分具体的要求。专利代理人应当在实务操作中注意不断地积累和丰富实践经验，掌握科学的思维方法，提高综合分析判断能力，❶ 可以结合自身特点而着重加强与培养以下一项或多项执业技能。

（1）会见与咨询技能

会见与咨询往往是专利代理业务的开始。专利代理人只有在会见与咨询过程中精于并且勤于与委托人沟通，才能深刻理解委托人的实际需求并且提出专业的法律意见，才能赢得委托人的信任，形成进一步专利代理服务的基础。

良好的口语表达能力是会见与咨询技能的重要方面。在具体业务开展的过程中，专利代理人常常需要和委托人进行面对面的沟通或技术交底。面对从事不同行业工作的专利发明人或委托人所进行的一般咨询或技术交流，专利代理人须能从客户的口头

---

❶ 吴观乐. 专利代理实务 ［M］. 2 版. 北京：知识产权出版社，2008：40 – 41.

说明、讲解、演示中准确把握其拟委托代理申请专利的技术内容和具体事项，明确其希望达到的目的，并采用得体的方式通过清晰、易懂和有针对性的语言，让发明人或委托人对整个专利代理业务的开展有基本的了解。

大量实践表明，与申请人面对面的语言沟通，更有利于准确发掘拟保护的发明点，全面了解相关技术领域的发展状况以及需要特别保护的技术核心所在。

此外，在与专利审查员的会晤程序、专利复审或无效宣告的口头审理程序以及专利诉讼的庭审程序中，专利代理人需要代表委托人向实审程序的专利审查员、复审或无效宣告程序的合议组以及知识产权庭的法官说明案情，甚至与对方当事人或其代理人进行辩论。这同样要求专利代理人在有限的时间内，用最为简洁、清楚和有逻辑性的言语描述复杂的技术问题和法律问题，从而为专利申请人/委托人争取合法利益。因此，良好的语言表达能力是专利代理人必须熟练掌握的实务操作技能之一。

（2）文书技能

文书技能，包括专利申请文件撰写、审查意见答复、诉状及答辩意见起草等，是专利代理人最普遍、最重要的基本实务操作技能，必须给予充分的重视。专利代理人制作的文书要力争做到事实认定正确、法律适用恰当、主旨明确、逻辑严密、叙事清楚、说理充分，集中体现出自身的专业水平。

专利代理业务的开展需要专利申请人/委托人、专利审查机构、专利代理人三方共同参与，甚至还要涉及法院或第三人。因此，在专利代理业务开展过程中，如何与专利申请人进行深入的交流，与专利审查机构进行高效沟通，都是专利代理人业务能力的体现。沟通与表达能力体现在书面上，就是对于所起草文书的语言文字驾驭能力。对于专利代理人而言，无论是提交给专利局的专利申请文件，还是为专利发明人/委托人起草的其他相关法律文书，撰写和准备都需要符合法律文书撰写的基本格式与要求。此外，还应当做到语言流畅、条理清晰、内容准确、重点突出。对于涉外专利代理业务而言，为了确保与国外同行的顺利交流，还需要具备一定的外语读、写能力。

因此，娴熟的书面表达能力是"精于业务"对专利代理人实务操作技能层面上的具体要求之一。

（3）检索技能

检索技能包括法律检索和技术检索的技能。所谓法律检索技能，是指专利代理人通过检索方式获得办理专利业务所需的相关法律、法规、规章、司法解释及判例等信息的能力。所谓技术检索技能，是指专利代理人为专利申请撰写、专利有效性分析或侵权分析而查找相关专利技术文献或非专利技术文献的能力。

（4）诉辩技能

诉辩技能主要是指专利代理人在专利权无效宣告程序和专利诉讼程序中收集证据、进行论辩的能力，尤其体现在无效程序口头审理或者法庭审理的过程中的能力。

（5）其他技能

除了传统的专利申请、无效、诉讼等业务之外，专利代理业务已经扩展到专利许可、转让、评估、融资、制定企业专利战略等诸多领域。从事这些领域业务的能力也属专利代理人"精于业务"的实务操作技能要求之一。

【案例 3 - 8】

委托人 A 于 2010 年就其在中国境内完成的发明委托专利代理机构 B 撰写申请文本。撰写工作完成后，由于委托人 A 的产品主要销往欧洲，急需在当地取得专利保护，故委托人 A 通过专利代理机构 B 再委托欧洲的专利代理机构向欧洲专利局提出了首次专利申请。在此期间，由于专利代理机构 B 指派负责该业务的专利代理人甲没有认真学习 2009 年 10 月 1 日起施行的新《专利法》的相关规定，在将该发明向欧洲申请专利之前未向国家知识产权局请求保密审查。接着在 2011 年，委托人 A 按照《巴黎公约》的规定，就同样的发明申请中国专利并且要求在先欧洲申请的优先权，国家知识产权局在随后的审查程序中依据《专利法》第 20 条的规定驳回了该中国专利申请。

【分析】

任何单位或者个人将在中国完成的发明或者实用新型向外国申请专利的，应当事先报经国家知识产权局进行保密审查，这是《专利法》第三次修改的重点内容。专利代理人甲没有做到精于业务，没有与时俱进地了解法律变化的情况，最终导致委托人 A 的中国专利申请被驳回，损害了其合法权益，也给所属专利代理机构和本人带来了执业风险：首先，专利代理人甲的不当执业可能导致专利代理机构 B 承担一定的民事赔偿责任；其次，如果该发明涉及国家秘密，那么未经保密审查就向国外申请专利的行为会导致国家秘密的泄露，专利代理人甲有可能因此而承担刑事责任。

"业精于勤而荒于嬉"，广大专利代理人应积极参加培训，主动学习，努力从理论知识和实务操作两个层面不断提高执业水平，对业务精益求精，为建设创新型国家、为专利制度的完善和发展贡献力量。

7　举 止 礼 仪

所谓举止，是指人的动作和表情，它是一个人在社会活动中各种身体姿势的总称，人的一颦一笑、一举一动皆可称之为举止。[1]所谓礼仪，是指人们在社会交往中形成的、以建立和谐关系为目标的执业规范、准则和仪式的总称。现代礼仪的开展立足于人际交往，目的是为了人与人之间和谐相处，并且通过礼规来约束和规范人们的行为。[2]

---

[1]　蒋璟萍. 现代礼仪［M］. 北京：清华大学出版社，2009：34.
[2]　蒋璟萍. 现代礼仪［M］. 北京：清华大学出版社，2009：15.

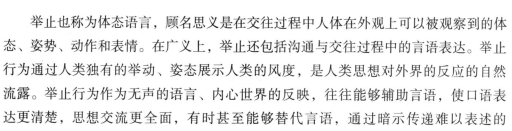

举止也称为体态语言，顾名思义是在交往过程中人体在外观上可以被观察到的体态、姿势、动作和表情。在广义上，举止还包括沟通与交往过程中的言语表达。举止行为通过人类独有的举动、姿态展示人类的风度，是人类思想对外界的反应的自然流露。举止行为作为无声的语言、内心世界的反映，往往能够辅助言语，使口语表达更清楚，思想交流更全面，有时甚至能够替代言语，通过暗示传递难以表述的信息。

7.1 举止礼仪是专利代理职业道德的外在体现

行为举止是否得当反映了专利代理人的综合素质，也是专利代理职业道德的外在体现。举止礼仪作为职业道德教育的内容之一，是指从业人员在执业过程中所应当遵循的礼节，包括公共场所礼仪、待人接物礼仪、商务礼仪、服务礼仪、社交礼仪等，是个人业务素质、文化修养、交际能力的外在体现。

我国自古就是"礼仪之邦"，礼仪在社会政治、文化和生活中处处占据重要地位，举止礼仪也是树立专利代理行业形象的重要内容。

专利代理行业属于中介服务行业，专利代理人的职责是向委托人提供专业的专利代理服务，代理委托人向第三人（如专利行政机关或司法机关）办理相关的专利事务。因此，专利代理人在执业活动中的工作对象既包括委托人、对方当事人和/或其代理人，也包括专利行政机关或司法机关的工作人员等。在与各种工作对象接触、交往的过程中，专利代理人的言谈举止、遣词用句等，都会给予行为对方产生某种印象、效果和作用。庄重、大方的仪态、简明达意的语言表述会给予对方产生良好的沟通与交流的效果，而举止粗俗、言语低俗、发音不清甚至表述混乱，都会留给对方以低劣不良的印象和效果，这样不仅达不到沟通的效果，而且会引发对方关于专利代理作为一个行业的整体素质低劣的联想，从而造成整体行业形象的毁坏。因此，专利代理人只有注重行为举止、礼貌待人，才能树立良好的专利代理社会形象，创造和谐的工作氛围，便于专利代理工作的开展。

另外，从行业性质上看，专利代理人都是经过严格的行业准入程序选拔出来的专业人士，都是具有高等教育背景、经过行业培训和具有专利代理实习经历的人，其待人接物礼仪、语言谈吐文明原本是专利代理人及其行业的本质性行业标志和素质体现。这样的职业性质必然要求广大专利代理人成为一个文明、高尚、礼仪的职业群体，这也是维护专利代理行业的社会尊严和社会形象的行业性要求。

专利代理归根结底属于服务行业，服务对象要求的不仅是勤勉敬业、精于业务，而且要求专利代理人具备高尚的文明礼仪。举止礼仪不仅是个人修养的问题，而且是关乎专利代理机构和专利代理行业的社会形象。事实上，专利代理行业正是由一个一个专利代理人组成，每个人的举止行为都会直接影响到所在的团队、专利代理机构甚至专利代理行业的社会形象。注重举止礼仪，就是要在与客户沟通交往中体现出专利

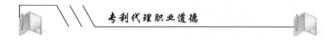

代理人应有的职业素养。只有每个专利代理人都自觉注重举止礼仪，尊重客户，才能有力地保障各项专利代理业务的顺利开展。

7.2 举止礼仪在专利代理工作中的要求

举止礼仪的基本原则主要包括：尊重、自律、适度和真诚。在专利代理工作中，举止礼仪方面的一个不经意的疏忽，有时会造成难以弥补的后果或损失。举止礼仪的要求是全方位的，专利代理人在工作中可以重点注意以下几个方面。

7.2.1 专利代理人的职业形象

专利代理人的职业形象应当涵盖：沉稳干练的工作作风、整洁得体的工作着装以及从容优雅的言谈举止。为了树立专利代理人良好的职业形象，许多专利代理机构甚至对工作着装进行了专门的规范，例如，员工需注意个人仪表，讲求文明礼貌。办公时间应着装得体、服饰整洁大方；男员工应穿西装、佩领带或穿衬衫、西裤；女员工应着套装或穿有袖的衣裙；上班时间不得穿牛仔裤、短裤、无袖装和超短裙，不得穿旅游鞋、球鞋、拖鞋；在办公室应备有适于会见客户或出席正式活动的正装。

7.2.2 专利代理人与委托人之间的礼仪

服务业中有一个比较形象的比喻"客户是上帝"，揭示出了委托人在专利代理委托关系中的中心地位。对待"上帝"，专利代理人理所应当礼貌接待、热情服务，这是赢得委托人信任的基础。

在为客户提供服务以及与客户交往过程中，尊重客户是专利代理人在工作中特别需要注意的举止礼仪方面的基本要求。

在与客户沟通或交流过程中，专利代理机构和专利代理人不仅要注重"硬件"安排和设置方面的礼仪，例如：会谈的环境，包括办公场所的布置、文件与办公设备的摆放以及准备的介绍材料是否整齐有序等，还要特别注意"软件"方面的礼仪，即与客户沟通的方式方法，专利代理人应当做到守时、注意倾听客户的需求、不随意打断或抢白，言谈举止不卑不亢，得体大方。一个善意的微笑或者赞美，一个真诚的道歉，都是文明礼仪的体现，都会为赢得客户的尊重或信任打下坚实的基础。

融洽和谐的客户关系会促进专利代理业务工作的顺利开展。尊重客户，是专利代理人与客户之间礼仪的核心内容，体现在诸多方面。它要求专利代理人在与委托人谈话中注意倾听对方的言语、认真记录对方的要求、谈吐得体、不卑不亢，对客户不熟悉或不了解的情况要耐心给予说明，避免给客户留下态度生硬，言辞简单粗暴的不良印象。尊重客户，还要求专利代理人对各项委托事务的接受与处理严格按照对方的要求或与对方的商定进行，如果出现临时变动或其他未能预见的情形要主动告知对方，避免因缺乏沟通造成误解。

举例来说，对于专利代理行业而言，通过电话与客户沟通是比较方便与高效的常用手段之一，接打电话过程中需要注意的举止礼仪例如包括：

① 电话铃响后应尽快接听，接听时应主动问好，自报家门："您好！这里是某某事务所，请问有什么可以帮助您么？"避免因未及时接听电话引起客户的不满或焦虑。

② 接打电话时，要注意声音大小，既能保证对方听清，又不会影响办公室的其他同事；同时，还要注意语速和语气，虽然多数情况下电话沟通时双方无法面对面，但声音同样能够传递自己工作的态度，要学会微笑打电话，让客户"听到"你的礼貌与热情。

③ 如果是委托人或客户来电找某专利代理人，但恰巧该专利代理人正在处理其他事务无法接听电话，应当态度和蔼地如实告知对方，明确对方是否需要留言，是否方便告知拟咨询或了解的事宜，并认真记录来电人的联系方式，以便该专利代理人稍后尽快与对方取得联系。特别注意避免在用语或措辞上的简单粗暴，以免引起不必要的误会。

④ 如果是委托人或客户来电咨询某事务处理进展，但该事务进展情况无法立即明确，需要内部核实，应当如实告知对方，认真记录来电人的联系方式并明确对方希望的回复方式（例如书面回复），以便核实后尽快按照对方要求告知对方。

⑤ 通过电话联系客户时，首先要注意打电话的时机是否为对方的非工作时间，例如午休时间或下班时间。除非特别紧急的事务，不应当在非工作时间打扰客户。

⑥ 主动电话联系客户时，事先要将沟通的内容要点梳理清楚，简明扼要，避免东拉西扯辞不达意，浪费对方的时间，甚至造成对方的误解。

⑦ 电话联系客户临近结束时，建议简要重复一下电话沟通中的要点，确保自己的理解与记录正确后再挂断电话，并注意话筒的轻拿轻放。

在与客户面对面交流过程中，注重举止礼仪还需要在坐、立、行、走等方面加以注意，做到"坐如钟""立如松""走如风"。

一项面向企业专利申请用户的调查表明，在选择专利代理机构和/或专利代理人时的一个重要考察因素就是看是否有良好的沟通能力，是否具有尊重专利发明人和/或申请人的举止礼仪。

之所以申请人或委托人如此看重举止礼仪，一方面是由于绝大多数专利申请人或发明人之所以委托专利代理机构，就是因为对于专利申请的相关法律规定不了解，或对需要办理的手续不清楚，因此，他们需要专利代理机构在业务开展过程中能够文明、耐心和有礼仪地答复相关咨询，说明办理各项手续的目的和具体要求，从而避免沟通中的误会或误解、顺利办理委托的专利事务；另一方面的原因也在于，举止礼仪的一个重要方面就是语言表述方式和沟通能力，专利代理人都是理工科背景出身，但由于缺乏举止礼仪的系统学习或训练，难免在言语表达或沟通过程中出现辞不达意的疏忽，更严重的，还可能因沟通中出现的误会或者误解，造成专利申请人/委托人对专利代理人或专利代理机构业务能力或水平的质疑。因此，委托人对于专利代理机构

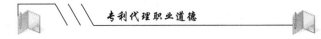

和专利代理人的举止礼仪都予以特殊的关注和重视。

7.2.3 专利代理人与专利行政机关、司法机关之间的礼仪

委托人委托的专利申请、复审、无效、诉讼等主要的专利代理业务都需要专利代理人相对于专利行政机关或司法机关来进行办理的，在与有关机构办理专利事务的过程中也需要有专利代理人予以遵守的礼仪规范。例如，最高人民法院1993年发布、并于1994年1月1日施行的《中华人民共和国人民法院法庭规则》中就有"出庭的诉讼代理人应当衣着整洁；诉讼参与人应当遵守法庭规则，维护法庭秩序，不得喧哗、吵闹；发言、陈述和辩论，须经审判长或者独任审判员许可"等法庭礼仪规范。《专利代理服务指导标准（试行）》针对专利诉讼程序也规定：专利代理机构的代理人参加证据交换/开庭审理，应当依照法律法规和法院的规定和要求进行，尊重法庭、尊重对方当事人及其代理人、全神贯注、实事求是、语言文明、服装整洁、以理服人，力戒强词夺理、恶语伤人。此外，在国家知识产权局专利复审委员会针对专利复审、无效案件口头审理程序制定的《口头审理须知》中，也有"自觉遵守审理庭规则，维持口头审理的秩序；发言时应征得合议组组长同意；发言和陈述仅限于合议组指定的与审理本案有关的范围；口头审理期间未经合议组许可不得中途退庭"等举止礼仪方面的要求。

7.2.4 专利代理人的社交礼仪

专利代理人的执业活动是丰富多彩的。除了日常的专利代理业务之外，专利代理人免不了要参与一些学术会议、商务宴请等社交活动。在这些社交活动中，专利代理人同样要遵守社交礼仪要求，以整洁的仪容仪表、高雅的言谈举止来展示出良好的职业修养。以参加会议的礼仪为例，专利代理人在参加会议时应当自觉维护会场秩序，应当做到：准时入场，认真听讲，尊重会议主持人和发言人，不要交头接耳，不要随便打断别人发言，如有问题可举手示意，经许可后再提问，中途不要随意离场，移动通信工具应置于静音或震动状态，不要接打电话。

7.2.5 专利代理人的涉外礼仪

随着我国经济和科技的发展，越来越多的外国企业和个人到中国来申请专利，同时也有越来越多的中国企业和个人走出国门，到国外去寻求专利保护。这使得专利代理人的涉外业务不断增多，与国外委托人和国外同行的交流也日益频繁。在国际合作和交流中，专利代理人应当更加注重提高职业修养、遵守涉外礼仪规范。

① 专利代理人应当尊重各个国家和地区不同的宗教信仰和风俗习惯，以免触犯禁忌、造成不良的国际影响。

② 专利代理人应当注意维护国家形象和行业形象，积极传播中国专利法律制度不断健全、专利保护环境不断改善等正面信息。

8　尊重同行

8.1　尊重同行是维护专利代理行业共同利益的要求

专利代理行业是由全体专利代理机构、专利代理人构成的，专利代理机构相互之间的关系以及专利代理人相互之间的关系就是所谓的同行关系。作为市场化运行的中介法律服务行业之一，相互合作与公平竞争始终是促进我国专利代理行业健康发展的两个方面。

专利代理行业其本质是为了实现专利申请人/委托人的合法权益，全体从业人员，无论专利代理机构还是专利代理人均肩负同样的社会职责，追求同样的职业目标，实现同样的社会价值，也具有共同的行业利益。

8.2　尊重同行是专利代理行业规范的要求

为了确保行业健康有序发展，《专利代理惩戒规则（试行）》第 7 条中明确规定，对于"诋毁其他专利代理人、专利代理机构的，或者以不正当方式损害其利益的"，应当责令其改正并给予惩戒。

针对专利代理机构之间以及专利代理人之间的相互尊重，《专利代理职业道德与执业纪律规范》也有着一系列的要求，其中的主要规定有：

① 专利代理人在专利代理业务中应当同业互敬，互勉互助，共同提高执业水平。

② 专利代理人不得贬损或诋毁其他专利代理机构或专利代理人的工作能力和声誉，也不得以其他不正当方式损害其利益。

③ 专利代理机构可以利用媒体等宣传途径介绍自己的业务领域和专业特长，但在宣传活动中不得提供虚假信息，贬低同行，抬高自己。

相应地，《专利代理服务指导标准（试行）》中也规定了专利代理机构在客户开发中，不能进行有损于其他代理机构的活动，在进行客户开发活动中所采用的各种资料、信息及发言中，不得存在任何直接或间接的有损于或不利于其他同业竞争者的言辞和内容。

我国台湾地区的《专利师职业伦理规范》在第 1 章总则部分第 4 条中明确规定："专利师应严守作为专门职业人员之诚信原则，不得对他人为诽谤或其他损害名誉行为。"在第 5 章专利师相互关系部分第 23 条也明确规定"专利师应彼此尊重，不应诋毁、中伤专利师"。

日本《弁理士职业道德指南》也是非常注重弁理士之间相互尊重的纪律。根据该指南的精神，弁理士是对工业产权法具有专门知识，被赋予业务垄断权的职业专家，所以必须在行为中一贯保持品格。弁理士在行为上必须互相尊重，不得诽谤其他弁理士，损伤其名誉。由于超过正当的代理权行使范围，中伤其他弁理士，对其他弁理士诽谤的行为，会损害弁理士的品格和对弁理士的社会性信赖，所以禁止此类行为。

8.3　尊重同行是专利代理行业通力合作的保障

随着全球经济的发展，众多委托人对于专利代理服务的多样化和专业化要求程度在不断地提高。有时，专利申请人/委托人的一个专利项目可能会涉及专利申请、评估、许可、转让、实施、无效、诉讼等多个法律领域，因此，委托人希望根据不同专利代理机构或专利代理人特长，组建强大的专利代理团队来处理某一件具体的重大专利案件。在这些情况下，委托人很可能根据实际工作需要选择多个具有不同业务特长的专利代理机构进行合作。为了确保相关业务的顺利开展，在同一专利委托人委托的多家专利代理机构或者多名专利代理人的情形下，尊重同行也是相互合作的保障。

《专利代理职业道德与执业纪律规范》要求专利代理机构无正当理由，不得拒绝委托人增加被委托人的要求。类似地，我国台湾地区的《专利师职业伦理规范》在第5章专利师相互间的关系第24条规定：专利师不得以不正当方法妨碍其他专利师受任案件，或使委托人终止其他专利师之委任；第25条规定：数专利师共同受同一委托人委任处理同一或相关案件时，应尽力相互协调合作。

只有尊重同行，从委托人的利益出发、尊重同行的意见、认真考虑同行的建议，才能营造和谐的合作氛围。

8.4　尊重同行是维护专利代理行业形象的要求

行业兴方能人才旺。专利代理机构和专利代理人的个体发展与整个专利代理行业的发展息息相关，没有行业的健康发展及和谐环境，专利代理机构和专利代理人的个体就如同无源之水、无本之木，失去了继续发展的基础和动力。

经过近30年的高速发展，虽然提供法律中介服务的专利代理行业已经形成充分竞争的态势，绝大多数代理机构或从业人员都能够恪守公平竞争的原则，在赢得客户信任与案件委托时主要强调其代理机构的历史成绩、员工的业务水平和办案能力，以及全心全意为客户服务的敬业精神。但是，不可否认，在个别代理机构的业务开展过程中，的确曾出现过为争夺客户，通过虚假信息夸大自己，贬损同行甚至采取不正当手段损害其他专利代理人或专利代理机构信誉的恶性事件。

因此，共同发展、保持行业的和谐氛围、维护行业的整体利益，是每一个专利代理机构和专利代理人的职责所在。为了保障专利代理行业健康有序发展，维护委托人的合法利益，必须大力提倡专利代理机构之间以及专利代理人之间相互尊重、高尚竞争，从而树立起整个专利代理行业的良好社会形象，赢得社会公众对整个专利代理行业的信任。

尊重同行，可以体现在对外宣传的过程中。专利代理行业在业务开展过程中，例如业务开拓过程中，往往需要通过媒介宣传自身的业务能力，展示代理机构的实力。从有利于专利代理行业健康发展的大局出发，就必须要求专利代理机构和专利代理人注意做到尊重同行。由于大多数专利申请人/委托人不了解专利代理行业，贬损同行或者刻意夸大代理机构失误等做法，容易使委托人对于整个代理行业产生不信任，造成后续与专利代理人配合的困难，实际上也不利于自身业务的开展。实践表明，对于恶意中伤同行的专利代理机构或专利代理人，也很难赢得专利申请人/委托人的尊重和信任。

作为专利代理机构或者专利代理人，在接受专利申请人/委托人委托时所处的地位可以有不同情形。举例来说，既可能是代理无效宣告请求人提出无效宣告请求，也可以是代理无效宣告请求的相对一方，即专利权人。当作为无效宣告请求方的代理人提出无效宣告请求时，应当注重围绕法定的无效理由，针对专利文件中与专利性相关的瑕疵或缺陷收集证据，准备无效宣告请求文件，而不应当抓住专利文件中可能存在的与无效宣告理由不相关的形式缺陷、言语措辞或其他问题例如对技术背景的表述不准确、不全面等过分渲染，进而否定对方专利代理机构的业务能力。

同样道理，当作为专利无效宣告请求的相对方，即专利权人的代理时，在收到专利复审委员会转来的无效宣告请求书时，也应当与专利权人密切配合，针对无效宣告理由组织答复意见。例如，在答复过程中，应当依据所讨论的客观事实和法律问题，注意言语措辞，对处于专利业务的相对方的代理机构或代理人保持尊重。

8.5 尊重同行是提升专利代理行业服务水平的要求

专利代理是为公众提供知识产权中介服务的行业。我国专利制度建立至今，专利代理行业仅仅有不到30年的历史，从行业发展的整体水平来看，尚处于初级阶段，与世界上专利制度建立较早的其他国家相比，从业务的广度或是深度来看，都有一定的差距。因此，如何尽快提升专利代理行业的服务水平，始终是摆在全行业从业人员面前的一个严肃课题。

虚心向同行学习，是提高专利代理人工作能力和工作水平的重要方面。就单个执业人员——专利代理人个人而言，虽然需要通过专门的资格考试后并在代理机构实习合格后才能获得执业资格，但是，要成为一个合格的专利代理人，还必须注意在实际业务开展过程中，不断地学习，总结、积累成功和/或失败的经验教训，并及时转化成为符合具体业务和客户要求的操作守则。这是因为，专利代理行业是一个对理论和实践均有较高要求的行业，专利代理人所需要具备的专业技能——开展专利代理工作的业务能力，完全无法仅仅靠从现成的理论知识或者书本上学习获得，而是需要在实际工作开展过程中随时积累经验，总结工作体会，逐步丰富自己的实践经验，提高业务能力。

大量过往实践表明，凡是注意虚心向同行请教，在实践过程中注意向同行学习的专利代理人，业务能力提高往往更快。事实表明，尊重同行，是迅速提高自身业务能力和执业水平的捷径。

同时，我们也理解，每个从业人员在入行初期阶段，由于缺乏实际工作经验，难免会犯错误。即使是从业多年的资深代理人，在处理复杂业务的过程中，也可能由于自身知识结构的缺陷，或者各种主观、客观原因，出现不应有的失误。对于出现类似失误的同行或同事，也要给予尊重。不应当因为出现失误，就简单推定该专利代理人工作不努力或者业务不合格，而是应当仔细分析出现失误的原因，认真汲取教训，避免自己在今后工作中出现类似失误。

8.6 尊重同行是专利代理行业高尚竞争的要求

随着我国专利代理行业的市场化发展和涉外专利代理权的全面放开，专利代理机构和专利代理人的队伍在不断壮大。越来越多的专利代理机构在同一个专利代理市场中提供服务，相互之间必然会有业务竞争，但是专利代理机构之间的竞争应当是在诚信原则下开展的高尚、公平、良性的竞争，这样的竞争有利于专利代理机构及所属专利代理人主动提高执业水平，有利于更好地维护委托人的利益，有利于促进专利代理行业的健康发展。与此相反，专利代理机构之间的不正当竞争会扰乱专利代理市场的秩序，损害专利代理行业的整体形象和整体利益，阻碍专利代理行业的健康发展，因此具有极大的危害性。

为了对专利代理行业的不正当竞争行为进行规制，我国的专利代理执业规范中提出了一系列的要求。例如，《专利代理职业道德与执业纪律规范》中规定专利代理机构和专利代理人执业应当坚持诚信的原则，遵守行业规范，公平竞争，禁止不正当竞争行为，维护专利代理行业形象。专利代理人不得提供虚假信息，不得夸大其业务能力，不得以明示或暗示与司法、行政等关联机关的特殊关系等方式进行不正当竞争。专利代理机构应当维护行业利益，不得以压价等方式进行不正当竞争。专利代理机构不得利用特殊关系进行业务垄断或以佣金、回扣等方式招揽业务。《专利代理服务指导标准（试行）》中规定专利代理机构在客户开发中，不能直接或间接地为拉拢客户、招揽业务而进行有违常规或与该行业目前大多数实际收费标准不符的过低报价。针对实际工作中出现的专利代理机构不正当竞争行为，中华全国专利代理人协会还在2004年3月4日专门发布了《反对不正当竞争，规范行业市场的决议》，其中提出的具体要求有：

① 各专利代理机构和全体专利代理人要自觉遵守国家法律法规，遵守行业规范和职业道德。积极努力开拓服务市场，以提高服务质量和扩大服务领域来促进自身的发展和行业的发展。

② 各专利代理机构和全体专利代理人要加强自律，共建公平竞争的市场环境；坚决反对"贬低其他专利代理机构"等不正当竞争的行为。

③ 各专利代理机构和全体专利代理人要坚决反对恶性竞争行为；要明码标价，不得以各种回扣，恶性打折的方式招揽客户。

④ 每个专利代理机构和专利代理人都要严格遵守行业规范，不仅不以不正当的方式进行竞争，还要坚决反对不正当竞争行为；对不正当竞争行为要敢于举报，共同谴责。

⑤ 每一位专利代理人均可以向专利代理人协会举报不正当竞争行为；专利代理人协会将根据事实采取警告和通报批评的方式进行处理；对情节严重的，专利代理人协会将建议专利代理惩戒委员会给予处理。

⑥ 专利代理人协会对依法从业、诚信守约，优质服务，模范执行此决议的专利代理机构和专利代理人将予以表彰。

事实上，高尚竞争也是许多国家和地区专利代理行业中通行的职业道德要求。例如，日本的《弁理士职业道德指南》关于弁理士相互间的业务竞争进行了规定，即：弁理士不得以不正当方法侵害其他弁理士的业务，其理论依据是基于对弁理士"保持品格"和"注重信义"的要求。例如，弁理士以不当手段进行案件委托的劝诱活动，谋划介入其他弁理士已经接受的案件当中，这属于"以不正当方法侵害其他弁理士的业务"，不仅损害弁理士的品格，也损害了其他弁理士的利益，因此理所当然地属于不被允许的行为。但是，有委托人的申请，或与其他弁理士有协议的情况下，不属于"以不正当方法侵害其他弁理士的业务"。

【案例3-9】 当前较为典型的专利代理机构不正当竞争行为

（1）低价竞争

专利代理机构A以远低于同行的报价标准与委托人B建立了委托关系，代理委托人B的专利申请业务。随后在为委托人B撰写专利申请的过程中，为控制成本，专利代理机构A大大缩短了应有的工作时间，仅仅将委托人B提供的技术交底书略作修改即作为申请文本提交以满足专利法规的形式要求，而没有为委托人B争取合理的保护范围。

（2）贬低同行

委托人A常年委托专利代理机构B代理其专利申请业务。专利代理机构C为了拉拢委托人A，"主动"检索到专利代理机构B所代理的专利案件并对这些案件进行研究，在发现其中个别案件的瑕疵之后，专利代理机构C又"主动"向委托人A反映情况，将专利代理机构B的个别办案瑕疵当做严重的质量缺陷进行恶意评价，使得委托人A对于专利代理机构B的信任感下降并将部分专利案件转委托给专利代理机构C进行处理。

针对本例中专利代理机构C的这种不正当竞争行为，我国台湾地区的《专利师职业伦理规范》中有着较为明确的禁止性规范，这对我们有一定的参考价值，即：专利师于处理案件时，知悉相对人或关系人已委任专利师或其他得执行专利业务者，未经该受任人之同意不得直接与该相对人或关系人讨论案情。

第4章 专利代理行业准入对职业道德的要求

我国专利代理行业肩负国家和时代的使命，提供既涉及技术又涉及法律的专业服务，是一个神圣而高尚的行业。因此，对从事专利代理的人和机构有严格的职业道德和知识技能等资质方面的准入要求。这些准入要求依据法律法规制定，符合国家战略的需要、社会公众的期待、行业性质的要求和国际通行的做法。

遵守职业道德如果可以用一句简单的话来概括，那就是：有所为有所不为。也就是说有的事可以做、要做、甚至要努力去做，有的事不宜做、不能做、甚至绝对不能去做。做与不做，要看是否符合应当遵守的原则。这个原则就是职业道德。它包括几个层面：法律法规层面、行业自律规范层面和个人道德品质层面。

专利代理是向社会公众提供专业服务的服务行业之一。职业道德是专利代理行业各种准入条件的核心和首要要求。一个专利代理人或专利代理机构若想提供真正的专业服务，如果缺失了职业道德，一味追求知识技能，"犹缘木而求鱼也"。"缘木求鱼，虽不得鱼，无后灾"，最多也就是因愚蠢而抓不到鱼。而职业道德缺失的代理人或代理机构则会对专利申请人和专利权人，乃至专利代理行业造成影响长久、难以补救、甚至无法补救的损害。所以，若专利代理行业的准入不以职业道德为首要要求，"尽心力而为之，后必有灾。"这个"后灾"就是引发社会公众对专业代理行业的职业道德产生质疑，失去对专利代理这个行业的尊重和信任，导致专利代理行业的从业人员对自己的职业和从业机构没有认同感、自豪感和荣誉感。

本章从两个方面论述专利代理人和专利代理机构的准入对职业道德的要求。第一，职业道德是专利代理行业准入的首要条件，犹如行业大门的第一道门槛；第二，职业道德不同于其他准入条件，如资格考试，一旦合格，一劳永逸。从这个意义上讲，职业道德更像是无形的絜矩❶，伴随专利代理人和代理机构从申请入行开始一直贯穿整个执业过程，随时度量并检验该人或机构是否符合执业的职业道德准入条件。❷这两个方面是一个有机整体，不可分割。

像其他公共服务领域的行业准入制度一样，专利代理行业的准入不仅强调专业技能水平，更强调职业道德和专业精神。作为行业准入的第一道门槛，职业道德是对专

---

❶ "絜（xié）"和"矩（jǔ）"本是古代两种度量工具。絜，一束麻绳之意，古时，人们用絜来测量平面距离。矩，古时用来画直角或方形的工具，引申为法则、法度。"絜矩"一词又可引申为规范，特别用来象征道德规范。

❷ 甚至在执业终止后，一个专利代理人或代理机构仍然要遵守职业道德的某些要求。

利代理人和代理机构的资质和准入的首要条件和严格要求。不论是申请颁发专利代理人资格，还是申请领取专利代理人执业证，首先要求该申请人要品行良好。在审查和批准专利代理机构成立的过程中，对将要担任专利代理机构股东或合伙人的发起人，也要求首先要品行良好。"品行良好"是专利代理行业准入条件中最基本的要求，是对职业道德和专业精神的高度概括。职业道德的要求既包括一个专利代理人应具备爱国主义、社会责任感、公民价值观以及良好的品行和心态等个人道德品质层面的要求，也包括一个专利代理人或专利代理机构要遵守法律法规和行业执业规范层面的要求。职业道德作为专利代理行业的准入条件既有需要严格把关的最低底线，也有在个人道德修养和行业自律规范中应当倡导和鼓励的行为和精神。前者如诚实守信、无故意犯罪的刑事记录或未曾被开除公职；后者如积极关注、参与社会公益事业，扶贫济困、热心公益和志愿服务等精神。❶

如果职业道德像其他准入条件一样，只是在专利代理人入行或代理机构成立时衡量考核一下，而不再继续检验执业后是否仍然一直符合职业道德的准入条件，那么，将职业道德置为行业准入大门的第一道门槛就将失去真正的意义，成为一句空话。所以，专利代理行业准入对职业道德的要求既要重视审批环节，更应重视监管环节。从监管层面，职业道德如无形之絜矩，用来度量和检验专利代理人或专利代理机构在入行和执业各个阶段的职业道德水平，纠正不足，剔除假劣，维护专利代理行业的声誉。比如，一个专利代理人或专利代理机构靠弄虚作假取得执业资格，便突破了职业道德的最底线。这样的人或机构即使一时可能混过审查的门槛，一旦被发现，等待的将是吊销资格证或撤销代理机构等行业内最重的处罚。只有在专利代理行业准入的监管过程中，形成"谁不讲诚信和职业道德，就砸谁的饭碗"的氛围，才能让诚信和职业道德这个准入的第一道门槛名副其实。

第1节 专利代理行业准入对人员资质的要求

1 专利代理人准入制度的必要性

专利代理行业准入对职业道德的要求归根结底是对人的素质的要求。没有高素质、具有职业道德的代理人，代理机构的规范执业便如无本之木，无从谈起。所以，对专利代理人准入，特别是职业道德的准入要求，是专利代理行业准入制度的核心和重点。

1.1 国家战略的需求

自 1985 年我国实施专利制度以来，在短短 20 多年中，社会公众特别是市场主体

---

❶ 参见《专利代理职业道德与执业纪律规范（试行）》（2010）。

的知识产权意识和创新能力不断提升，对知识产权制度的认识也不断加深。与此同时，世界格局发生新的变化，国际规则的变革调整加快，经济、社会和技术不断发展和进步。我国抓住机遇，适时确立了人才强国、科教兴国和知识产权战略。这些时代因素对专利代理人的能力和素质提出了更新、更高的要求。

专利代理行业的发展，人才建设是关键。加强专利代理行业的人才建设一方面要配合、适应和满足国家整体战略的需要，同时，专利代理行业的人才建设必须在准入，特别是职业道德的准入方面，为建设创新型国家和实施人才强国战略把好本行业的人才关。换句话说，专利代理的行业之门必须为国家的整体战略和行业的发展设立相匹配的准入条件，特别是职业道德门槛的高度。

1.1.1 人才强国战略的需求

对专利代理人职业道德的要求要从人才强国的国家战略高度和知识产权人才规划的行业战略高度加以重视。

古今中外，任何国家和民族的昌盛，无不与重视人才有关。当前，世界正处于大发展、大变革和大调整时期，知识产权日益成为国家发展的核心竞争力。高素质创新型人才在综合国力竞争中越来越具有决定性意义。

人才强国战略作为国家发展的核心战略，其核心是人才的培养，人才吸引和人才管理。行业准入是人才战略核心的关键一环。

国家和社会期待的是德才兼备、能开创新局面的领军人才及能力和素质较高、有一定专业知识或专门技能、进行创造性劳动并对社会作出贡献的专业技能人才，而绝不是那种只精于考试、怯于冒险或没有职业道德的庸才、劣才或有才无德之辈。

我国在改革开放之初就确立了"尊重知识、尊重人才"的国策。随着经济全球化深入发展，知识创新不断加速，综合国力竞争日趋激烈，人才资源成为关系国家竞争力强弱的基础性、核心性、战略性资源。人才问题被推到了国家发展的战略层面。2000年，我国首次提出"要制定和实施人才战略"。2001年，我国首次将人才战略确立为国家战略。

2002年，中共中央、国务院制定下发的《2002—2005年全国人才队伍建设规划纲要》（以下简称《人才规划纲要》）首次提出了"实施人才强国战略"，并要求"全面推进职业资格证书制度，加强职业资格的统一管理。构建专业技术人才执业资格制度体系"。紧接着，2003年12月又下发了《中共中央、国务院关于进一步加强人才工作的决定》（以下简称《人才工作决定》）。《人才工作决定》指出："专业技术人才的评价重在社会和业内认可全面推行专业技术职业资格制度，加快执业资格制度建设。积极探索资格考试、考核和同行评议相结合的专业技术人才评价方法。"《人才规划纲要》和《人才工作决定》明确了加快执业资格制度建设和建立专业人才准入机制。

国家知识产权局在2010年11月22日发布了《知识产权人才"十二五"规划（2011—2015年）》（以下简称《知识产权人才规划》）。《知识产权人才规划》确定了定性与定量相结合的知识产权人才工作的总体目标。

在总体思路上，国家知识产权局在制定《知识产权服务业人才支撑计划实施方案》（以下简称《实施方案》）过程中特别指出要"加大知识产权服务业人才培养工作力度"。《实施方案》提出用5年时间，以"增加人才数量，提高人才质量，提升服务能力"为总目标，培养数量较为充足的知识产权服务业从业人员，培养数千名高素质、复合型的知识产权服务业人才，培育数百名精通业务、诚信度高、具有世界水平的高层次知识产权服务人才。

1.2 法律法规的规定

1.2.1 《专利法》的相关规定

我国《专利法》第3条规定，国务院专利行政部门负责管理全国的专利工作。专利代理人资格的审批属于国务院专利行政部门的专利工作内容之一。我国专利代理人执业资格的审批由国务院专利行政部门负责。

1.2.2 《行政许可法》的相关规定

在以国家知识产权局为相对方，代理委托人向国家知识产权局进行专利申请、复审和无效等有关的工作中，国家知识产权局是行政主体，代理人是行政相对人。而成为行政相对人必须由行政法律规范作出特别的规定；行政相对人的存在是基于行政法律规范规定的某种资格。作为行政主体的相对方参与行政法律关系必须具备一定的资格。只有符合相关行政法律规范资格规定的公民、法人和其他组织才能成为行政相对人，在此基础上行政主体才能针对性地作出相应的行政行为。

《行政许可法》第12条第1款第（3）项规定，"提供公共服务且直接关系公共利益的职业、行业，需要确定具备特殊信誉、特殊条件或者特殊技能等资格、资质的事项"可以设定行政许可。专利代理行业的特点符合上述规定，专利代理人资质属于《行政许可法》规定的可以设定行政许可的事项。专利代理人资质的行政许可是指公民应当在满足一定条件的前提下并通过考试或者考核，才能够获得从事专利代理业务活动的资质。基于专利代理业务的特点，需要政府部门通过有效、公平和公正的措施，对执业人员进行严格审核。

因此，对专利代理人设立准入条件是《行政许可法》的要求，需要政府部门通过有效、公平和公正的措施，对从事专利代理业务的人员从知识、工作能力和职业道德等方面进行严格审核，以确定其是否具有所需要的资格和资质。

另外，根据《行政许可法》第69条第1款第（4）项规定，"对不具备申请资格或者不符合法定条件的申请人准予行政许可的"情形，"根据利害关系人的请求或者依据职权，作出行政许可决定的行政机关或者其上级行政机关可以撤销行政许可"。然而对"被许可人以欺骗、贿赂等不正当手段取得行政许可的"情形，《行政许可法》第69条第2款规定"应当予以撤销行政许可"。可见，对准入条件的监管也是

《行政许可法》的要求，对以弄虚作假和欺骗得到的资格比其他不符合准入条件的情形处罚更加严厉。

1.2.3 《劳动法》和《职业教育法》的相关规定

《劳动法》第 69 条规定："国家确定职业分类，对规定的职业制定职业技能标准，实行职业资格证书制度，由经过政府批准的考核鉴定机构负责对劳动者实施职业技能考核鉴定。"《职业教育法》第 8 条明确指出："实施职业教育应当根据实际需要，同国家制定的职业分类和职业等级标准相适应，实行学历文凭、培训证书和职业资格证书制度。"这是国家职业资格证书制度的法律依据。

2012 年 5 月 11 日，经国务院同意，人力资源和社会保障部发布清理规范职业资格第一批公告。纳入第一批公告保留的职业资格有 265 项，主要包括：职业准入类职业资格 36 项（专业技术人员职业准入类职业资格 33 项，技能人员职业准入类职业资格 3 项），主要是根据相关法律法规设置的；职业水平评价类职业资格 229 项（专业技术人员职业水平评价类职业资格 26 项，技能人员职业水平评价类职业资格 203 项），是由人力资源和社会保障部会同国务院相关行业主管部门，结合行业发展和管理需要，根据国家职业资格证书制度有关规定设置的。上述两类中的技能人员职业资格是根据《中华人民共和国职业分类大典》和相应国家职业标准以及有关规定设置的。由国家知识产权局负责的专利代理人被纳入第一批公告的准入类职业资格。

1.2.4 《专利代理条例》的相关规定

由国务院颁布的《专利代理条例》是人力资源和社会保障部将专利代理人纳入准入类职业资格的设置依据。我国的专利代理人的准入条件主要是依据现行的《专利代理条例》。

1.2.5 《专利代理管理办法》的相关规定

《专利代理管理办法》是 2003 年 7 月 15 日起施行的国家知识产权局规章。作为对现行《专利代理条例》的补充，《专利代理管理办法》对于专利代理人的准入条件作出了更为具体的规定。

1.2.6 《专利代理惩戒规则（试行)》的相关规定

制定《专利代理惩戒规则（试行)》的目的是为了规范专利代理执业行为，维护专利代理行业的正常秩序。《专利代理惩戒规则（试行)》就专利代理人准入制度中有关职业道德的要求进行了具体规定，规定了违反专利代理人准入要求所应承担的行政责任。

1.3 社会公众的期待

2012 年，感动中国的杭州大客车司机吴斌以其优秀的职业道德，被誉为"平民英雄"和"最美司机"。报道是这样写的：

以每小时 90 公里的速度行驶在高速路上，一块数斤重的铁片从天而降，在击碎挡风玻璃后直接刺入大巴司机吴斌的腹部，导致其整个肝脏破裂、多根肋骨折断。虽剧痛难忍，吴斌却仍完成了靠边停车、拉手刹、打开双闪灯等保障安全的动作，最后还挣扎着站起来对乘客说："别乱跑，注意安全。"❶

　　吴斌在生命的最后一刻以一名职业驾驶员的高度敬业精神，恪尽职守，保证了车上24名乘客的生命安全，诠释了职业道德的最高境界。据说事后很多交警和司机都感慨万分，因为一般司机遇上这种突发状态和重伤，出于本能会紧急刹车或猛打方向盘，这样可能导致大客车翻车或其他事故，后果不堪设想。从报道中看到吴斌在受重伤、生命垂危之际表现了过人的意志力、严谨和冷静的操作。另据报道，吴斌生前驾驶客车已经安全行驶100多万公里，从来没有发生过一起交通事故和旅客投诉。❷ 这些表现都折射出吴斌具备作为一个优秀的职业驾驶员应有的过硬的技术、技能和心理素质的一面。但是，法律法规或职业驾驶员行业规范都不可能要求每个司机必须做到和吴斌一样。所以，吴斌最可贵是他在法律法规和行业规范的要求之上，以临危不惧、舍己救人的高尚情操和尽忠职守的优秀品格，最好地诠释了优秀的职业道德在个人道德品质的层面上的体现。作为一个国家公民，吴斌也最好地诠释了我国《公民道德建设实施纲要》中提出的"自强""敬业"和"奉献"这几项公民道德规范的内涵。

　　如果说"最美司机"吴斌在生命最后一刻的"有所为"在职业道德上只能提倡，不宜作为硬性规定和要求的话，一些违反职业道德的行为不仅是要明确规定和不能提倡的"有所不为"，对违反职业道德的行为更要有明确的惩罚，有些行为可能还会因为触犯法律红线而被追究法律责任。缺乏和违反职业道德的行为不仅会对一个行业的形象造成损害，在公共服务领域，这种行为还可能导致重大财产损失，甚至伤害个人身心和家庭的幸福。吴斌事件后仅几天，同样是杭州，据报道，某医院实习护士违反新生儿护理操作规程和禁止携带手机进入病房的规定，擅自用手机拍摄新生儿，并在微博发布鲁莽对待婴儿的照片和违反职业道德的言论。图片里，新生儿原本躺在医院的小床上，但该护士则"在对新生儿毫无保护措施的情况下，拽着新生儿的衣服，将孩子拽在半空。由于孩子的骨头还没长硬，他们的头部严重后仰"。❸ 还有一个孩子，则被该护士"化妆成猪八戒的样子"，并在微博上称婴儿"被贴了猪鼻子的孩子竟然还睡那么香"。❹这名实习护士的行为，以对职业道德与吴斌完全相反的解读方式，引起社会广泛关注。除了当事人遭到社会公众的强烈谴责外，更引发了公众对专业人员的行业准入，特别是职业道德的新一轮质疑，也凸显了社会公众对公共服务业职业道德的期待和在公共服务行业实行准入制度的重要性。

❶　参见 http：//news. xinhuanet. com/politics/2012－06/03/c_ 112103252. htm。

❷　杭州司机吴斌遇难救乘客 英雄事迹感动网友．［EB/OL］．［2012－06－22］．http：//hunan. voc. com. cn/article/201206/201206022155597679. html。

❸❹　参见 http：//www. chinanews. com/jk/2012/06－04/3936358. shtml。

专利代理行业属于特殊的公共服务行业。一般社会公众，包括各类创新主体对于发明创造的保护、管理、运用缺乏系统的专业性知识和经验，因此更加依赖于专利代理人所具备的专利代理知识和经验。这对专利代理人的职业道德提出了更高的要求。

1.4　行业性质的要求

专利代理事务在技术和法律层面的复杂性，对专利代理人的准入提出了非常高的要求，而这些要求是由专利代理行业的特点和性质决定的。

专利代理具有以下突出的行业性质：一是专利代理人的执业活动直接面向社会公众，所提供的服务是既涉及技术又涉及法律的专业服务，并且服务质量一旦出现差错，给服务对象造成的损害难以补救甚至无法补救；二是专利代理专业性强、复杂程度高、责任重大，只有精通技术、熟知法律和具备较高外语水平的复合型人才方能胜任这一工作；三是专利代理人对于在执业活动中知悉和掌握的商业秘密，负有保密义务和责任，这要求专利代理人必须具备优秀的职业素养和良好的个人信誉；四是专利代理服务周期长，有的甚至长达 20 多年，因而对专利代理机构及其人员的稳定性和连续性要求较高；五是专利代理服务的质量和水平，不仅与专利权人的利益和专利审查工作相关，而且与公众利益相关。

专利代理又具有直接向社会公众提供服务的行业特点。吴斌和前述的实习护士的例子告诉我们，一个公共服务行业的从业人员，不论是公交司机、护士、律师、医生还是专利代理人，其社会责任感、公民价值观以及良好的品行和心态，应是其从业准入的第一道门槛，也是其将职业道德转化为社会价值的重要条件。其实，我国的护士准入制度和许多其他行业的准入制度一样，已行之多年。❶ 相关报道没有提上面这名实习护士的专业技能水平如何。但是，这个故事无疑提醒我们，公共服务行业的准入不能只强调专业技术水平，而忽视职业道德，特别是职业道德中爱国主义、社会责任感、公民价值观以及良好的品行和心态等要求，因为再严格的专业技术训练也不能代替或培养出爱国主义、社会责任感、公民价值观以及良好的品行和心态。如果没有职业道德，一个专利代理人学了再多的职业技能，也将等于零。只有这样，社会公众才会尊重信任这个专利代理这个行业，行业的从业人员才会对自己的职业有认同感、自豪感和荣誉感。

由于服务对象为社会公众，服务领域涉及科技与法律，成为一个专利代理人不但需要具备扎实的技术和法律等跨学科领域的综合性知识功底以及中外语言写作、书面和口头的沟通能力，还要具备良好的职业道德。无疑，一个专利代理人需要有较高的综合素质和较强能力，不是任何人都可以胜任的。而一般来说，委托专利代理的公民、法人或者其他组织很难清楚地对专利代理的质量及其后果进行判断和认定。同

---

❶　卫生部 1993 年颁布《中华人民共和国护士管理办法》，2005 年又制定了《中华人民共和国护士管理条例》，2008 年再度颁布《中华人民共和国护士条例》。

时，专利代理委托具有服务周期长、保密要求高的特点，委托方很难及时发现问题。所以，不合格的专利代理人会对专利申请人和专利权人造成影响长久、难以补救、甚至无法补救的损害。这种执业人员素质的缺失和良莠不齐，很难通过市场竞争机制有效调节。如果单靠行业组织或者机构自律管理，不易确保专利代理人具备应有的技能和品行。行政机关事后监督的管理方式虽可处罚当事代理人，却无法挽回因代理人不具备相应的技能和职业道德给委托人和公共利益带来的损害。因此，为避免给委托人造成难以补救的损害，也同时避免专利代理行业鱼目混珠、良莠不齐和无序竞争，有必要从对专利代理人的资质设立准入要求，特别是从行业的第一道门槛对从业人员的职业道德进行审查和监管。

由上述行业特点和性质可以看出，专利代理服务社会公众，对委托人权益和法律负有特殊责任，同时又具有很强的知识和技术专业性，从业人员需要同时具备良好的职业道德以及法律、科技和外语的知识与能力，其执业行为直接关系到社会公共利益和国家经济安全，因此，需要政府部门通过有效、公平和公正的措施，对从事专利代理业务的人员从品行和知识能力等方面进行严格审核，以确定其是否具有所需要的道德品质、资格和资质。

1.5　国际通行的做法

对专利代理人资质进行行政许可属于国际惯例。市场经济体制较为完善、行业组织较为发达、全社会诚信水平较高的美国、欧洲各国和日本是律师业高度发达的国家。律师行业是这些国家的一大服务行业。但这些国家都建立了与律师平行的专利律师或者专利代理人行业，并均由国家专利主管部门负责对专利代理执业人员实行严格的资质审批制度。在这些国家或者地区，通过有关法律均明确规定未取得专利代理人或者专利律师资格的人员不能以营业方式从事专利代理活动，对冒充代理人从事专利代理业务的行为都规定了明确、严格的处罚措施，以保证专利代理行业的从业人员具有相当水平的执业能力，为委托人提供合格的服务，维护国家和公共利益。因此，对专利代理人设立资质许可的准入制度是国际惯例。美国、欧洲各国和日本均具有较长的实施专利制度历史，因此，我国设立专利代理人准入制度也是借鉴发达国家专利制度先进经验和做法，并且在与国际接轨的同时规范我国高科技技术和法律的服务市场。

2　专利代理人准入制度概述

2.1　职业资格准入制度的概念

"准入"通俗地讲就是门槛。在我国，职业资格准入制度是社会主义市场经济条件下科学评价人才的一项重要制度。也是被证明为管理行业准入的行之有效的方式。近年来，各种职业资格准入制度的逐步完善，对提高我国专业技术人员和技能人员素质、加强人才队伍建设发挥了积极作用。

通常，广义的职业资格包括就业（从业）资格和执业资格。狭义的职业资格指就业（从业）资格。从业资格是国家推行就业准入制度的证书，所有要求从业资格的行业都必须持证上岗。而执业资格是某些特殊行业就业的资质证明。上文提到的中共中央和国务院制定的《人才规划纲要》和《人才工作决定》也对"职业资格"和"执业资格"作了明确的区分。

2.1.1 就业资格准入制度

就业资格是政府规定技术人员从事某种专业技术性工作的学识、技术和能力的起点标准。它可通过学历认定或考试取得。

就业准入制度是指根据《劳动法》和《职业教育法》的有关规定，对从事技术复杂、通用性广，涉及国家财产、人民生命安全和消费者利益的职业（工种）的劳动者，只要从事国家规定的技术工种（职业）工作，必须取得相应的职业资格证书，方可就业上岗的制度。对技术工种（职业）从业人员实行就业准入制度，其根本目的是提高劳动者技能水平，增强其就业能力和适应职业变化的能力，实现高质量就业和稳定就业。

在我国实行就业准入的职业范围由人力资源和社会保障部确定并向社会发布。原劳动和社会保障部依据《中华人民共和国职业分类大典》曾确定了实行就业准入的66个职业目录。包括车工、铣工等多个工种和汽车驾驶员、动物检疫检验员、烹调师、美发师、摄影师、眼镜验光员、秘书等技能人员职业。

2.1.2 执业资格准入制度

执业资格是政府对某些责任较大、社会通用性强、关系公共利益的专业技术工作实行的准入控制。如医生、律师、会计师和专利代理人等常见的所谓"专业人士"或"职业人士"和相应的行业都是需要执业资格的职业或行业。职业资格是专业技术人员依法独立开业或独立从事某种专业技术工作学识、技术和能力的必备标准。它通过考试方法取得。考试由国家定期举行，一般实行全国统一大纲、统一命题、统一组织、统一时间。经职业资格考试合格的人员，由国家授予相应的职业资格证书。有职业资格的人员经满足工作实习等要求，方可申请执业资格。

2.1.3 从业资格证书与执业资格证书

人们常说的职业资格证书实际上包括从业资格证书和执业资格证书两大类。从业资格证书是表明劳动者具有从事某一职业所必备的学识和技能的证明。它是劳动者求职、任职、开业的资格凭证，是用人单位招聘、录用劳动者的主要依据，也是境外就业、对外劳务合作人员办理技能水平公证的有效证件。职业资格证书是持有证书的专业技术人员的专业水平能力的证明，可以作为求职、就业的凭证和从事特定专业的法定注册凭证。

从业资格一般指从事某一专业（工种）所需学识、技术和能力方面的起点标准。像目前劳动保障部门和人事部门推行的职业技能（资格）鉴定大都属于这一类。而执业资格则不同，它是指政府规定的依法独立开业或从事某一特定专业（工种）的学识、技术和能力方面所必须具备的标准。它是作为一种行业准入的强制性规定，没有取得相关的执业资格证书就不能合法地从事该项职业。执业资格实行注册登记制度，取得执业资格证书后，要在规定的期限内到指定的注册管理机构办理注册登记手续。所取得的执业资格经注册后有效。

2.1.4　准入类职业资格

根据人力资源和社会保障部发布的清理规范职业资格第一批公告，由国家知识产权局负责的专利代理人被纳入第一批公告的准入类职业资格。表 4 - 1 是 2012 年 5 月 11 日人力资源和社会保障部发布的清理规范职业资格第一批公告中准入类职业资格目录。

表 4 - 1　职业资格清理规范第一批公告目录

序号	名　　称	设置依据	实施承办部门或机构
1	注册咨询工程师（投资）	《国务院确需保留的行政审批项目设定行政许可的决定》第 11 项 （《注册咨工程师（投资）职业资格制度暂行规定》（人发〔2001〕127 号））	国家发展改革委
2	价格鉴证师	《国务院确需保留的行政审批项目设定行政许可的决定》第 13 项 （《价格鉴证师职业资格制度暂行规定》（人发〔1999〕66 号））	国家发展改革委
3	价格评估人员	《国务院确需保留的行政审批项目设定行政许可的决定》第 8 项	国家发展改革委
4	教师资格	《教师法》《教师资格条例》	教育部
6	法律职业资格	《法官法》《检察官法》《律师法》《公证法》	司法部
7	会计从业资格	《会计法》	财政部
8	注册会计师	《会计法》	财政部
15	医师资格	《执业医师法》	卫生部
25	专利代理人	《专利代理条例》	国家知识产权局

注：本表有省略。

2.2　专利代理人的职业特征

2.2.1　专利代理人的角色

专利代理和专利代理人的基本概念本书第 1 章和本章已有介绍，不再赘述。在讲专利代理人的角色之前，读者应当了解并不是所有与专利有关的法律事务都必须要由专利代理人或律师来担任。例如，很多大学和研究所甚至一些企业的技术转让或专利管理部门每天从事很多与专利评估、转让、许可有关的审查、谈判以及合同起草和修

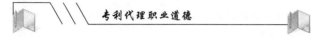

改等工作。这些工作常常是由具有理工科高学历背景的技术专业人才承担，而这些人不一定具有专利代理人资格。国家知识产权局或专利复审委员会的审查员和审理专利案件的法官也是与专利相关的职业。所以成为专利代理人和进入代理行业并不是从事专利相关工作的唯一途径或机会。

但是，以国家知识产权局（包括专利复审委员会）为相对方，代理委托人向国家知识产权局进行专利申请、复审和无效等有关的工作，国家知识产权局有权要求由有执业资格的专利代理人来承担。这是由国家知识产权局的性质和双方的法律关系决定的。在上述关系中，国家知识产权局是行政主体，代理人是行政相对人。行政相对人不同于一般的民事主体。民事主体往往是从私权利角度来界定的，而行政相对人是从公权力角度来界定的。公民、法人和其他组织都是社会活动中的主体，他们也是民事主体和行政相对人共同的载体。然而，作为民事主体不需要法律作出特别的规定，即有权为一定的行为或不为一定行为的自由。而成为行政相对人必须由行政法律规范作出特别的规定，依照行政法律规范规定享有的权利，公民、法人和其他组织才可行使；依照行政法律规范规定必须承担的义务，公民、法人和其他组织才有义务履行。整个过程带有强制性的约束，没有任何的随意性。因此行政相对人参与行政活动是法定的，行政相对人的存在是基于行政法律规范规定的某种资格。可以说，行政相对人是对取得参与行政法律关系资格的公民、法人和其他组织进行的确认。作为行政主体的相对方参与行政法律关系必须具备一定的资格。由于具体行政法律关系依其所属的行政部门的不同而不同，因此参与行政法律关系的资格也不一样，必须按照相应的部门行政法进行确认。只有符合相关行政法律规范资格规定的公民、法人和其他组织才能成为行政相对人，在此基础上行政主体才能针对性地作出相应的行政行为。❶

专利代理作为服务业的概念在我国界定为执业活动直接面向社会公众，提供既涉及技术又涉及法律的专业服务的行业。专利代理人的社会定位应是向社会公众提供既涉及技术又涉及法律的专业服务的专业人士。❷由于职业特点，无论是法律法规和行业规范的要求，还是社会公众的期盼，对专利代理人这样的"专业人士"的职业道德和职业准入要求比一般技能类职业要更高。

2.2.2　专利代理人与律师职业的联系和区别

世界各国一般对专利代理人并不要求必须具备法学专业背景或律师资格，但是专

---

❶　行政相对人的含义见中国律师网 www.365lvshi.com/lilun/03a/5.html。

❷　"专业人士"或"职业人士"（professionals）中的"专业"或"职业"二字与"专业"或"职业"运动员或演员中的"专业"或"职业"二字虽然字相同但涵义却不同。后者是指该人因为具有足够的技能为金钱收入从事某项活动，与作为业余爱好或志愿者参与该活动相对。同时，专利代理人也不同于美容师、摄影师和厨师等技能职业，虽然后者也需要获得一定的职业资格（vocational certificate）方可从业。专利代理人是和律师、医生以及会计师这三种通常大众熟知的"专业人士"一样，其执业资格（professional certificate）是政府对某些责任较大、社会通用性强、关系公共利益的专业技术工作实行的一种行业准入的强制性规定，没有取得相关的执业资格证书就不能合法地从事该项职业。

利代理人的工作涉及专利法及相关法律事务，如专利申请、无效和诉讼等事务。正因
为如此，世界绝大多数国家对专利代理的行业准入有着与律师行业准入相似或相近的
规定，如要通过专利代理人资格考试和较高的职业道德要求。有些国家如美国除了考
试之外，还有背景调查和通过考试后的公示等程序。这些行业准入的要求都是尽可能
确保专利代理人能与律师一样，既具备法律知识和技能，又有较高的道德素质。同
时，针对专利代理人的某些要求又不同于或高于律师的行业准入门槛。如大多数国
家要求必须具备理工科高等教育背景或同等学力的个人才有资格参加专利代理人
考试。

　　一方面，专利代理人虽然不是律师，但是被特许可以在专利法领域内执业；另一
方面，即使是律师也不一定能够从事与专利法有关的所有业务。比如，一般来说，如
果该律师没有理工科背景便不能成为专利代理人，也就不被专利局允许从事专利申请
的代理业务。可以说，专利代理人是一个非常特殊的跨领域的法律相关职业，是在专
利法领域从业的不是律师的"特殊律师"。正因为如此，对律师的职业道德要求如诚
信、忠诚客户、保守客户秘密和避免利益冲突等同样适用专利代理人。

2.3　专利代理人准入制度的发展

　　显然，成为专利代理人在专利事务相关的工作领域可以有更多的机会和更好的职
业发展。但是，这个机会大门并非让所有人都可以随意进入，国家法律明确规定了专
利代理人执业的准入要求。

　　由于专利是近代的产物，各国正式的专利代理制度都比律师制度要晚很多，但均
参考了律师制度的许多做法。但是在我国，由于历史原因，许多法律都是在 20 世纪
70 年代末和 80 年代初改革开放后逐步制定和实施的。❶如第一部《专利法》是 1985
年实施。因此，我国现行的律师制度和专利代理人制度其实起步时间差不多，大都参
考了如日本、德国和美国的制度和做法。尽管起步晚，我国的专利代理行业在过去 20
多年进步飞快，迅速跃过了很多外国早期发展的不正规阶段。改革开放前，我国的专
利代理行业几乎是完全空白。改革开放以来，特别是 1985 年《专利法》实施以来，
我国专利代理行业取得了举世瞩目的发展，在改革开放和现代化建设中发挥了重要作
用，也是推进创新型国家建设和知识产权战略实施的重要组成部分。大批优秀人才加
入专利代理行业，行业人才素质不断提高，专利代理行业的队伍建设取得显著成绩。
截至 2012 年 5 月 31 日，我国获得专利代理人资格的人员共有 14 496 人。

　　在行业准入要求上，我国也稳步走向正规。我国从 1991 年开始实施的《专利代

---

　　❶　我国的律师制度形成较欧美和日本晚。最早的律师是上海租界里的外国律师。1879 年，薛福成在《筹
洋刍议》中主张在通商口岸聘请外国律师办理华洋诉讼案。1906 年，晚清在变革中开始设计律师制度，但未及
讨论通过即随清廷告终而胎死腹中。直到 1912 年民国政府司法部参考日本《弁护士法》，颁布《律师暂行章
程》，我国才正式有了自己的律师制度。

理条例》和 2003 年开始实施的《专利代理管理办法》对专利代理人的行业准入就有明确的规定。对不能入行的几种情形作了明确规定，对已获得专利代理人资格证的人员违反法律法规和行业规定的处罚，也有清楚的规定。专利代理人考试，从无到有，从两年一次到一年一次。行业的道德规范，也不断完善。比如由中华全国专利代理人协会制定的《中华全国专利代理人协会章程》《专利代理职业道德与执业纪律规范》和《专利代理服务指导标准（试行）》就是专利代理行业的自我检查和自我保护。2003 年，为了更好地做好行业自律工作，中华全国专利代理人协会第六次全国会员代表大会再次修改了《中华全国专利代理人协会章程》。专利代理行业已经进入了市场化、社会化的发展阶段。

其他各国的具体准入规定也在大同中有小异。美国是一个法制系统相对比较完备的国家之一，目前也是律师和专利代理人最多的国家。然而，即使在美国，律师和专利代理人的行业入门要求也是在几十年前才开始逐渐规范起来的。现在在美国要成为一个律师，一般需要通过精心设计的法学院入学考试（LSAT）和其他门槛进入竞争激烈的法学院，经历 3～4 年严格的法学院训练，通过律师资格考试（bar exam）和品行道德审查，有的州还有面试，合格后才能宣誓获得律师执照。然而，直到1940 年美国才在所有的州都要求成为律师需经过一些基本的法学教育培训。在 1860年以前，在当时 39 个州中，只有 9 个州规定律师要经过一些基本培训才能从业。著名的律师资格考试也是经过多年才逐渐形成今天这样的形式和规模。美国内战前，律师资格考试都是由法官口试进行，形式也非常不正规。例如林肯担任法官时就曾经在一间酒店客房内边洗澡边面试了一个律师考生。面试后，林肯写给考试委员会对该考生的评语只是一个有四句话的纸条，大意是："持此条的小伙子觉得他能当律师。你们想要，可以再考他一下。我已经考过了而且满意。他比外表看着要聪明多了。"据说，这个考试委员会没有再问任何问题就批准了这个名为 Jonathan Birch 的小伙子成了律师。❶

在美国要成为专利代理人虽然不必经过法学院这关，但要求必须具备理工科高等教育背景或同等学力，通过美国专利商标局举办的专利代理人考试、品行审查和公示。如美国专利代理人和专利律师在美国商标专利局登记注册的条件包括：①专利代理人和专利律师应具有理工科背景，并取得大学本科或同等学力。②专利代理人和专利律师必须通过联邦统一的专利从业资格考试（patent bar exam）。要成为专利代理人或专利律师，除了要考查专利事务的专业知识和处理问题的能力，还很注重考查考生的道德品质和社会声誉。有不少参加考试的律师甚至认为该考试的难度比律师资格考试（bar exam）要大很多。③对专利律师的特殊要求。除了上述条件①和②，专利律师还必须从国家认可的正规法学院校毕业、获得法学博士学历，并且通过任何一个州

---

❶ DEBORAH L. RHODE and DAVID LUBAN. Legal Ethics. 5th Ed. Foundation Press, 2009：933.

的律师资格考试和相应的职业道德考核、面试，在法院宣誓，取得律师的执业资格。此外，还要考查专利律师的执业经历，并由各州的律师协会提供该专利律师的司法实践证明。职业道德在准入的每一步都占很大的分量。❶ 在欧洲很多国家，具备专利代理人执业资格的人被称为专利律师（patent attorney）。在日本，专利代理人被称为"弁理士"（patent attorney），但因弁理士既能从事专利代理又能从事商标代理等其他知识产权代理业务，故日本的"弁理士"实际上应该是知识产权代理人或知识产权律师之意。日本通常需要通过弁理士考试才能获得弁理士资格，但是律师不经过弁理士考试也可以通过申请和注册成为弁理士。

很多国家，包括我国，也曾规定有若干年工作经验的国家知识产权局审查员可以不经过考试成为专利代理人。

（1）全国专利代理人资格考试的由来和沿革

自国务院1991年颁布《专利代理条例》到2011年年底，国家知识产权局已组织了13次面向社会的全国专利代理人资格考试。第一次是在1992年。截至2012年5月31日，全国共有14 496人获得专利代理人资格。专利代理人资格考试已逐渐成为最具知名度的国家职业准入考试之一。

但是专利代理人的准入制度并不是自1991年才开始建立。专利代理人的准入制度建立和发展是与我国专利制度的建立和发展几乎同步的。早在1984年，我国专利制度建立之初，根据《专利代理暂行规定》，由中国专利局、司法部和中国国际贸易促进委员会等有关部门和团体组成专利代理人考核委员会，对申请登记为专利代理人的人员进行考核，并对专利代理工作进行业务上的监督和指导。这就是专利代理人的准入制度的雏形，包括后来全国代理人资格考试的雏形以及职业道德和职业规范的培训和监督。

1986年6月10日，由原中国专利局、教育部、司法部等国家有关部委和专利代理机构代表组建成了专利代理人考核委员会。1986年下半年，专利代理人考核委员会对持有专利代理人工作证的人员从学历和实际从业情况两个方面进行了考核，并对考核通过的5 000余人换领了专利代理人证。当然，这还不是面向全国的考试。

在专利代理人考核委员会的组织领导下，1990年举行了专利代理行业内的全国统一考试，开创了我国以正式考试录取专利代理人的历史。1992年秋天，根据《专利代理条例》和《关于贯彻〈专利代理条例〉的几点意见》，中国专利局举行了第一次面向社会的全国专利代理人资格考试，考试内容包括"与专利有关的法律、法规"

---

❶　美国规定，必须同时具备专利代理人（patent agent）和律师（attorney at law）执业资格的人才能称自己为专利律师（patent attorney）。否则也是违反职业道德的行为。一个美国专利代理人（patent agent）只能从事以美国专利商标局为相对人的法律业务，如专利申请的提交，审查（prosecution）和复审（reexamination）等。只有律师才能在法院出庭。所以，在美国大多面向法院的与专利相关的业务，如侵权诉讼和专利无效，只能由专利律师来承担或由一般诉讼律师出庭，专利代理人在背后作专业和技术支持。

"专利申请文件的撰写""专利申请手续、审批程序及文献检索的基本知识"和"专利复审与无效"四个科目。共有 2 060 人报名参加，696 人通过考试，成为首批通过专利代理人资格考试获得专利代理人资格的人员。此后，全国专利代理人资格考试每两年举行一次，报名参加考试的人员逐年增加。全国专利代理人资格考试也成为专利代理人准入条件中最为大家熟知的一项。

进入 21 世纪后，随着我国科技、文化的不断进步，报名参加专利代理人资格考试的人数更是突飞猛进，全国专利代理人资格考试在社会上的社会影响不断扩大。为了适应时代的迫切需要，国家知识产权局先后对专利代理人资格考试制度进行了两次重大改革。第一次是 2006 年将两年一次改为一年一次；将原有的四门考试科目改为了三门（专利法律知识、相关法律知识和专利代理实务）；在考试后及时公布相关法律知识科目和专利法律知识科目的试卷和答案，广泛征求公众意见后确定最终的标准答案。

第二次是国家知识产权局在 2009 年公布了第二次改革的方案，允许考生在 3 年内分步通过各科考试，考试成绩的年度合格分数线按照"法律知识"和"专利代理实务"两部分分别确定。其中"法律知识"部分包括专利法律知识和相关法律知识两个科目。按照新的改革方案，如果考生的两部分成绩均达到当年的合格分数线，则一次通过考试；如果仅通过其中一个部分的合格分数线，可获得该部分的合格成绩单，合格成绩的记录自当年起 3 年内有效。考生可以在接下来的两年内完成不合格部分的补考。改革后的考试方式更充分体现专利代理人资格考试的特点，也有利于考试的准备和复习。

通过两次制度改革，专利代理人资格考试变得更加科学、规范、透明。吸引了越来越多的人员加入到考试中来，增加了专利代理人资格考试的影响力，提升了专利代理人在社会公众中的认知度。报名参加全国专利代理人资格考试的人员在 2009 年突破了 1 万人。2010 年达到了 11 851 人。2011 年报名获准参加考试的大陆考生有 13 854 人，比 2010 年增长 14.89%。❶ 2012 年的报考人数达到 16 780 人，同比增长 21.2%，创下全国专利代理人资格考试历年报考人数最多的新纪录。❷

另外，2008 年 8 月，国家知识产权局对《专利代理人资格考试实施办法》和《专利代理人资格考试考务规则》进行了修改，并于 2008 年 9 月 26 日颁布了《专利代理人资格考试违纪行为处理办法》。这些规章的修改和颁布，既保障了专利代理人资格考试的顺利进行，维护了专利代理人资格考试的公平、公正和科学性，也进一步完善了职业道德准入的监管和惩戒依据。

---

❶ 2011 年首次有台湾地区居民报名参加大陆的专利代理人资格考试。

❷ 数据来源为 SIPO 网络。参见 http：//www.sipo.gov.cn/mtjj/2011/201111/t20111107_628750.html 和 http：//www.sipo.gov.cn/mtjj/2012/201207/t20120725_729514.html。

（2）专利代理人资格考试考务组织严格规范

全国专利代理人资格考试关系到广大考生的切身利益和行业准入制度的落实，必须确保试题的严密性和考前保密性，确保判卷和录取工作的公平性和公正性。违反考试纪律的行为就是违反专利代理行业职业道德的行为。

为此，国家知识产权局在 2004 年颁布了《专利代理人资格考试保密规定》，确保考试的保密性。同时，国家知识产权局采取了多项措施严格规范考务组织管理工作。比如，在报名阶段，采用网上报名方便全国各地的考生报名，提高管理效率和水平；在命题组卷环节，与所有参加命题组卷的人员签订了保密协议或者保密义务承诺书，明确涉题人员所应承担的保密义务和保密责任；在试卷印制和运送环节，委托有保密资质的监狱承担试卷的印刷和运送工作，确保试卷的安全和保密；在考试阶段，组建巡考队伍分赴各考点监督指导地方知识产权局开展考试组织工作，保障考试的顺利进行；在阅卷环节，引入无纸化电脑阅卷方式，从技术上杜绝该阶段可能出现的不客观和不公正，并邀请保密部门和监察部门的人员全程参与和监督，组织专利代理人协会的代表参观、监督阅卷现场。

此外，国家知识产权局还通过网络、报纸等媒体，及时向考生和社会公众发布有关考试的信息和成绩，增加考录工作的透明度。正是由于上述有效措施的采用，在已经举行的 10 多次全国专利代理人资格考试中，没有出现任何违纪、泄密等情形，使全国专利代理人资格考试成为在全国有重要影响的专业资质准入类考试。20 多年的实践证明，专利代理人资格考试为我国的专利代理人队伍输送和提供了大量的人才，为专利代理行业的健康发展奠定了基础。专利代理人资格考试制度的不断改革和完善，使考试工作的公正性、科学性、透明度和规范化程度明显提高，取得了良好的预期效果，赢得了社会公众和专利代理行业的充分肯定与认可。专利代理人资格考试制度的不断完善也是专利代理人的准入制度能够顺利实施、不断完善和获得信誉的重要因素。

3 我国专利代理人准入制度的具体内容

3.1 我国专利代理人准入制度的现行准入条件

我国从 1991 年开始实施《专利代理条例》以来，对专利代理人的行业准入的管理已经作了明确规定，形成了一套行之有效的做法。专利代理人是指持有专利代理人资格证和专利代理人执业证"双证"的人员。相应地，专利代理人的准入制度也划分为资格的准入和执业的准入两个阶段。

现行《专利代理条例》中的关于专利代理人准入的相关规定如下：

"第十五条 拥护中华人民共和国宪法，并具备下列条件的中国公民，可以申请专利代理人资格：

（一）十八周岁以上，具有完全的民事行为能力；

（二）高等院校理工科专业毕业（或者具有同等学力），并掌握一门外语；

（三）熟悉专利法和有关的法律知识；

（四）从事过两年以上的科学技术工作或者法律工作。"

《专利代理管理办法》中的关于专利代理人准入的主要相关规定如下：

"第二十条　颁发专利代理人执业证应当符合下列条件：

（一）具有专利代理人资格；

（二）能够专职从事专利代理业务；

（三）不具有专利代理或专利审查经历的人员在专利代理机构中连续实习满1年，并参加上岗培训；

（四）由专利代理机构聘用；

（五）颁发时的年龄不超过70周岁；

（六）品行良好。

第二十一条　有下列情形之一的，不予颁发专利代理人执业证：

（一）不具有完全民事行为能力的；

（二）申请前在另一专利代理机构执业，尚未被该专利代理机构解聘并未办理专利代理人执业证注销手续的；

（三）领取专利代理执业证后不满1年又转换专利代理机构的；

（四）受到《专利代理惩戒规则（试行）》第五条规定的收回专利代理人执业证的惩戒不满3年的；

（五）受刑事处罚的（过失犯罪除外）。"

3.2　职业道德是准入的首要条件

我国自古就有德才兼备，以德为先的选才标准。有些说法一直流传至今，比如"有才无德，近于小人；有德无才，近于愚人；与其有才无德近于小人，不如有德无才近于愚人"。意思是有德无才的人可培养使用，但有才无德的人坚决不可使用。朱镕基在谈到为人与为学的关系时引用他大学时代老师的话说，"为学与为人，为人比为学重要。为学再好，为人不好，也可能成为害群之马"。❶

所以，职业道德在准入的审查层面犹如行业大门的第一道门槛。如前所述，专利代理行业作为一种公共服务行业，其准入条件不能只强调专业技术水平，而忽视职业道德。虽然在我国专利代理行业的执业主体是专利代理机构而不是专利代理人，专利代理行业准入对职业道德的要求归根结底是对人的素质的要求。职业道德缺失的专利代理人不单会对委托人的权益造成损害，还会引发社会公众对专业代理行业失去尊重

---

❶《朱镕基讲话实录》编辑组. 朱镕基讲话实录：第4卷［M］. 北京：人民出版社，2011：161.

和信任。

我国法律法规明确规定"品行良好"是一个专利代理人的准入条件之一。❶ "品行良好"在这里既包括良好的个人道德品质层面也包括具有良好的职业道德层面。如因故意犯罪受过刑事处罚的和曾被开除公职的人员因不符合品行良好这个准入条件，根本没有资格成为专利代理人。

品行良好还可以从国家公民的层面来理解。职业道德意识与公民道德意识紧密联系。在静态的理论层面，职业道德意识与公民道德意识本质上都是一种基于契约关系的道德意识，前者是后者不可分割的部分；在动态的现实层面，职业道德意识还可以成为公民道德意识实现的重要途径和载体。职业道德意识的缺失还会严重阻碍公民道德意识的发育和培养。所以，专利代理行业的准入在国家公民层面上也需要给予职业道德特别的关注。如前面所述，成为一个专利代理人还应当积极关注、参与扶贫济困、志愿服务。中华全国专利代理人协会于 2010 年 7 月 2 日通过的《专利代理职业道德与执业纪律规范》就明确规定专利代理人的职业道德包括"积极关注、参与社会公益事业"。

因此，专利代理人的选择审查标准只有做到德才兼备，以德为先，将职业道德作为行业准入的首要要求和第一道门槛，社会公众才会尊重信任这个专利代理人这个职业。专利代理人也才会对自己的职业有认同感、自豪感和荣誉感。

职业道德的内涵十分丰富，但其中最重要的和最基本的要求是诚信，它不仅是个人道德品质体现，也是我国在"品行良好"这项准入条件中的要求。此外，世界其他主要工业国家也都将诚信列为对律师和专利代理人职业准入条件里最重要的要求。请看下面两个美国案例。

【案例 4 - 1】

2005 年，甲从美国纽约州一个法学院毕业，顺利取得了法学博士学位。经过两个月的准备，成功通过了当年纽约州律师资格考试。然而，出乎很多人意料，面试后甲被通知不能批准其参加当年的新律师在法院的宣誓仪式。这意味着宣誓后颁发的律师执业证甲也没有资格领取了。原来，负责新律师准入的部门在调查甲的品行背景时发现，甲几年前曾经因为购买和持有毒品被警方拘留。但是，在申请律师执业的文件里，甲对此刑事记录却只字未提。负责面试的律师在面试时提及此事，甲在证据面前立刻承认没有填写的原因。原来，甲除那次事件没有其他任何刑事或犯罪记录。为当年的蠢事，甲一直后悔万分。但是经过几年法学院的苦读和残酷的律师资格考试，甲不想因为这点"小瑕疵"而不被批准执业，想凭侥幸过了这关。甲告诉面试律师，自己完全没有想要故意欺瞒，欺骗，只是不甘心因为一个小的刑事记录而几年辛苦白费。

---

❶　参见《专利代理管理办法》第 20 条。《专利代理条例》虽然在文字上没有明确，但从我国专利制度建立伊始，品行良好、具有职业道德在实践中一直是专利代理人不言自明的准入条件之一。

【分析】

诚信是律师和专利代理人职业道德中最重要的和最基本的要求。以上讲的例子是美国发生的真实故事。结局虽然令人感慨，因为甲从一般公众的角度并不是一个道德败坏的人，甚至还被很多人公认为品行良好。而且，很多人包括知名人士都有过类似买毒吸毒的经历。在一般人和行业里这也并不是什么大不了的事情。面试时，甲也能立刻承认错误。这个故事又一次告诉我们，诚信是职业道德的最底线，如果突破这个最底线，那么就失去了一个律师或专利代理人最起码的道德素质。所以，针对纽约州律师协会的上述处理，当事人和大众除了感叹，没有人认为不当。甲虽然几年辛苦白费，但是社会上还有很多其他选择，大多职业对诚信和品行的准入要求没有像律师或专利代理人行业这么严。

【案例 4 - 2】

2006 年，乙从美国纽约州一个法学院毕业，顺利取得了法学博士学位。经过两个月的准备，成功通过了当年纽约州律师资格考试。然而，他的心却七上八下，兴奋不起来。原来案例 4 - 1 中的甲的故事在 2006 年申请律师执业的考生早已传开。乙不但几年前也曾经因为购买和持有毒品被警方拘留，而且比甲还要严重。乙知道这种刑事记录也瞒不住，加上甲的教训，乙只能将事件如实填写在律师执业申请里。除了期望能有机会在面试时将此事解释清楚，并希望面试的律师能考虑他后来没有再犯同样错误和也没有其他任何刑事或犯罪记录，乙也做好了最坏的思想准备。大大出乎乙的意料，面试时，面试律师一上来就问乙上次度假在哪儿。得知是意大利后，两人聊了半小时的意大利，面试便"轻松"地结束了。乙的紧张心情直到出了面试的大门才放松，转忧为喜。

【分析】

以上讲的乙的故事同样是美国发生的真实故事。是什么让乙与甲看似同样的故事，却有不同的结局？答案是诚信。结局令人深思。其实，如上提到，在美国很多人包括知名人士和一些律师年轻时都干过类似买毒吸毒的蠢事。在社会上如果仅此而已也算不上什么大不了的事情。只要如实披露事实，即使是对诚信和品行的准入要求比较高的律师和专利代理人行业也不会以此为理由对该人关上大门。

诚信不仅是对美国律师的最基本要求，也是包括我国在内的世界上大多数国家对专业人员的最基本要求。所以，如果一个人在取得专利代理资格证前被发现有严重的品行问题，意味着此人通不过职业道德这道行业大门的第一道门槛。那么，为维护行业的纯洁和声誉，在准入审查阶段就会将此人拒绝在行业大门之外。

3.3 职业道德伴随专利代理人整个执业过程

职业道德与其他准入条件不同。比如年龄和学历是个客观事实。一个人在申请专利代理人资格时如果年龄超过 18 周岁并有理工科本科学历，这个客观事实永远不会再变动。再如，一个人通过全国专利代理人资格考试成为专利代理人后，一劳永逸，也是个客观事实。法律法规都没有规定用同样或类似的知识和方式再去不断地考核检验该代理人。从实际操作角度讲，也没有不断考试的必要。隐瞒虚报年龄、伪造学历和作弊通过考试不是客观事实的改变，而是诚信出了问题。这正是本节要讲的。

至少有三个原因要求职业道德区别于其他准入条件，在通过准入审查后还要如无形之絜矩伴随专利代理人整个执业过程。

第一，一个人可以通过专利代理人准入制度的审查，但这个人的品质和职业道德却不一定永远不变。这点不难理解。假如一个人在申请专利代理人资格时年龄超过18周岁、有理工科本科学历并通过全国专利代理人资格考试，如果不考虑弄虚作假的因素，不会发生日后执业过程中突然被发现年龄不够18周岁、没有理工科学历或没有通过代理人考试的情况。然而，一个人在日后被发现品行不如当年的事并不少见。

第二，对职业道德的考查，在从业的各个阶段是有变化的。比如前面所述，"品行"既包括个人道德品质层面也包括职业道德层面。在申请代理人考试和颁发资格证的过程中，刑事处罚记录、曾被开除公职、诚信、参与社会公益事业和掌握专业知识等都是可以考察的个人品行和职业道德的各种侧面。然而，像保守委托人秘密、尊重同行和避免利益冲突等职业道德的重要方面，通常几乎只能在实习和执业过程中考查。但这并不意味着职业道德的准入条件有入行前后之分，而是考查角度侧面不同。有些角度和侧面在一个时段内不易考查不等于准入标准的降低。职业道德作为准入条件和专利代理人今后执业所要遵守的职业道德是一致的。如果条件具备，准入审查时也会考查所有的方面。比如一个律师如果符合专利代理人的其他准入条件，但是在职业道德方面，此人在从事律师行业时屡屡因为泄露委托人秘密、诋毁同行并代理有利益冲突案件等问题而多次受到律师协会的处罚，这样的人不用等到执业后的监管阶段，在专利代理人准入的审查阶段就被拦在行业大门的门槛之外了。

第三，职业道德可以比作絜矩。然而，在所有的准入条件中，职业道德恰恰是唯一一个不能以时间、分数或证书等来量化或权威化的准入条件。这就注定职业道德的审查也没有量或权威的标准，主观成分居多。如诚信或个人道德品质就不像身高、年龄、体重或分数等有一个数值或像学历证书等有一个权威证书可以参考、相对容易判断。所以，对一个人的诚信或个人道德品质的审查往往只能基于表面的现象或信息作出判断。只有依靠日后的考查才有可能发现隐藏的假象或验证以前的判断。

显然，基于以上三点，职业道德不能只依靠在专利代理人入行时的准入审查，还需要在执业后依靠准入的监管层面来考查此人是否仍然一直符合职业道德的准入条件。只有这样，才能将职业道德是行业准入第一道门槛的这句话落到实处。

现行《专利代理条例》规定：

"第二十五条　专利代理人有下列行为之一，情节轻微的，由其所在的专利代理机构给予批评教育。情节严重的，可以由其所在的专利代理机构解除聘任关系，并收回其专利代理人工作证；由省、自治区、直辖市专利管理机关给予警告或者由中国专利局给予吊销专利代理人资格证书处罚：

（一）不履行职责或者不称职以致损害委托人利益的；

（二）泄露或者剽窃委托人的发明创造内容的；

（三）超越代理权限，损害委托人利益的；

（四）私自接受委托，承办专利代理业务，收取费用的。

前款行为，给委托人造成经济损失的，专利代理机构承担经济赔偿责任后，可以按一定比例向该专利代理人追偿。"

现行《专利代理惩戒规则（试行）》规定：

"第五条　对专利代理人的惩戒分为：

（一）警告；

（二）通报批评；

（三）收回专利代理人执业证书；

（四）吊销专利代理人资格。

"第七条　专利代理人有下列情形之一的，应当责令其改正，并给予本规则第五条规定的惩戒：

（一）同时在两个以上专利代理机构执业的；

（二）诋毁其他专利代理人、专利代理机构的，或者以不正当方式损害其利益的；

（三）私自接受委托、私自向委托人收取费用、收受委托人财物、利用提供专利代理服务的便利牟取当事人争议的权益、或者接受对方当事人财物的；

（四）妨碍、阻扰对方当事人合法取得证据的；

（五）干扰专利审查工作或者专利行政执法工作的正常进行的；

（六）专利行政部门的工作人员退休、离职后从事专利代理业务，对本人审查、处理过的专利申请案件或专利案件进行代理的；

（七）泄露委托人的商业秘密或者个人隐私的；

（八）因过错给当事人造成重大损失的；

（九）从事其他违法业务活动的。

"第八条　有下列情形之一的，应当给予直接责任人本规则第五条第（三）项或者第（四）项规定的惩戒，可以同时给予其所在专利代理机构本规则第四条第（三）项或者第（四）项规定的惩戒：

（一）违反专利法第十九条的规定，泄露委托人发明创造的内容的；

（二）剽窃委托人的发明创造的；

（三）向专利行政部门的工作人员行贿的，或者指使、诱导当事人行贿的；

（四）提供虚假证据、隐瞒重要事实的，或者指使、引诱他人提供虚假证据、隐瞒重要事实的；

（五）受刑事处罚的（过失犯罪除外）；

（六）从事其他违法业务活动后果严重的。

"第九条　具有专利代理人资格、但没有取得专利代理人执业证书的人员为牟取经济利益而接受专利代理委托，从事专利代理业务的，应当责令其停止非法执业活动，并记录在案。有本规则第七条、第八条所列行为的，应当给予警告、通报批评、吊销专利代理人资格的惩戒。"

下面从专利代理人准入制度的两个阶段——资格的准入和执业的准入，结合案例来具体讲述准入制度的监管层面。

3.4　专利代理人资格的准入——资格证的获得与撤销

专利代理行业同其他公共服务领域的行业一样，行业准入的条件中不仅要求专业技术水平，更强调职业道德和专业精神。在我国，凡是拥护中华人民共和国宪法，并符合品行、学历（包括外语水平）、专利法和相关法律知识的掌握（主要通过专利代理人资格考试来衡量）、年龄和工作经历等方面要求的中国公民，均可申请国家知识产权局颁发专利代理人资格证。除"品行"一项直接与道德水平挂钩，其他各项要求也与职业道德密切相关。比如，隐瞒虚报年龄、伪造学历和作弊通过考试都是触到了诚信这个品行和职业道德的最底线。

下面结合案例就专利代理人资格证的获得与撤销的几个主要情形介绍对专利代理人资格准入层面的监管。

（1）道德品行

针对采用弄虚作假手段报名参加考试或在考试中有严重作弊行为，但在审核或者考试过程中未被发现，而在事后被查证属实的情形，根据《行政许可法》的规定，可以采取撤销资格证的处理措施。❶

【案例4-3】

云南25岁女性丙报名参加2006年全国代理人资格考试时，提交了云南广播电视大学2001届大专毕业证书，获得了参加考试的资格并通过考试。2009年，国家知识产权局收到举报，称丙在2006年专利代理人考试报名过程提交的上述毕业证书系伪造所得。

经国家知识产权局核实，丙不是云南广播电视大学2001届大专毕业生，其提交的上述毕业证书系他人毕业证书。据此，国家知识产权局认定丙在参加2006年专利

---

❶　现行的《专利代理条例》对以欺骗等不正当手段报名参加全国专利代理人资格考试的和在全国专利代理人资格考试中有严重作弊行为还没有明确的处罚规定。目前只有根据《行政许可法》来撤销已获得的专利代理人资格。将来希望通过立法，对已获得专利代理人资格证的人员如发现有违反准入条件的，由国家知识产权局撤销其专利代理人资格证。特别是发现有以欺骗等不正当手段报名参加全国专利代理人资格考试的和在全国专利代理人资格考试中有严重作弊行为的。如果省、自治区、直辖市的专利部门发现已获得专利代理人资格证的人员具有上述情形之一的，可提请国家知识产权局撤销其专利代理人资格证。

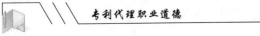

代理人考试时不具备大专以上理工科学历，不符合《专利代理条例》第 15 条规定的专利代理人资格条件。同时，国家知识产权局认定丙是通过提交虚假的毕业证书报名参加考试并获得专利代理人资格证书，属于以欺骗、贿赂等不正当手段取得行政许可的情形。国家知识产权局依据《行政许可法》第 69 条第 2 款对丙作出了撤销其专利代理人资格证书，收回其专利代理人执业证的行政处罚决定。

【分析】

《行政许可法》第 69 条第 1 款第（4）项规定，"对不具备申请资格或者不符合法定条件的申请人准予行政许可的"，可以撤销行政许可，第（5）项规定"被许可人以欺骗、贿赂等不正当手段取得行政许可的"，应当予以撤销行政许可。

由案例描述可以看出，国家知识产权局认定丙在参加 2006 年专利代理人考试时不具备大专以上理工科学历，违反了有关学历的准入条件。根据《行政许可法》第 69 条第 1 款第（4）项规定，"对不具备申请资格……的申请人准予行政许可的"情形，"根据利害关系人的请求或者依据职权，作出行政许可决定的行政机关或者其上级行政机关可以撤销行政许可"。可见，如果不是因为欺骗或弄虚作假这样涉及诚信和品行的问题，国家知识产权局针对丙的具体情况，根据《行政许可法》第 69 条第 1 款第（4）项规定，可以依据职权，撤销丙的专利代理人资格证书，收回其专利代理人执业证；也可以依据职权，不撤销丙的专利代理人资格证书，或不收回其专利代理人执业证。

然而，国家知识产权局还认定丙是通过提交虚假的毕业证书报名参加考试并获得专利代理人资格证书，属于以欺骗、贿赂等不正当手段取得专利代理人资格证书。根据《行政许可法》第 69 条第 2 款规定，"被许可人以欺骗、贿赂等不正当手段取得行政许可的，应当予以撤销"。

可见，法律对伪造证件、证明等采用弄虚作假和欺骗手段，违反准入许可中对品行和职业道德的要求而获得的资格处罚更加严厉。此案例再次说明诚信是职业道德中最重要的和最基本，也是最底线的要求。国家知识产权局认定丙靠弄虚作假和欺骗获取资格而严厉处罚，也显示了国家知识产权局对弄虚作假的零容忍和"专利代理队伍中，谁不讲诚信，我们就砸谁的饭碗"❶ 的决心。

【案例 4-4】

根据举报，经国家知识产权局查明，丁作为 C 专利商标代理有限公司的专利代理人及其某分公司的负责人，在 2005～2007 年从事代理专利申请业务期间，存在多次以冒用有关机构名义的方式或者以编造实际上并不存在的机构的方式出具虚假证明，办理专利申请费用减缓手续的行为。

---

❶ 专利代理乱象多 相关条例难适用［EB/OL］.［2009－07－22］. http：//www.legaldaily.com.cn/fgoj/content/2009－07/23/content_1127202.htm.

以上违法事实的证明材料包括多份专利申请的费用减缓请求书及费用减缓证明等相关文件、某镇政府机关出具的证明、丁出具的"关于在为企业代理专利申请中提供假减缓证明的情况汇报""悔过书"、广东省某市知识产权局出具的证明等。

丁在申辩意见中主张虚假证明系其公司业务代表出具，其本人没有直接提供虚假减缓证明，只是作为分公司的负责人负有监管不到位的责任；此外，丁还认为省知识产权局已经对其进行了行政处罚。但丁均未能提供任何证据予以证明，因此，国家知识产权局认为上述申辩不能成为取消或减轻其处罚的理由。

国家知识产权局依据《专利代理条例》和《专利代理惩戒规则（试行）》的有关规定，对丁在 C 专利商标代理有限公司从事专利代理业务期间，以出具虚假证明的方式办理专利申请费用减缓手续一案进行了调查、审理，并依法告知当事人拟作出的惩戒决定内容，作出该惩戒决定的事实、理由、依据，以及当事人依法享有的要求举证听证或者申辩的权利。在规定期限内，丁没有要求举行听证，但是提交了书面申辩书，国家知识产权局对当事人的申辩意见进行了研究。

根据《专利代理条例》第 25 条以及《专利代理惩戒规则（试行）》第 5 条、第 8 条的规定，专利代理人提供虚假证明的，应当给予收回专利代理人执业证书或者吊销专利代理人资格的惩戒。丁的上述提供虚假证明的行为属于应当给予惩戒的情形，并且多次重复提供虚假证明，情节严重，性质恶劣，造成了极为不良的社会影响。据此，国家知识产权局专利代理惩戒委员会决定吊销国家知识产权局授予丁的专利代理人资格证书。

【分析】

这又是一个涉及专利代理人诚信的职业道德问题。国家知识产权局在"收回专利代理人执业证书"或者"吊销专利代理人资格"之间，选择了更为严厉的后者。再次表明诚信是职业道德中最重要的和最基本，也是最底线的要求和国家知识产权局维护行业与职业道德相关的准入标准的决心。

（2）理工学历和外语

根据《专利代理条例》第 15 条的规定，对于专利代理人要求高等院校理工科专业毕业（或者具有同等学力），世界上大多国家都是如此。[注] 这是由专利事务的特殊性决定的。每一项欲申请专利的发明创造都包含一定的技术方案，专利代理人或专利律师能否正确理解专利的内容是能否顺利申请和获得专利的关键。另外，专利代理工作尤其是专利申请文件的撰写是对发明创造的二次加工，对专利代理人的专业技术水

　　● 近年随着国外商业方法专利的出现，美国曾有人提议，应当准许有商业或管理本科学历的人参加专利代理人考试。这种提议有多大可能最终成为现实尚不得知。事实上，商业方法专利这两年已不如以前时髦和容易获得，特别是在美国最高法院 Bilski 案判决之后。即使允许文科如商业或管理本科以上学历的人参加专利代理人考试，这样背景的从业者读懂并代理科技如机电、化工和生物医药领域的专利申请与理工科出身的专利代理人还是会有差距。

平要求也较高。特别是随着信息技术、生物技术等现代高科技的发展，不具备高等院校理工科专业毕业学历（或者具有同等学力）很难满足委托人对专利代理人的专业技术水平的要求。在生物技术和制药等领域，专利代理人经常需要具有相应的化学、生物或药学领域的博士学位才能满足委托人的要求。专利代理人资格的学历准入条件只是规定了一个最低门槛。❶

【案例4-5】

假如针对案例4-3的情况稍加改动，云南25岁女性戊报名参加2006年全国代理人资格考试时，提交了云南广电大学2001届大专毕业证书，获得了参加考试的资格并通过考试。2009年，国家知识产权局收到举报，称戊毕业的云南广电大学是有人非法冒充云南广播电视大学成立的民办无照经营企业。

经调查核实，戊确系云南广电大学2001届大专毕业生，其提交的上述毕业证书非法无效。但戊对该校的非法资格并不知情。并且戊在2005~2007年期间又在云南大学通信专业毕业获得理科硕士。因此，戊在参加2006年专利代理人考试时不具备大专以上理工科学历，不符合《专利代理条例》第15条规定的专利代理人资格条件。但考虑到戊对云南广播电视大学的非法资格并不知情，并且戊之后已取得正规大学理科硕士学位，其通过专利代理人资格考试，无其他不符合准入要求的问题，根据《行政许可法》第69条第1款第（4）项规定，国家知识产权局可以依据职权，决定不撤销戊的专利代理人资格证书，不收回其专利代理人执业证。

【分析】

本案例是对案例4-3的改编。虽为杜撰，但意图向读者讲述一个不涉及诚信、品行或职业道德，但违反专利代理人其他准入条件（此处为学历）的例子。可以看出，由于此案例中审查出现的问题的准入条件不涉及诚信、品行或职业道德，而是一个错误的以证书形式来权威化的准入条件。这种错误往往可以通过正确的准入条件来纠正。

"掌握一门外语"也是作为专利代理人必备的一门技能。专利代理工作中必须要接触大量外语文献。另外，随着我国经济的迅猛发展和转型，专利申请和诉讼等事务量不断攀升。不论是处理国外进中国的案子，还是帮助中国公司走出国门，与国外同行或客户的顺畅沟通也需要较好的外语水平。对外语的要求可以说也是一个竞争优势因素。当然，经过30年的发展，掌握一门外语应该是每一个理工科大学毕业生都具备的技能。

---

❶ 直到前几年，最低门槛是专科学历。但这个门槛已不能适应时代的需要。从近几年参加考试的情况看，专科学历人员报考人数较少，通过率远远低于总体通过率。例如，2010年和2009年，专科参考人员通过率分别为5.7%和2.5%，而当年总体通过率为11.6%和7.8%。从执业人员的情况看，截至2010年4月11日，全国6 738名执业代理人中，专科学历人员仅有726人，占10.8%。此外，随着1999年我国高等学校实行扩招政策以后，我国高等教育日益普及，学历普遍提高。为了提高律师队伍的总体水平，2001年全国人大常委会专门出台《律师法》修正案，将报考律师资格的学历要求从专科提到本科。从国外看，许多国家均明确在专利法中要求专利代理人必须具有大学学历。

（3）专利代理人资格考试

专利代理人资格考试制度是以科学的方式选拔人才、储备力量、扩大专利代理人队伍的途径。对于加快我国专利代理人才队伍建设，促进专利代理行业健康发展，确保专利代理人能够为社会公众提供专业化服务发挥着重要的作用，是专利代理制度不可或缺的组成部分。

【案例 4-6】

云南 25 岁女性甲参加 2006 年全国专利代理人资格考试，通过考试取得代理人资格并执业。云南女性乙参加 2009 年全国专利代理人资格考试并通过。2010 年，国家知识产权局收到举报，称乙在 2009 年全国代理人资格考试中由他人代考。❶

经调查发现，代替乙参加 2009 年的全国专利代理人资格考试的系甲。两人系大学同学。乙和甲在证据面前也承认了自己的所为。因此，乙的行为属于由国家知识产权局制定、自 2008 年 11 月 1 日起施行的《专利代理人资格考试违纪行为处理办法》（以下简称《违纪处理办法》）第 8 条第 1 款中"由他人冒名代替"的情形，甲的行为属于《违纪处理办法》同款中"代替他人参加考试"的情形。

根据《违纪处理办法》第 8 条第 1 款的规定："应试人员有下列情形之一，由国家知识产权局决定给予其当年考试成绩无效、三年不得报名参加专利代理人资格考试的处理。"国家知识产权局有权决定乙 2009 年的全国代理人资格考试成绩无效，2010~2012 年不得报名参加专利代理人资格考试。由于乙没有通过专利代理人资格考试，国家知识产权局同时可以认定乙不符合《专利代理条例》第 15 条规定的"熟悉专利法和有关的法律知识"这项专利代理人资格的条件。据此，国家知识产权局可以决定驳回乙 2009 年提交的专利代理人资格申请。❷

针对甲的行为，国家知识产权局可以根据《违纪处理办法》第 8 条第 1 款的规定，认定甲虽然 2009 年实际参加并通过考试，但是由于其为"代替他人参加考试"，所以 2009 年甲参加并通过的考试"成绩无效"，并且 2010~2012 年不得报名参加专利代理人资格考试。

【分析】

如前面所述，除"品行"一项直接与道德水平挂钩，专利代理人其他各项准入要求也与职业道德密切相关。违反专利代理人资格考试规定和纪律的任何做法都是品行不良、违反职业道德的表现。

本案例中，乙的行为涉及诚信缺失，被取消考试成绩。因而不符合品行良好和通

---

❶　如前面所述，在已经举行的 10 多次全国专利代理人资格考试中，没有出现任何违纪、泄密等情形，使全国专利代理人资格考试成为了在全国有重要影响的专业资质考试。此案例纯为杜撰，目的是帮助考生更好地理解职业道德作为准入条件在此处的体现。

❷　虽然乙试图以欺骗的不正当手段取得代理人资格，鉴于案发时其代理人资格尚未获得，不必再根据《行政许可法》第 69 条第 2 款规定撤销其资格。

过专利代理人考试这两项准入条件，不能成为专利代理人。

甲 2009 年代考并通过的考试固然"成绩无效"。至于甲 2006 年的代理人考试，由于《违纪处理办法》对应试人员"代替他人参加考试"的情形只是给予其当年考试成绩无效，并不溯及该应试人员往年考试成绩。另外，《违纪处理办法》第 9 条规定："通过提供虚假证明材料或者以其他违法手段获得准考证并参加考试的，由国家知识产权局决定给予其当年考试成绩无效的处理；已经取得专利代理人资格证的，由国家知识产权局给予确认资格证无效的处理。"由于没有证据显示甲在 2006 年全国代理人资格考试中有任何违纪或弄虚作假的行为，故根据《违纪处理办法》不能给予甲 2006 年考试成绩或资格证无效的处理。

但是甲作为"枪手"代替他人考试已严重违反专利代理人资格考试的规定和纪律，应属于品行不良、违反职业道德的表现。但是，没有证据显示甲现有的专利代理资格证的取得是属于《行政许可法》第 69 条规定的情形，如"不具备申请资格"或"以欺骗、贿赂等不正当手段"取得取得专利代理资格证。故不能像案例 4 - 3 中对丙的处理那样，依据《行政许可法》第 69 条对甲作出了撤销其专利代理人资格证书，收回其专利代理人执业证的行政处罚决定。

甲代考的行为也不属于《专利代理惩戒规则》第 7 条规定应给予惩罚的情形。

当然，甲代考的行为严重违反专利代理人资格考试的规定和纪律，属于品行不良、违反职业道德的表现，不会不处罚。其明显违反了《专利代理职业道德与执业纪律规范》中"专利代理人应当遵守法律、法规和部门规章"和"专利代理人应当注重职业道德修养"等规定，中华全国专利代理人协会可以依据《专利代理职业道德与执业纪律规范》对甲"视情节给予相应处分，并将违规行为记入专利代理机构和专利代理人的诚信档案系统"，包括"劝戒或警告的处分"和"取消其会员资格并收回专利代理人执业证的处分，同时提请国务院专利行政部门给予相应处罚，直至吊销其执业资格"。

（4）工作经历

"从事过两年以上的科学技术工作或者法律工作"与对外语的要求一样，也颇具专利代理的行业特色。与外语一样，科技或法律工作既是从事行业所需，也是个市场竞争的优势因素。一般来讲，有过科技或法律工作经验的人，能够更好、更准确地理解相关技术领域的发明，更好地与发明人沟通，有时还能够为发明提供新的思路，也能在提供法律咨询、尽职调查、法律意见和诉讼方面具有更多优势。

由于工作或实习经验已经是颁发专利代理人执业证书的一个条件，继续将两年以上的科学技术工作或者法律工作的条件继续作为专利代理人的资格门槛已无必要。为吸引更多优秀人才加入到专利代理行业，现在对报名参加专利代理人资格考试人员的条件中，"从事过两年以上的科学技术工作或者法律工作"在实践中已经不再要求。

（5）合法代理

《专利代理惩戒规则（试行）》第9条规定："具有专利代理人资格、但没有取得专利代理人执业证书的人员为牟取经济利益而接受专利代理委托，从事专利代理业务的，应当责令其停止非法执业活动，并记录在案。有本规则第七条、第八条所列行为的，应当给予警告、通报批评、吊销专利代理人资格的惩戒。"

如果取得专利代理人资格后，但尚未取得专利代理人执业证书的人员为获得经济利益而接受专利代理委托，从事专利代理业务的，应当责令其停止非法执业活动，并记录在案。如果还有《专利代理惩戒规则（试行）》第7条、第8条所列行为的，应当给予警告、通报批评、直至吊销专利代理人资格的惩戒。

3.5 专利代理人执业的准入——执业证的获得和撤销

依据《专利代理条例》和《专利代理管理办法》，品行良好，具有专利代理人资格证，能够专职从事专利代理业务，不具有专利代理或专利审查经历的人员在专利代理机构中连续实习满1年，并参加上岗培训，由专利代理机构聘用，并且颁发时年龄不超过70周岁的个人可以申请颁发专利代理人执业证。同专利代理人资格的准入要求一样，在执业的准入要求中，除了"品行"一项直接与道德水平挂钩外，其他各项要求也与职业道德密切相关。

一个人取得专利代理人资格证后又符合前述各项获得执业证的准入条件，但如果有下列情形之一的，根据《专利代理条例》和《专利代理管理办法》仍然不予颁发专利代理人执业证：①不具有完全民事行为能力的；②申请前在另一专利代理机构执业，尚未被该专利代理机构解聘并未办理专利代理人执业证注销手续的；③领取专利代理执业证后不满1年又转换专利代理机构的；④受到《专利代理惩戒规则（试行）》第5条规定的收回专利代理人执业证的惩戒不满3年的；⑤受刑事处罚的（过失犯罪除外）；⑥被开除公职的；⑦依照有关法律、行政法规的规定不得从事专利代理业务的。所以，上述这七种情形的相反情形也可视为准入条件：①具有完全民事行为能力；②若申请前在另一专利代理机构执业，应已被该专利代理机构解聘并办理了专利代理人执业证注销手续；③不属于领取专利代理执业证后不满1年又转换专利代理机构的情形；④不属于受到《专利代理惩戒规则（试行）》第5条规定的收回专利代理人执业证的惩戒不满3年的情形；⑤没有受过刑事处罚的（过失犯罪除外）；⑥没有被开除过公职的；⑦不属于依照有关法律、行政法规的规定不得从事专利代理业务的。

下面结合案例就专利代理人执业证的获得与撤销的几个主要情形介绍对专利代理人执业准入层面的监管。

（1）道德品行

案例4-3就是一个很典型的例子。云南25岁女性丙因为报名参加全国专利代理人资格考试时弄虚作假,提交伪造的假学历。这是严重的道德品行问题。所以,即使她参加并通过考试、获得专利代理人资格证书和专利代理人执业证之后,国家知识产权局仍然可以依法撤销其专利代理人执业证,甚至资格证书。

(2)专职从事专利代理业务

【案例4-7】

B专利事务所2001年在成立时出据的3名专利代理人与原单位脱钩的材料与2003年所在单位和市局人才交流中心出据的证明材料前后矛盾。经调查,直到2004年在B专利事务所从事专利代理业务的该3名代理人员仍未能与原单位解除劳动关系,属于兼职专利代理人员,不属于专职专利代理人员,因而不符合专利代理管理办法中的有关规定。在调查中还得知,由于该市的石油企业多,科技人员比较集中,技术创新能力强,专利申请量在全区15个地州市中排第4位,因此,当地有关部门认为设立专利代理机构十分必要。而且由于当时正值专利代理机构脱钩改制期间,有关部门及B专利事务所工作人员对相关法规学习不够,造成当地有关部门出据了有关于事实不符的材料。

该地专利代理惩戒委员会认为,虽然有种种原因,但B专利事务所仍属于虚报材料。因而违反《专利代理惩戒规则(试行)》的相关规定,应当给予惩戒处理。

鉴于某市和周边地区只有B专利事务所一个专利代理机构,专利代理撤销后,对已办理的专利代理项目和后续工作移交,而且可能直接影响到某市和周边地区专利工作等现实情况,该地知识产权局同意专利代理惩戒委员会的意见,决定B专利事务所停止承接新代理业务6个月并在停业期间,妥善处理好专利代理业务的清理和移交等事宜,以保持专利代理业务的连续性。

【分析】

对聘用不能专职从事专利代理业务的专利代理人,B专利事务所有其客观理由。但该地专利代理惩戒委员会仍然认为,B专利事务所的行为属于虚报材料,违反了职业道德。对B专利事务所进行了惩戒处理。

"能够专职从事专利代理业务"是颁发专利代理执业证的一个准入条件。案例中未提到3个兼职专利代理人员是不是有执业证的专利代理人。如果不是,那么,在不能专职从事代理工作前,不能向他们颁发执业证。如果是已有执业证的专利代理人,同时还在原来的代理机构兼职,则属于《专利代理惩戒规则(试行)》第7条第(1)项"同时在两个以上专利代理机构执业的"情形。应当责令该3名代理人改正,并给予《专利代理惩戒规则(试行)》第5条规定的惩戒。

(3)在专利代理机构中连续实习满1年并参加上岗培训

不具有专利代理或专利审查经历的人员,从获得资格证到实习满1年期间的职业道德表现也是获得执业证的准入条件之一。

另外,《专利代理惩戒规则(试行)》第7条所列情形:诋毁其他专利代理人、专利代理机构，或者以不正当方式损害其利益的；私自接受委托、私自向委托人收取费用、收受委托人财物、利用提供专利代理服务的便利牟取当事人争议的权益或者接受对方当事人财物；妨碍、阻扰对方当事人合法取得证据；干扰专利审查工作或者专利行政执法工作的正常进行；泄露委托人的商业秘密或者个人隐私；因过错给当事人造成重大损失；从事其他违法业务活动等也是实习期间的考察对象。实习期间，专利代理资格证获得者还应遵守《专利代理职业道德与执业纪律规范》的各项规定，如保守在执业活动中知悉的委托人的技术、商业秘密和委托人不愿泄露的其他信息，不得以泄露、剽窃或利用这些秘密和信息的方式损害委托人的合法权益；注重职业道德修养，诚信履约、勤勉自律，保证自己的行为无损于专利代理行业声誉；敬业勤业，努力学习和掌握执业所应具备的各种专业知识和技能，自觉培养科学、严谨的工作作风；同业互敬、互勉互助，共同提高执业水平，积极关注、参与社会公益事业，为国家经济发展和自主创新作出贡献。

第 2 节　专利代理行业准入对专利代理机构的要求

　　针对执业活动直接面向社会公众，提供既涉及技术又涉及法律的专业服务的行业特点，专利代理行业不但有必要设立准入条件，更应当强调职业道德在准入和执业中的重要性。虽然在我国实践中专利代理的执业主体是专利代理机构，对一个机构而言，职业道德的要求归根结底是要落实到对人的素质的要求。所以，专利代理行业准入对职业道德的要求体现在每个加入该代理机构工作的人员都要具备良好的职业道德。当然，对专利代理人和专利代理机构股东及合伙人的职业道德要求比其他工作人员要高。同时，作为一个机构，专利代理机构还应当遵守相关的法律法规和行业规范，特别是与职业道德有关的规范。

　　【案例 4－8】

　　某省 A 专利事务所流程部员工甲在 2007～2010 年期间，擅自修改、删除计算机流程管理信息，故意藏匿、销毁国家知识产权局发给该所的法律手续通知书，并涉嫌采用诈骗手段侵占公司财产，其行为后果给当事人造成很大损失。甲的上述行为已涉嫌构成刑事犯罪，经法院审理判决，判处甲破坏计算机信息罪和诈骗罪有期徒刑 5 年。

　　某省知识产权局认为该事件的发生，暴露出该 A 专利事务所内部管理制度的制定与完善、执行与落实、监督与检查、员工的职业道德教育，以及执业风险控制等方面存在问题和漏洞。该专利事务所特别是合伙人团队在该事件中负有不可推卸的责任。事件发生后，A 专利事务所及时向上级有关主管部门进行了汇报，在所内全面开展内部管理整顿，进行自查自纠，加强内部管理，同时采取相应措施对造成的后果进行弥补，将损失和影响减到最小。

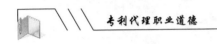

某省专利代理惩戒委员会根据《专利代理惩戒规则（试行）》第4条、第6条、第10条的相关规定给予A专利事务所通报批评的惩戒。

【分析】

本案例用实际发生的事件说明，虽然对专利代理人和专利代理机构的发起人、股东及合伙人的职业道德要求比其他工作人员要高，职业道德作为专利代理行业准入条件是对一个代理机构每个工作的人员的要求。不只如此，一个专利代理机构的合伙人和股东的职业道德还包括对员工进行职业道德的教育、培训和监督。❶

1 专利代理机构准入制度的必要性

1.1 国家战略和国情的需求

专利代理机构是以专利代理人为基础、以专利代理人的技术和法律特长提供服务的人合机构。与律师、注册会计师相似，不同于其他以资本为基础设立的机构或者公司，在对外承担法律责任时，机构是承担法律责任的主体。如上所述，根据我国的具体国情和所处的发展阶段，我国律师行业、注册会计师行业和专利代理行业都采取了执业主体是中介服务机构，而不是取得资质的人员的制度。这是我国与西方主要工业国家相应制度之间的主要区别点。正因为如此，有关法律、法规作出了对律师事务所、注册会计师事务所、专利代理机构的设立准入制度和进行行政审批的有关规定。在我国社会主义市场经济体制、社会诚信体系、法制环境和相关行业组织等各方面均处于发展和完善的现阶段，对专利代理机构设立准入制度和行政许可事项，是维护专利代理服务市场公平有序竞争的需要，是保障广大申请人和公众合法权益的需要，是保障专利制度正常运转的需要，是维护国家经济安全、全面实施国家知识产权战略、增强自主创新能力和建设创新型国家的需要。

另外，专利代理是一个有大量涉外业务的行业。美国、日本等西方发达国家在其相关法律中都对专利代理机构的设立进行了严格的准入规定，并且绝大多数的国家都禁止国外的专利代理机构进入其国内从事专利代理业务。专利代理机构掌握委托人的技术秘密甚至部分国家秘密，在专利代理机构设立的环节上进行准入的控制和把关，对其经营和运行加强监管和检查，就能够防范外国专利代理机构非法在我国开展业务，维护我国的主权和利益，维护国家的经济安全。

对专利代理机构设立准入制度和行政审批，可以从整体上对申请人的利益进行保护，特别是对于涉及国防利益、国家安全或者重大利益需要保密的专利申请，通过行

---

❶ 目前与专利相关的法律法规如《专利法》和《专利代理条例》对专利代理人违法执业或者因过错给委托人造成损失的情形，尚无明确规定该损失由其所在的专利代理机构依法承担赔偿责任。对流程人员等重要辅助人员造成的损失也无相关规定。受损失一方当可通过民事诉讼求偿。当然，如果专利代理机构被判赔偿，根据现有法律，可以向有故意或者重大过失的专利代理人或工作人员追偿。

政审批设立的专利代理机构可以更好地在申请审批过程中确保信息的安全，维护我国的政治安全、经济安全、国防安全和科技安全。

1.2　法律法规的规定

1.2.1　《专利法》的相关规定

我国《专利法》第 3 条的规定，国务院专利行政部门负责管理全国的专利工作；省、自治区、直辖市人民政府管理专利工作的部门负责本行政区域内的专利管理工作。专利代理机构的审批属于专利管理工作内容之一，也应当遵循这一原则，充分发挥国家知识产权局和省级知识产权部门的作用。

专利代理执业活动的相对方主要是国家知识产权局。因此，从各国的立法和实践看，无论是专利代理人还是专利代理机构执业资格的审批或者注册，均是统一由专利局或者知识产权局行使。

1.2.2　《行政许可法》的相关规定

上面已经提到，专利代理执业活动的相对方主要是国家知识产权局。国家知识产权局是行政主体，专利代理机构是行政相对人。而成为行政相对人必须由行政法律规范作出特别的规定；行政相对人的存在是基于行政法律规范规定的某种资格。作为行政主体的相对方参与行政法律关系必须具备一定的资格。只有符合相关行政法律规范资格规定的公民、法人和其他组织才能成为行政相对人，在此基础上行政主体才能针对性地作出相应的行政行为。从各国的立法和实践看，专利代理机构执业资格的审批或者注册，均是统一由专利局或者知识产权局行使。

为维护专利申请人和专利权人的利益，规范专利代理行为，促进专利代理行业健康发展，除了上面讲到对专利代理人资质设立准入制度和行政许可，还需要对专利代理机构设立准入制度和行政许可。《行政许可法》第 12 条第 1 款第（3）项规定，"提供公共服务且直接关系公共利益的职业、行业，需要确定具备特殊信誉、特殊条件或者特殊技能等资格、资质的事项"可以设定行政许可。

另外，设立专利代理机构的准入制度也是防止"黑代理"的需要。"黑代理"是指未经许可从事专利代理业务的行为。近几年来，随着我国专利代理行业的不断发展，一些未取得专利代理机构许可证或者专利代理人执业证的机构或人员，以专利代理机构或者专利代理人的名义开展专利代理业务，或者为经营目的从事代理申请专利、请求宣告专利权无效等业务，谋取非法利益，不仅扰乱专利代理行业正常秩序和健康发展，而且严重危害了申请人或者委托人的利益。对"黑代理"行为设定行政处罚，符合《行政许可法》和《行政处罚法》的规定。《行政许可法》第 81 条规定："公民、法人或者其他组织未经行政许可，擅自从事依法应当取得行政许可的活动的，行政机关应当依法采取措施予以制止，并依法给予行政处罚；构成犯罪的，依法追究刑事责任。"根据前述规定，未经许可从事专利代理业务的，就是一种应当受到行政处罚的非法行为。专利代理行业属于向公众提供服务的中介行业，专利代理质量的好坏，不仅直接关系到申请人或者委托人的利益，同时也影响专利制度的正常运行和公众利益。如果对"黑代理"放任自流，不仅使设立该行政许可失去意义，也是对广大专利申请人和专利权人合法权益的漠视和损害。在国外立法中，从《欧洲专利公约》所管辖的地区到英国、法国、意大利、美国、日本、澳大利亚、印度、南非等设立了专利代理资格制度的国家，无一例外地对未经许可从事专利代理的行为规定了行政处罚制度，最严厉的甚至给予5年的监禁（韩国）。

可见，对准入条件的监管也是《行政许可法》的要求，对以弄虚作假和欺骗得到的执业资格处罚更加严厉。

1.2.3 《专利代理条例》的相关规定

根据现行《专利代理条例》的规定，只有专利代理机构及其执业专利代理人才能从事专利代理业务。设立专利代理机构的准入制度也是防止"黑代理"的需要。如果对未经批准从事专利代理业务的"黑代理"行为不予以制止，将损害专利申请人、专利权人等委托的合法权益，扰乱专利代理行业秩序，最终危及我国自主知识产权数量和水平提升。

1.2.4 《专利代理管理办法》的相关规定

作为对现行《专利代理条例》的补充，《专利代理管理办法》对于专利代理机构的准入条件作出了更为具体的规定。

1.2.5 《专利代理惩戒规则（试行)》的相关规定

制定《专利代理惩戒规则（试行)》的目的是为了规范专利代理执业行为，维护专利代理行业的正常秩序。主要与专利代理行业职业道德要求的监管层面相关。

1.3 社会公众的期待

如前所述，社会公众对公共服务行业的准入、特别是职业道德有更高的期待。这也凸显了公共服务行业准入制度的必要性和重要性。如果没有良好的职业道德，一个专利代理机构提供再多的服务，也将等于零，不能让这样的机构保留在专利代理行业内。只有这样，社会公众才会尊重信任这个专利代理这个行业，行业的从业人员才会对自己的职业有认同感、自豪感和荣誉感。

1.4 行业性质的要求

专利代理机构服务公众，对委托人权益和法律负有特殊责任，同时又具有很强的知识和技术专业性，专利代理机构的每个从业人员需要同时具备良好的职业道德，专利代理机构的执业行为直接关系到社会公共利益和国家经济安全，因此，需要政府部门通过有效、公平和公正的措施，对专利代理机构进行严格审核，以确定其是否具有所需要的资格和资质，特别是职业道德方面。

另外，专利是对人类发明创新的一种保护，涉及科学技术的各个领域。专利代理人在代理专利申请过程中，需要对申请专利的发明创造所涉及的技术领域有较为全面的了解和掌握，并能够从技术上深入理解发明创造的技术内容，能够在浩瀚的现有技术中对发明创造是否具备《专利法》规定的新颖性和创造性进行全面检索，提炼出发明创造不同于现有技术的发明要点，才能进而采用符合法律要求的格式和语言撰写申请文件，写明请求保护的范围。此外，由于发明专利权的保护期达20年，专利代理法律关系持续时间较长，往往超过20年。这么长的周期内，单个专利代理人很难保证能够提供连续的代理服务。如果不对专利代理机构设立行政许可，则很难保证专利代理事务的连续性和稳定性，从而影响委托人的切身利益，最终则会影响到国家知识产权战略的实施和创新型国家的建设。

依法对专利代理机构的设立申请进行准入审批，也是向专利申请人和专利权人提供优质服务的重要保障条件，是维护专利申请人和专利权人利益的需要，也是国家知识产权局专利审批业务工作的需要。在专利申请审查过程中，国家知识产权局会发出各种通知书、决定等法律文件，对于没有委托专利代理机构的申请，这些法律文件将发送给申请人，申请人往往因为不了解申请程序中的各种期限或者由于地址的变更导致答复期限的延误，甚至造成权利的丧失，给其带来巨大的损失。对于委托了专利代理机构的申请，这些法律文件都是通过专利代理机构进行管理，如发生期限延误给申请人带来损失的，将由专利代理机构来承担后果。此外，对专利代理机构设立行政许可，能有效防止因专利代理人的变动而对专利申请人或专利权人的利益带来的影响，维护申请人或专利权人的利益。对专利代理机构的设立行政许可可以确保：专利代理人只能在一个专利代理机构中工作；在专利文件上注明的专利代理人必须确实具备专利代理人资质并在专利申请文件上写明的专利代理机构中执业；专利代理机构的名称、地址以及执业人员发生变化的要及时办理变更手续；专利代理机构批准设立后要定期检查核实其是否继续符合设立条件；对专利代理机构和专利代理人违反《专利代理条例》有关规定的行为要进行监督和处分。这表明，设立准入制度和行政许可的审查与后续对准入和行政许可条件的监督管理是一个有机的整体，有利于专利代理行业的健康规范发展。

1.5 国际通行的做法和我国国情

对专利代理机构进行行政许可属于国际惯例。市场经济体制较为完善、行业组织较为发达、全社会诚信水平较高的美国、欧洲各国和日本是律师业高度发达的国家，律师行业是这些国家的一大服务行业，但这些国家都建立了与律师平行的专利律师或者专利代理人为主体的专利代理行业，并均由国家专利主管部门负责对专利代理机构实行严格的资质审批制度。

但与专利代理人的准入制度相比，我国专利代理机构的准入制度与其他主要工业国家稍有区别。主要表现对代理机构的发起人和注册资金有最低要求。比如，我国目前要求专利代理人只能通过设立合乎准入条件的代理机构或者加入代理机构执业，不允许专利代理人以个人名义或成立只有一个发起人、股东或合伙人的代理机构执业。

从国外专利代理行业的情况看，专利代理人执业一般既可以设立专门的专利代理机构（包括发起人、股东或合伙人少于 3 个的代理机构），也可以以个人名义执业。美国、欧洲各国和日本均具有较长的实施专利制度历史。比如在美国，一个律师可以成立自己独立执业的律师事务所。如果该律师同时也是专利律师，那么该事务所（即专利代理机构）可以从事专利申请和诉讼的所有专利相关业务。在日本，一个弁理士也可以开设自己的专利代理机构。

如上所述，从国外立法看，大多国家或者地区，通过有关法律均明确规定未取得专利代理人或者专利律师资格的人员不能以营业方式从事专利代理活动，对冒充专利代理人从事专利代理业务的行为都规定了明确、严格的处罚措施，以保证专利代理行业的从业人员具有相当水平的执业能力，为委托人提供合格的服务，维护国家和公共利益。因此，对专利代理机构设立资质许可的准入制度是国际惯例。

从我国专利代理的实践和国情看，目前仍有要求专利代理人在设立符合准入条件的专利代理机构进行执业的必要性。这是因为国务院办公厅有关文件中要求脱钩改制后由具有专业执业资格的人员投资发起设立中介机构，而没有允许由具有专业执业资格的人员以个人名义从业。因此，专利代理行业按照国务院的统一要求，也不允许个人执业。

因此，无论从借鉴发达国家专利制度先进经验的角度，或从与国际接轨的同时规范我国高科技技术服务市场的角度，还是考虑我国的国情，我国都应该对专利代理机构设立准入制度。

2 我国专利代理机构准入制度的演变

在行业准入要求上，我国也稳步走向正规。1991 年开始实施的《专利代理条例》中将专利代理机构分为三种，包括：①办理涉外专利事务的专利代理机构；②办理国内专利事务的专利代理机构；③办理国内专利事务的律师事务所。在 2009 年 10 月 1 日《专利法》第三次修改实施之前，从事涉外专利代理的机构还要符合涉外专利代理机构的准入条件。随着我国逐步融入全球经济，社会公众的知识产权意识和创新能力不断提升，《专利法》在第三次修改中已经取消了上述区别。这只是从事涉外代理的准入门槛调整，绝非职业道德这个准入条件的降低。

随着我国经济社会的快速发展和专利制度的不断完善，专利代理行业得到了较快发展，各类创新主体对专利代理服务的需求已不仅仅局限在专利申请和复审等事务。特别是对专利诉讼的代理，由于其既涉及法律又涉及复杂的技术问题，需要专利代理人同时具备技术和专利法律专业知识。实践中，对于大多数的专利诉讼案件，特别是专利行政诉讼案件，委托人为了充分维护自己的合法权益，都是委托专利代理人单独代理或者由专利代理人和律师共同代理。在诉讼程序中，受理专利侵权诉讼的人民法院允许甚至希望专利代理人代理侵权诉讼，从而有助于案件审理。

3 我国专利代理机构准入制度的具体内容

3.1 现行准入条件

现行《专利代理条例》中的关于专利代理人准入的相关规定如下：

"第四条 专利代理机构的成立，必须符合下列条件：

（一）有自己的名称、章程、固定办公场所；

（二）有必要的资金和工作设施；

（三）财务独立，能够独立承担民事责任；

（四）有三名以上具有专利代理人资格的专职人员和符合中国专利局规定的比例的具有专利代理人资格的兼职人员。

律师事务所开办专利代理业务的，必须有前款第四项规定的专职人员。"

《专利代理管理办法》中的关于专利代理人准入的主要相关规定如下：

"第三条 专利代理机构的组织形式为合伙制专利代理机构或者有限责任制专利代理机构。❶

合伙制专利代理机构应当由 3 名以上合伙人共同出资发起，有限责任制专利代理机构应当由 5 名以上股东共同出资发起。

合伙制专利代理机构的合伙人对该专利代理机构的债务承担无限连带责任；有限责任制专利代理机构以该机构的全部资产对其债务承担责任。

"第四条 设立专利代理机构应当符合下列条件：

（一）具有符合本办法第七条规定的机构名称；

（二）具有合伙协议书或者章程；

（三）具有符合本办法第五条、第六条规定的合伙人或者股东；

（四）具有必要的资金。设立合伙制专利代理机构的，应当具有不低于 5 万元人民币的资金；设立有限责任制专利代理机构的，应当具有不低于 10 万元人民币的资金；

---

❶ 2006 年修改后的《合伙企业法》规定了三种类型的合伙企业：普通合伙企业、特殊的普通合伙企业和有限合伙企业。现行的《专利代理管理办法》对合伙制专利代理机构只规定了普通合伙。由于专利代理机构是以专业知识和专门技能为委托人提供有偿服务的专业服务机构，完全符合《合伙企业法》有关设立特殊的普通合伙企业的规定。因此，在前实践中在现有两种类型的专利代理机构基础上，还增加了特殊的普通合伙的专利代理机构，成立时也要求有 3 名以上合伙人。

（五）具有固定的办公场所和必要的工作设施。

律师事务所申请开办专利代理业务的，在该律师事务所执业的专职律师中应当有3名以上具有专利代理人资格。

"第五条　专利代理机构的合伙人或者股东应当符合下列条件：

（一）具有专利代理人资格；

（二）具有2年以上在专利代理机构执业的经历；

（三）能够专职从事专利代理业务；

（四）申请设立专利代理机构时的年龄不超过65周岁；

（五）品行良好。"

关于律师事务所开办专利代理业务的，至少有3名合伙人持有专利代理人资格证，且该3名合伙人应当与专利代理机构的合伙人或者股东具备同样的条件，并且没有上述规定的不得申请作为专利代理机构的合伙人或者股东情形。

3.2　职业道德是行业准入的首要条件

作为专利代理机构的准入条件之一，我国法律法规明确规定专利代理机构的合伙人或者股东"品行良好"。❶"品行良好"在这里既包括良好的个人道德品质层面也包括具有良好的职业道德层面。如因故意犯罪受过刑事处罚的和曾被开除公职的人员因不符合品行良好这个准入条件，根本没有资格成为专利代理机构的发起人、股东、合伙人或法定代表人。

依法执业，遵守宪法、法律、法规和部门规章，贯彻执行国家有关政策，坚持诚信的原则，遵守行业规范，公平竞争，维护专利代理行业形象等职业道德的要求虽然没有明确写在准入的法律条文中，但遵守职业道德作为一个专利代理机构的准入条件是不言而喻的。

品行良好还可以从国家公民的层面来理解。所以，专利代理机构也应当积极关注、参与扶贫济困、志愿服务。

3.3　职业道德伴随专利代理机构整个执业过程

前文已经讲过，职业道德区别于其他准入条件，在通过准入审查后还要如无形之絮矩伴随专利代理机构的整个执业过程。原因与上文讲职业道德的监管将伴随专利代理人的整个执业过程类似。

现行《专利代理条例》规定：

"第二十四条　专利代理机构有下列情形之一的，其上级主管部门或者省、自治区、直辖市专利管理机关，可以给予警告处罚；情节严重的，由中国专利局给予撤销

---

❶　参见《专利代理管理办法》第5条。《专利代理条例》虽然在文字上没有明确，但从我国专利制度建立伊始，要求发起人、股东、合伙人或法定代表人品行良好、具有职业道德在实践中一直是专利代理机构不言自明的准入条件之一。

机构处罚：

（一）申请审批时隐瞒真实情况，弄虚作假的；

（二）擅自改变主要登记事项的；

（三）未经审查批准，或者超越批准专利代理业务范围，擅自接受委托，承办专利代理业务的；

（四）从事其他非法业务活动的。"

现行《专利代理惩戒规则（试行）》规定：

"第四条　对专利代理机构的惩戒分为：

（一）警告；

（二）通报批评；

（三）停止承接新代理业务3至6个月；

（四）撤销专利代理机构。

"第六条　专利代理机构有下列情形之一的，应当责令其改正，并给予本规则第四条规定的惩戒：

（一）申请设立时隐瞒真实情况，弄虚作假的；

（二）擅自改变主要登记事项的；

（三）擅自设立分支机构的；

（四）年检逾期又不主动补报的；

（五）以不正当手段招揽业务的；

（六）接受委托后，无正当理由拒绝进行代理的；

（七）就同一专利申请或者专利案件接受有利害关系的其他委托人的委托的；

（八）因过错给当事人造成重大损失的；

（九）从事其他违法业务活动或者违反国务院有关规定的。

"第八条　有下列情形之一的，应当给予直接责任人本规则第五条第（三）项或者第（四）项规定的惩戒，可以同时给予其所在专利代理机构本规则第四条第（三）项或者第（四）项规定的惩戒：

（一）违反专利法第十九条的规定，泄露委托人发明创造的内容的；

（二）剽窃委托人的发明创造的；

（三）向专利行政部门的工作人员行贿的，或者指使、诱导当事人行贿的；

（四）提供虚假证据、隐瞒重要事实的，或者指使、引诱他人提供虚假证据、隐瞒重要事实的；

（五）受刑事处罚的（过失犯罪除外）；

（六）从事其他违法业务活动后果严重的。

"第九条　具有专利代理人资格、但没有取得专利代理人执业证书的人员为牟取经济利益而接受专利代理委托，从事专利代理业务的，应当责令其停止非法执业活动，并记录在案。有本规则第七条、第八条所列行为的，应当给予警告、通报批评、吊销专利代理人资格的惩戒。"

下面结合案例来具体讲述专利代理机构准入制度的监管层面。

（1）对本机构代理人弄虚作假监管不力

【案例4-9】

2007年某省知识产权局局接到C专利商标代理有限公司某分公司在专利代理过程中存在违规行为的举报（见案例4-4）。经调查核实，C公司某分公司专利代理人丁在2005～2007年的专利代理过程中，至少使用12份虚假证明办理专利申请费用减缓手续。

鉴于丁的行为严重违反了《专利代理条例》及相关法律法规的规定，造成了极为不良的社会影响。该省专利代理惩戒委员会除按规定，报请国家知识产权局专利代理人惩戒委员会对丁进行惩戒外，对C公司也依法进行了相应的惩戒。

该省专利代理惩戒委员会认为，C公司作为其分公司的法人机构，对该分公司专利代理人丁使用虚假证明办理专利申请费用减缓手续负有领导和监管不力的责任。鉴于C公司在事件发生后能承认错误，撤销该分公司，并及时采取有效补救措施减轻不良后果，该省专利代理惩戒委员会依据《专利代理惩戒规则（试行）》第6条、第8条及第10条的规定，并报国家知识产权局批准，决定对C公司给予通报批评。

【分析】

案例4-4讲的是对当时代理人的惩戒。本案例是同一件事涉及该代理人所在代理机构的责任。

（2）申请设立时隐瞒真实情况，弄虚作假

【案例4-10】

关于B专利事务所的案例，在案例4-7的分析中已经提到，"能够专职从事专利代理业务"是颁发专利代理执业证的一个准入条件。在该案例中未提及如何惩戒3个可能属于兼职的专利代理人。但在该案例中，专利代理惩戒委员会认为，B专利事务所尽管有其客观理由，但其行为已构成虚报材料，违反了职业道德。所以对B专利事务所进行了惩戒处理。

【分析】

在本案例中我们是从代理机构的职业道德监管层面来分析。《专利代理惩戒规则（试行）》第6条第1款规定，"申请设立时隐瞒真实情况，弄虚作假的"，应当责令其改正，并给予惩戒。惩戒方式有①警告；②通报批评；③停止承接新代理业务3～6个月；④撤销专利代理机构。

专利代理惩戒委员会在作出惩戒决定时已考虑了合理的客观原因。比如当地企业多，科技人员比较集中，技术创新能力强，专利申请量在全区领先，所以设立专利代理机构十分必要。而且由于当时正值专利代理机构脱钩改制，相关部门及B专利事务所的工作人员对相关法规学习和理解可能不够。这些客观原因尽管有合理的一面，但决不能成为 B 专利事务所不遵守职业道德的理由。所以，对 B 专利事务所的惩戒也不能完全免除。

专利代理惩戒委员会考虑到某市和周边地区只有 B 专利事务所一个专利代理机构，将 B 撤销后，将会直接影响到某市和周边地区委托人的利益。所以，该地知识产权局给予 B 专利事务所仅次于最严重的"撤销专利代理机构"的惩戒，决定 B 专利事务所停止承接新代理业务 6 个月并在停业期间，妥善处理好专利代理业务的清理和移交等事宜，以保持专利代理业务的连续性。

（3）内部程序管理混乱

【案例 4 - 11】

某省专利代理惩戒委员会经调查发现，该省某市 D 专利事务所 2007 年 10 月代理提交的婚庆纸贴系列外观设计专利中的 134 件、喜庆纸贴系列外观设计专利中 96 件明显抄袭他人技术。该省专利惩戒委员会认为，D 专利事务所未能恪尽代理职责及时发现问题提示申请人，大量专利申请集中出现同样问题，属严重失察。根据该省专利代理惩戒委员会的处理意见，该省知识产权局决定：

① 责成 D 专利事务所立即对提交的约 800 件外观设计专利申请全面审查，30 日内，对明显抄袭网上设计以及他人设计的专利申请，由 D 专利事务所商申请人同意主动放弃申请权，对确属申请人原创设计的申请予以保留。

② 对 D 专利事务所进行整改，加强专利代理管理责任，规范对专利申请的内部程序管理，避免类似事件发生。

③ 停止承接新代理业务 3 个月。

【案例 4 - 12】

某省专利代理惩戒委员会经调查，认为该省 E 专利商标代理有限公司（以下简称"E 公司"）在 2010 年对申请人为某理工大学的 36 件外观专利作了重复申请，属不正常专利申请行为。E 公司未能恪尽代理职责，未能及时发现问题提示申请人，导致同一单位提交的多件内容明显相同的专利申请情况出现，造成了公共资源的浪费，属严重失察。根据该省专利代理惩戒委员会的意见，该省知识产权局决定：

① 责成 E 公司对提交的 36 件外观设计专利申请全面审查，补交该 36 件外观专利设计申请减缓费用共计人民币 12 600 元。

② 对 E 公司进行整改，加强专利代理管理责任，规范对专利申请的内部程序管理，避免类似事件发生。整改结果报国家知识产权局和该省知识产权局。

③ 对 E 公司进行通报批评，并要求 E 公司写出书面检查并报国家知识产权局、该省知识产权局。

【案例 4 - 11 和案例 4 - 12 分析】

专利代理机构应当建立健全执业管理、利益冲突审查、收费与财务管理、投诉查处、年度考核、档案管理等制度，对专利代理人在执业活动中遵守职业道德、执业纪律的情况进行监督。以上两个案例说明，专利代理机构内部程序管理混乱，看起来好像只是该所管理上的缺陷，其实这也是严重违反了专利代理行业准入对职业道德的要求。

第4章

第5章　专利代理职业道德在实务中的体现

随着《国家知识产权战略纲要》的实施，知识产权保护的力度日趋加大，企业知识产权意识不断提升，国家知识产权政策的导向作用逐步显现，从国家到地方实施的各项知识产权激励政策促进了专利相关业务的开展。在激烈的市场竞争中，专利等无形资产对提升企业核心竞争力的作用愈发凸显。相应地，广大专利委托人对专利代理业务的认知度大大提高，对专利代理业务的服务质量要求不断提高。国家知识产权局在《专利代理人实务技能培训工作实施方案（2011—2015年）》中，也从推进国家知识产权战略实施的高度对专利代理行业的实务培训作出了全面部署。

对广大专利代理人进行实务技能培训，不仅要注重专业技术素质方面的训练与提高，而且要在各项业务开展过程中贯彻落实专利代理职业道德的各项内容，以维护专利代理行业的社会形象，保障专利代理行业的健康发展。鉴于专利代理职业道德的要求贯穿于专利代理执业的全程，涉及的内容方方面面，因此，无论对于从业多年的资深专利代理人，还是新近加入专利代理行业的专利代理人，在专利代理业务开展过程中均应当恪守专利代理职业道德。以下结合专利申请代理业务和专利无效业务具体内容，对如何体现专利代理职业道德中的诚实守信、保守秘密、避免冲突、勤勉敬业、精于业务、举止礼仪、尊重同行等进一步展开说明。

第1节　专利代理职业道德在专利申请业务中的体现

专利申请代理业务按照时间可简要划分如下三个阶段：

① 专利申请的接受委托和立卷阶段。在此阶段，专利代理机构的代理业务主要包括接受咨询，并依据申请人委托立卷。

② 专利申请文件准备阶段。在此阶段，专利代理机构的工作主要包括申请文件准备、格式文件准备以及提交工作。

③ 专利申请的审查意见答复及后续阶段。在此阶段，专利代理机构的代理业务主要包括针对国家知识产权局发出的专利申请审查意见和/或补正通知书进行答复，还包括对于授权专利代为委托人办理授权登记手续，或者向国家知识产权局专利复审委员会提出复审请求。

此外，根据申请的具体情况，专利申请代理业务还可能包括提交主动修改、提出分案申请以及代为提起专利行政复议等。

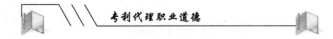

下面结合上述几个阶段的具体业务内容，举例说明如何在专利申请代理业务开展过程中体现专利代理职业道德。

1 专利申请的接受委托与立卷阶段

在专利申请接受委托与立卷阶段，专利代理机构的具体业务内容包括：专利委托之前的客户咨询与答复、客户的来访与会谈、利益冲突的核查以及正式委托关系的建立等，此外，还包括专利代理机构依照委托人指示，确定接受所委托的专利申请，并建立相应文档、启动时限管理等工作。

在上述业务开展过程中，专利代理机构和负责的专利代理人不仅要求做到举止礼仪、精于业务和尊重同行，还应当注意遵守诚实守信和保守秘密的道德规范，而避免冲突更是立卷阶段中至关重要的道德规范，必须予以严格遵守。

1.1 避免冲突

在专利申请立卷之前，对于与专利代理机构初次合作的潜在委托人而言，通常会向专利代理机构表达委托意向并且采取电话、书面或会谈的形式进行咨询。此时专利代理机构的首要执业责任是"避免冲突"，即采取切实可行的程序来防范和避免该潜在委托人与现委托人之间可能产生的利益冲突。从专利代理职业道德的角度考虑，避免利益冲突是专利代理机构在确定是否能够接受委托时需要重点考虑的严肃问题。专利代理机构必须依照潜在委托人和现委托人的具体情况，进行严格的利益冲突审查与调处，最大程度地避免利益冲突情形的出现以维护委托人的合法权益。具体而言，专利申请立卷阶段的利益冲突处理程序原则上可以参见图5-1。

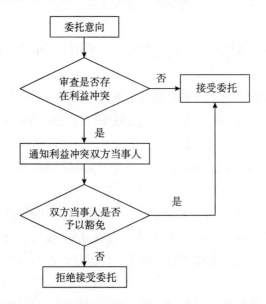

图5-1 专利申请立卷阶段利益冲突处理程序流程图

从利益冲突的类型划分来看，在专利申请代理工作中，潜在委托人与现委托人之间可能产生的利益冲突一般属于非法定利益冲突，一般不存在法规所绝对禁止的利益冲突情形。对于专利申请立卷阶段的利益冲突处理程序，如图5-1所示，可以大致分为利益冲突审查和利益冲突调处这两个阶段。

潜在委托人向专利代理机构披露委托意向是利益冲突审查启动的标志。专利代理机构应当从潜在委托人处获取尽可能详细的信息，例如委托人/申请人的信息、拟委托专利申请的具体技术领域等，以供利益冲突审查之用。在得到相应信息之后，专利代理机构的利益冲突审查部门应当根据所积累的利益冲突排查经验，必要时将所述信息输入电子化业务信息管理系统进行检索，就可以得知在相同的技术领域中是否已接受过其他委托人的委托，从而准确地识别和确认潜在委托人与现委托人之间是否存在潜在的利益冲突。

当然，随着委托人/申请人处理专利事务的经验日趋成熟，有些委托人在向专利代理机构披露委托意向的同时会附加提供一份竞争对手清单，主动向专利代理机构询问是否已在特定的技术领域中代理过这些竞争对手。在这种情况下，专利代理机构的利益冲突审查部门只需对照清单，必要时结合电子化业务信息管理系统就清单上的竞争对手一一进行检索，就可以准确地得知在该技术领域中是否已代理过这些竞争对手中的一个或多个。由此可见，潜在委托人提供的信息越具体详尽，利益冲突审查结果的准确性越有保障，利益冲突审查程序越能得到简化。因此，专利代理机构应当善于与潜在委托人进行沟通，尽可能全面收集利益冲突审查所需的相关信息。

在利益冲突调处阶段，经审查确认不存在非法定利益冲突的，专利代理机构可以接受潜在委托人的专利申请委托。经审查确认存在非法定利益冲突的，专利代理机构应当将利益冲突情况如实告知潜在委托人，同时可以向潜在委托人提出利益冲突豁免请求。如果潜在委托人不予豁免，自然不会将专利申请委托给该专利代理机构。如果潜在委托人给予豁免，那么专利代理机构还应当向作为利益冲突对方当事人的现委托人提出利益冲突豁免请求。如果现委托人不予豁免，专利代理机构一般应当拒绝接受潜在委托人的委托。如果现委托人给予豁免，专利代理机构方能接受潜在委托人的委托。专利代理机构需要注意的是，利益冲突豁免应当采取双方当事人签发书面豁免函的形式，以备后查。

实践证明，按照上述利益冲突处理程序，专利代理机构能够在专利申请立卷阶段有效地避免利益冲突。不过，在实际利益冲突调处工作中也会出现各种特殊情况需要专利代理机构适当灵活处理。例如，专利代理委托关系的存续时间往往很长，有的委托人已经多年不再向专利代理机构委托新的业务，而仅通过专利代理机构缴纳年费以保持数件专利有效，此时如有潜在委托人与该现委托人产生利益冲突，如严格适用图5-1所示的利益冲突处理程序，专利代理机构在不能得到现委托人豁免的情况下将无法接受新的委托，这对专利代理机构极不公平。因此，从公平原则出发，应允许专利代理机构在此类特殊情况下保留辞去委托的权利。又如，有的潜在委托人或现委托人对于专利代理机构发出的利益冲突豁免请求不予答复，甚至在专利代理机构合理催告后仍不答复，此时应允许专利代理机构接受新的委托。

1.2　举止礼仪

为了赢得客户的信任与尊重，为后续工作开展奠定良好基础，专利代理机构和专利代理人应当自与客户第一次接触起就注重举止礼仪。通常情况下，国内委托人在正式委托之前多采用电话咨询或面谈进行相关咨询，外国委托人则较多采用电子邮件、传真等书面形式进行咨询。随着网络技术的不断发展，也有部分专利代理机构提供在线咨询服务，或者采用电话视频会议形式完成前期的咨询事宜。无论是电话咨询、书信咨询、在线网络咨询，还是委托双方的正式会见，专利代理机构以及专利代理人在提供有针对性的答复或交换信息的过程中，都需要遵守举止礼仪，以下分别结合电话礼仪、书信礼仪、网络礼仪和会见客户礼仪中的具体事宜进行说明。

1.2.1　电话礼仪

电话咨询过程中，举止礼仪可以体现为例如：

（1）语速得当，做好复述

第一次电话咨询，通常会包括对办理专利事务相关流程的手续进行了解，同时也是对专利代理机构的考察。由于客户所使用的方言和说话习惯各不相同，因此，电话沟通时要注意语速适当，确保对方能够听清；在对方使用不同于普通话的地方方言时，如果不易听懂或者不确定是否听清楚，还要主动及时重复，以求得到对方认可，避免因言语沟通不畅造成误解。

（2）耐心接听，语气和善

在与客户电话沟通时，不仅要认真倾听客户提出的问题，还要注意听出客户的言外之意，所谓"听话听声，锣鼓听音"。

不熟悉专利制度的客户，咨询时往往不直接涉及具体的委托手续或申请业务，一般提出的问题比较空泛。接听这类咨询电话时，应当特别注意在遣词用句方面保持耐心，不可因对方对专利代理业务不了解而产生急躁或怠慢情绪，而应当设身处地从客户角度出发，重点介绍专利代理业务的具体流程，以及能够为委托人提供的帮助。

个别不了解甚至对专利代理制度抱有怀疑的客户，咨询时言语甚至会带有挑衅性。接听这类咨询电话时，应当特别注意语气和善，切不可因对方的无知而言语怠慢，更不可针锋相对，而应当站在客观中立的角度，重点介绍专利代理业务对委托人的意义，还可以结合过往为其他委托人提供相关服务的实际案例加以说明。

虽然多数情况下电话沟通的时间短暂，但注重电话交流时的礼仪，同样能够有效树立专利代理行业的形象，赢得客户的初步信任和尊重，并为今后的实质性合作开展奠定良好基础。

1.2.2 书信礼仪

在专利申请代理业务中，书信主要用来发送各项正式委托事宜和处理指示，以及报告相关事务的处理进展，通常包括传真、电子邮件及纸质信函。对于书信咨询，及时、准确的回复能够体现出专利代理机构和承办代理人的业务水平以及勤勉敬业精神，同时，还需要注意书信的格式和写作要求体现举止礼仪。以下分别以中文商务书信和英文商务书信为例，具体加以说明。

（1）中文书信礼仪

中文书信的历史悠久，随着社会发展和语言文字的不断变化，逐渐形成相对固定的撰写格式，现代商务往来中常用的中文书信主要包括五个部分：称呼、正文、结尾、署名和日期，其中蕴含了丰富的文化礼仪内容。因此，专利代理机构和专利代理人在撰写中文书信过程中也需要注意遵守。

称呼也就是所谓的起首语，是对收信人的称呼，要在信中第一行的顶格写，同时注意根据收信人的具体情况使用尊称，例如："尊敬的××先生/女士"，当知道收信人的头衔时应以合适的头衔进行称呼，例如："尊敬的××教授/博士""尊敬的××董事长/总经理""尊敬的××局长/处长"等。对于文言格式的书信，称谓后通常附有提称语，例如，"××尊鉴"或"××台鉴"是对于熟识或不甚熟识的尊长或平辈常使用的，而"××道鉴"或"××大鉴"是对德高望重的师长或朋友使用的。有的文言格式书信中还使用启辞，例如："敬启者"或"谨启者"是表示写信者自谦为恭敬地陈述事情的人，表示请对方允许自己告诉下面所写的内容；既可用于同辈，也可用于下对上。

正文开头的问候语是对收信人的一种礼节，也是举止礼仪的具体体现。常用的问候语包括："您好""新年好""别来无恙"等，通常写在称呼下一行，前面空两格，自成一段。商务书信的正文内容应当言简意赅，涉及业务各项内容不应有遗漏，特别注意避免出现错别字，以免引起对内容的误解。根据惯例，中文书信忌用红笔或铅笔，私人书信建议手写，商务信函可以打印，但是末尾的写信人落款或署名一般须用手亲笔书写。

书信结尾通常是祝颂语或致敬语，通常成对使用，例如："祝好"；或"此致"/"敬礼"，以示对收信人的敬意、祝愿等。结尾的习惯写法通常是在正文结束之后另起一行，在行末写"此致"，另起一行顶格写"敬礼"；也可仅另起一行空两格写"顺致敬意""顺颂商祺"等。

中文书信的最后是署名，即写信人的姓名，商务信函中往往还需要附带写信人的职务，所属公司，联系方式等信息，通常放在正文结尾后的右方空半行的地方。对于打印的商务信函，署名通常需要写信人手写。文言格式的书信中，署名之后有时还视收信人的具体情况加上启禀词，例如"恭呈""谨上"等，以示尊敬。

日期也是商务书信的重要内容之一，通常放在署名后面，或另起一行的下方。

（2）英文书信礼仪

在商务英文书信准备过程中，要特别注意学习外国委托人习惯的表达方式，了解并遵守惯常的商务书信礼仪。例如：由于英式英语和美式英语在书信体例方面存在着一定的差异，当我们写信的对象是来自英国或美国时，就要注意加以区别。

英文传真或纸质信函通常由以下部分组成：信头、收信人名称地址、日期、称呼、正文、结尾套语、签字及其他。另外，有的事务书信还有下列项目：投递说明、收件人或注意事项、事由、备查、抄送说明。

商务英文书信应当打印，信函格式一般采用垂直式/齐头式（Block style）或者缩进式或锯齿式（Indented style，即每段的第一个词缩进去的格式）。正式书信需要在称呼上方标明收信公司名称和地址或收信人的名字全称、职务及地址，即信内地址（Inside address）。

商务书信的日期非常重要，应当注明年月日，切记不可漏写。日期应打在信头下4~6行的右侧，或在寄信人地址的下方。由于英式写法与美式写法的格式相反，为避免产生歧义或误解，月份不可用数字表示，必须完整地写出来。例如："19（th）August，2012" 或 "August 19，2012"。

英文书信中对男性最普遍的敬语是 Mr，对女性最普遍的敬语是 Ms（用于不知或不便表明女性婚姻状况时）、Mrs（用于已婚女性）、Miss（用于未婚女性）。对于不知晓收信人姓名的情况，商业书信中较普遍使用 Gentlemen、Dear Sirs 或 Dear Sir/Madam，相当于我国的 "敬启者" 或 "谨启者"。称呼后一般要使用标点符号，例如逗号或冒号。

正文就是信的内容、主体。正文在称谓下两行开始，顶左端书写（不同于中文信要空两格）；段落之间须空行。商务书信中正文要简短，注意重点内容突出，涉及的时间、地点准确清楚。采用普通纸打印正文时，正文内容占用信纸的四分之三的空间，两边及信纸上方要留有适当的边缘，下方的空白要更大。左边边缘垂直整齐，右边则尽可能整齐。

结尾套语相当于中文书信信末的 "××敬上" 等词。通常紧贴信文最后一行下一两行书写，并加逗号。较常见的有：Yours truly、Yours very truly、Truly yours、Very truly yours、Yours faithfully、Faithfully yours。如果收信人是个人，则可用：Yours sincerely、Sincerely yours。

在商务书信原件上应当签署发信人的姓名，签名最好使用签字笔。为便于辨认，商务书信常在结尾语下面空若干行签名，然后将发信人的姓名用打字形式打出，通常也将其职衔一并注明。签署格式和规则如下：签名者代表公司或以单位名义时，应在结尾套语下方打出全部大写的单位名称，然后再签署。女性签名时，为便于回信人正确使用称呼，可在打字的姓名前加注（Miss）或（Mrs）。由经办人员代签名时，要加上 By、For 字样。

商务英文书信中有时还会涉及其他事项，例如：注意事项、事由、备查、附件、附言等。其中：

注意事项（Attention，缩写：Attn.），是发信人要求特定的人注意时用的，谓指"请某人亲阅""请某人注意"。通常放在信内"姓名及地址"下面，或与称谓同一行右侧。

事由（Subject，Re），意在便于收信人迅速了解信的主要内容，它位于正文的上方，以提醒阅信人注意。

备查，意在明确责任，便于日后查考，在信纸下端写上发信人和打字员姓名的第一个字母。其排列方式很多，发信人的姓名缩写要大写并要排在前面。

附件（Enclosure，缩写为 Encl.），在"发信人及打字员姓名首字"下面，应附注表明有几个附件，以方便收信人查点。如：Encl.：One check（指附有一张支票）；Encl.，a/s（指附件如信中所述，a/s 即 As stated）。

由上述撰写中文和英文书信时需要遵守的相关礼仪可以看出，使用不同语言文字撰写书信时遵循的礼仪与该民族的文化习俗和传统密切相关。因此，在使用例如日语、韩语、法语、德语、俄语等其他语言文字撰写书信时，专利代理机构和专利代理人也需要尊重相应国家、民族的文化习俗和礼仪，采用恰当的语言和撰写格式，体现举止礼仪的专利代理职业道德。

1.2.3　电子邮件礼仪

电子邮件在商务领域中的应用日益普及，在准备电子邮件过程中也应当注重遵循电子邮件特有的礼仪事项。

（1）收信对象

电子邮件中的收信人地址填写分为三种："收件人""抄送"和"密抄"。在通常情况下，需要根据接受电子邮件的对象在邮件往来中所处的地位不同，有针对性地确定收件人、抄送对象和密送对象。根据电子邮件的使用惯例，收件人地址对应于直接收信人，是指需要在收到邮件后进行回复或反馈意见的接收对象，而抄送地址对应的是间接收件人，是仅仅需要通过查收邮件了解事件处理进展而无需反馈意见的接收对象，密送地址与抄送地址类似，唯一区别是其他收信人并不知晓的邮件接收对象。如果不区分收件人在整个事件处理中的具体性质，将所有接受邮件的对象统统填写为收件人，往往会造成后续工作的混乱，影响邮件回复的效率。

此外，为了避免大量重复邮件的产生，还要特别谨慎使用全部回复的方式回复邮件。

（2）邮件正文

电子邮件的优点之一就是快捷，因此，为方便收信人了解邮件的主要内容，正文应该简洁切题，尽量使用简洁明晰的言语，不要过多纠结于语法和标点符号等形式问

题。为方便收信人阅读，建议邮件采用默认的字体以及简明的格式，避免使用花哨的背景，同时，不建议使用常见缩略语之外的网络流行缩略语，以免产生歧义或造成收信人的困惑。

（3）附件

电子邮件发送之前，应核实是否已经将相关附件正确粘贴，避免因匆忙或疏忽发送了未附带有附件的邮件，给客户造成工作作风不严谨的不良印象。

1.2.4 会见客户礼仪

专利委托人在将专利申请代理业务正式委托专利代理机构时，有时还会采用面谈方式与专利代理机构进行交流与考察。在这种正式的商务面谈或会见过程中，同样特别需要注意举止礼仪，具体包括以下几个方面。

（1）接待

对于客户的来访，专利代理机构和专利代理人均应当做好充分的接待准备。例如：书面确定到访时间以及会面主要议题；提前布置会议场所；设立欢迎信息牌；按照客户的喜好准备饮料。

（2）着装

正确得体的着装，不仅能体现个人良好的精神面貌、专业素养，也有助于赢得委托人的信任，树立行业形象。通常来说，男士穿着西装时应整洁、笔挺，衬衫的领子要挺括，领带长度以系好后垂到皮带扣为宜。皮鞋颜色通常不应浅于裤子。女士应选择正式的职业套装，整洁无褶皱。佩戴饰物要得体。

（3）问候

对于初次见面的客户，根据年龄长幼注意使用尊称，一般可以职务相称，例如：××经理、××教授等；或者以姓或姓名加"先生""女士""小姐"。

（4）介绍

介绍可分为：自我介绍、介绍他人、被人介绍等。介绍过程中要保持面带微笑，热情应答。自我介绍时，可主动问好，简明、清晰地报出自己的姓名、职务等情况，语调要热情，态度要谦恭，言语要简短；握手时也应当主动热情，双眼应当注视对方，但是对于女性客人，需等女士伸手示意才可握手。介绍他人时应遵循"让长者、客人、女士先知"的原则，清楚、简要地介绍双方的职业、籍贯等情况。被人介绍时，应面对对方，表示敬意和诚意。

初次见面双方交换名片时，一般职位低者应主动向职位高者递名片，男性先向女性递名片。递送名片时，应将名片正对着对方，用双手递送给对方；接受名片时，也要用双手的拇指和食指接住名片的下方两角，态度恭敬，并表示感谢。

（5）会谈

交谈过程中，态度诚恳，表情自然、大方，语言和气亲切，表达得体。同时与多人谈话时，要照顾到在场的每个人，注意倾听对方的话。遇到言语不和或意见不一致时，要保持冷静，以豁达的态度转移或回避话题。同事之间的发言要注意相互呼应和补充，如有意见不一致的情况也应当事后讨论，注意避免当客户面争论。对于原则性问题，态度要明确，但言语应当缓和，掌握好尺度。要主动从客户角度出发约束自己的行为，避免在交谈过程中用手对客户指指点点等不良习惯。此外，在会谈中还要注意动作稳重、自然放松、相互礼让，饮用饮料时避免发出声音，咳嗽或喷嚏后要致歉，会面之前注意不要食用过多的葱、蒜等带有刺激性气味的食品，注意口腔卫生，避免打瞌睡或哈欠等不雅行为。

会谈过程中，将手机置于振动或者静音状态，不接打电话或收发短信，会议中不交头接耳，不随意中途离场。如确有紧急事情，需要接打电话、中途离开会议室，回来时候要及时表示歉意，征得客户的谅解。

1.2.5 在线咨询礼仪

随着互联网的普及，不少申请人或客户越来越倾向于通过互联网的即时通信工具进行在线咨询。网上沟通同样需要注意遵守道德规范和文明礼仪，例如：彼此尊重、容许异议、宽以待人；在与客户分享或沟通时，要注意文明用语，平心静气，以理服人，避免人身攻击；对别人的及时回复表示感谢，尊重他人的劳动和时间等。争取为后续的面谈或进一步合作奠定良好基础。

1.3 诚实守信

客户在正式委托前进行咨询时，重点是对专利代理机构的业务资质、业务流程和从业人员等信息进行考察。依照《专利代理服务指导标准（试行）》的要求，本着诚实信用原则，专利代理机构和专利代理人对本机构的基本情况（业务资质、服务标准、收费标准）甚至是可能对于不利于委托人的相关情况均应当如实告知。例如：如实告知针对特定技术领域或具体代理业务，现有专利代理人的数量是否足够。或者是否具备处理相关代理业务的经验与能力。

近年来，随着我国经济的迅猛发展，越来越多的外国专利申请通过《保护工业产权巴黎公约》《专利合作条约》（PCT）等途径进入我国。依照现行相关规定，外国委托人提出中国专利申请必须委托中国专利代理机构代为办理。由于不同国家的专利制度在实践中和相关法律规定中存在着各自的特殊性，多数外国委托人对于中国专利制度或相关业务办理手续缺乏了解，因此，在办理专利申请业务过程中，对于受托专利代理机构和具体承办的专利代理人的业务素质有着较高的依赖性。在与外国专利委托人接洽和/或答复业务咨询时，无论是具体承办的专利代理人还是所属的专利代理机构，都应当严格恪守诚实守信的原则，依照我国法律法规的具体规定以及专利代理机构的实际情况，及时给予全面、准确的回复或解答。这既是专利代理职业道德的基本要求，也是维护我国专利制度的尊严、树立我国专利代理行业国际形象的要求。

1.4 精于业务

在正式委托前的客户咨询过程中，还会涉及专利申请流程与委托手续、可能发生的费用等业务问题。专利代理机构应当从客户利益最大化的角度出发，根据当事人的具体情况，建议或者合理选择保护手段。根据一般经验，客户对于这类业务问题通常并不仅仅咨询一家专利代理机构，因此，要想赢得客户的信任与最终委托，不仅需要做好举止礼仪，坚守诚实信用原则，更要依靠平时工作经验的积累，做到精于业务，才能够在第一时间给予客户满意的答复。

根据国际行业惯例，外国专利申请人/委托人委托我国专利代理机构提供专利申请代理服务时，双方并不签订书面协议，专利代理机构通常仅需要依照委托方发来的书面指示承办相关专利申请事宜。因此，在收到外国申请人/委托人发来涉及专利申请委托意向的信函时，特别是首次合作的外国申请人/委托人时，应当注意判断发件人的真实意图，究竟是一般性咨询还是委托代理中国专利申请业务的书面指示。对于信函内容表述不清楚的，要及时与发件人沟通，以便为后续工作争取主动。

1.5 保守秘密

保守秘密也是专利代理行业职业道德的重要内容之一。在专利申请正式委托前的客户咨询过程中，虽然双方尚没有签订正式的专利代理委托协议或建立正式委托关系，仍然需要注意保守秘密。根据《专利代理服务指导标准（试行）》的具体要求，除法律规定必须披露或委托人要求/同意披露的内容外，专利代理机构对于代理活动中所接受的信息和生成的信息承担保密义务。在答复客户咨询过程中除了做好诚实守信之外，广大专利代理人还应当注意保守客户秘密。为避免泄露客户秘密，建议在咨询开始前首先核实对方的真实身份，了解具体目的。对于咨询过程中可能涉及的其他客户信息（例如，已有客户未公开的案卷信息、技术内容），依照专利代理相关规定以及专利代理职业道德的要求，不得向委托人之外的任何第三方咨询者透露。

由于部分客户对于专利代理制度缺乏了解，正式委托前的咨询，往往还会涉及拟申请专利保护的核心技术的可专利性以及保护策略等问题。由于在客观上存在利益冲突或其他原因无法接受委托人委托的可能性，为降低客户核心技术的泄密风险，同时减少专利代理机构的执业风险，在双方签订正式委托代理协议之前，避免要求客户披露核心技术内容。对于客户希望就涉及核心技术内容可专利性等问题的咨询之后签订正式委托代理协议的情形，双方可在咨询开始之前签订保密协议。

1.6 尊重同行

专利申请咨询阶段，专利代理机构在答复委托人业务咨询的过程中还要注意恪守专利代理职业道德，做到尊重同行。对于专利代理机构而言，客户针对专利申请委托的业务咨询是开发潜在客户的良好时机。因此，从树立行业形象、提升服务质量等角度考虑，在接受客户业务咨询的过程中，应当针对客户对专利代理行业或专利代理机构的疑惑或片面认识进行正面说明或澄清，增加客户对专利代理行业的了解，加强对专利代理机构的认知和信任，杜绝有损于整个代理行业的行为，例如：避免采用明示或暗示等方式，通过言语或其他行为攻击或贬损其他专利代理机构业务能力等。

1.7　遵纪守法

在专利申请接受委托和立卷的阶段，面对商业利益等诸多诱惑，还需要专利代理机构和广大专利代理人恪守遵纪守法的职业道德。例如：在现行政策对知识产权保护的大力支持与高度重视的大环境中，个别委托人出于种种原因，在特定情况下会要求专利代理机构利用法律法规的漏洞，协助其实现某些商业目的，甚至公然违反现行的法律法规。对于此类违反现行法律法规的委托业务，专利代理机构应当恪守遵纪守法的职业道德底线，严格遵守法律法规的各项规定，坚决抵制并拒绝代理违法行为。同时，还应当如实告知委托人潜在的法律风险，说明利害关系，并给出合理的建议和解决方案，从而树立专利代理行业的良好社会形象，体现专利代理行业维护法律尊严的社会责任感和使命感。

2　专利申请文件准备阶段

委托人和专利代理机构一旦正式签订代理委托合同，专利代理业务工作进入专利申请文件准备阶段，同时也要求专利代理机构和专利代理人在此期间，必须充分体现精于业务、勤勉敬业、保守秘密和举止礼仪的职业道德。

专利申请文件准备阶段，需要专利代理机构完成的文件准备工作主要包括：①格式文件的准备；②专利申请实质性文件（即：专利申请说明书、权利要求书、摘要和附图）的准备。专利申请文件的准备工作既是对专利代理机构和专利代理人综合业务能力的全面考核，也是对专利代理职业道德的全面考核。下面就结合上述两个阶段中涉及的具体业务，就如何在具体工作中遵守专利代理职业道德，特别是精于业务、勤勉敬业、保守秘密和举止礼仪等加以说明。

2.1　精于业务

服务质量是专利代理行业的核心竞争力。由于不同国家的专利制度存在一定差异，通过《保护工业产权巴黎公约》或PCT途径进入中国的专利申请代理业务，所使用的官方语言各不相同，特别是近年来包括美国专利商标局、中国国家知识产权局以及欧洲专利局在内的主要专利国家和地区相继对法律法规进行修改，大大增加了专利申请文件准备阶段的工作难度，这对专利代理机构的业务能力提出了更高的要求。专利代理职业道德中的精于业务在专利申请文件准备阶段的具体体现，是专利代理机构和专利代理人服务质量不断提高的有力保障。

专利申请文件准备阶段中，专利申请实质性文件的准备是重要内容。对于需要撰写专利申请文件的专利申请委托业务，申请文件的撰写质量是专利代理服务质量的一

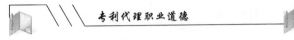

项重要内容，专利申请文件撰写的质量高低不仅关系到专利申请保护范围合理，还要影响专利授权后的权利稳定性，因此，精于业务的专利代理职业道德应当贯穿于专利发掘和专利申请文件撰写全程。

专利申请文件的撰写是专利代理人业务能力和实践经验的综合体现，不仅要求专利代理人充分考虑《专利法》《专利法实施细则》和《专利审查指南2010》的具体要求，还要从委托人的角度，全方位地考虑专利申请的布局以及保护策略。对于专利申请提交后可能遇到的风险和不利后果，专利代理人也要结合现行法律法规和审查实践，提前告知委托人，说明利害关系，并制定相应的策略。此外，由于不熟悉专利制度或不了解专利代理业务，部分专利申请人/发明人在专利申请文件准备过程中可能会反复变更发明保护的要点，增加或删除技术方案，导致专利申请文件的结构或布局的反复调整。为避免出现上述被动局面，有经验的专利代理人在申请文件前期准备过程中常常有意识地引导发明人全面阐述发明构思，合理设计专利布局方案，以提高专利申请文件的撰写效率，确保申请文件的质量。

专利申请实质性文件的准备，还会出现需要专利代理机构和专利代理人根据委托人提供的申请文件准备中文译文或外文译文的情况。在这类申请文件准备过程中，精于业务的职业道德要求专利代理机构和专利代理人在翻译过程中，必须结合专利申请文件的具体技术领域和具体技术内容，在正确理解技术方案的前提下，确保翻译内容的科学性和准确性，使专利申请文件的译文完整、准确、忠实于原文，为后续专利申请工作奠定坚实基础；此外，在翻译文本准备过程中，如果发现申请文件中有不符合相关法律法规和专利审查实践的内容或形式缺陷，专利代理机构和专利代理人还应当主动向客户提出法律允许的修改建议，以期在合理时间内完成相应修改并提交。主动向客户介绍中外专利审查实践并提出相关修改建议也是专利代理机构和专利代理人精于业务的职业道德的良好体现。

在格式文件的准备过程中，精于业务还可以体现在结合从业经验，对客户所提供材料是否符合《专利法》和相关审查实践（例如委托书是否为原件）进行初步审核，对于不符合《专利法》和相关审查实践的材料应当提前与客户沟通，避免因未能在规定时间内提供相关材料导致权利丧失、期限延误或产生额外的费用等。

2.2 勤勉敬业

专利制度的特点决定了专利申请均有较强的时效性，大多数专利申请文件的准备都必须严格按照各种法定时限完成相关工作。

对于需要在较短时间内完成专利申请文件撰写的申请文件准备工作，为了满足委托人在合理时间内提交专利申请的要求，特别需要专利代理人发扬勤勉敬业的职业道德，合理安排工作时间，在确保专利申请文件质量的前提下，把握好专利申请的撰写时间，力争按照约定的计划完成专利申请文件的准备工作，在合理时间内确保申请文件的按时提交。

具体而言，虽然准备时间较短，专利代理机构和专利代理人仍然需要按照工作要求，对委托人提供的技术资料进行认真研究，在充分理解和交流的基础上开展工作，并对委托人的相关问题给予及时解答或回复，并按时将依照委托人建议或根据双方讨论后的意见修改或补充的专利申请文件提交给委托人审核。在实践中，专利代理机构和专利代理人时常会遇到因客户未对专利代理人提出的问题或完成的申请文件及时回复，造成后续工作无法开展的被动情形。在这种情况下，专利代理机构和专利代理人更应当发扬专利代理职业道德的勤勉敬业精神，积极与委托人联系或沟通，创造各种便利条件，确保申请文件中技术内容的增加、放弃或者修改在正式提交之前经专利申请人/发明人审阅，并得到对方的书面确认，从而保证专利申请文件的撰写质量。

期限管理是专利申请文件的准备阶段中的重要工作内容，期限管理工作的开展也有赖于专利代理机构和专利代理人勤勉敬业的职业道德的体现。例如，为避免因错过相关法定期限造成权利丧失，专利代理机构和专利代理人必须严格按照委托人的指示或根据相关条约规定的期限，计算专利申请在中国提交的时间，建立期限管理流程。具体地，可以采取例如计算机与人工双重监视的方式进行期限管理，确保专利申请文件的各项准备工作严格按照时限管理流程完成，按照预定期限向国家知识产权局提交相关文件。

在格式文件准备过程中，专利代理机构和专利代理人勤勉敬业的职业道德还可以体现在核对全部相关信息（优先权信息、发明人信息、申请人信息、提交文件清单等），确保所提交的申请文件完整性和准确性等具体工作中。

为体现专利代理机构和专利代理人的勤勉敬业，在向国家知识产权局提交专利申请文件后还应当及时向委托人报告。如果所提交的专利申请文件内容上有修改，则具体修改内容还应当事先得到专利申请人的书面确认。由于不同国家之间存在一定时差，邮件或传真的回复往往会产生滞后。因此，专利代理机构和专利代理人在收到外国委托人传真或邮件后，还应当第一时间确认收到相关文件并及时回复，这也是专利代理职业道德的重要内容之一——勤勉敬业的具体体现。

2.3 保守秘密

在专利申请文件准备过程中，专利代理机构和专利代理人依照专利代理职业道德的要求还需要特别注意保守秘密。特别是在专利发掘过程中，不可避免会涉及专利申请人/发明人尚未公开的发明构思或技术路线，专利代理机构和专利代理人在与对方的交流和沟通过程中不仅自己要注意保守秘密，还要提醒对方注意采取相关保密措施，避免因疏忽大意造成损失。

此外，根据现行《专利法》的相关规定，发明专利申请文件，除申请人要求提前公开的特殊情形以外，均在自专利申请日起算满 18 个月后才由国家知识产权局对外

公开。而专利申请提交及后续阶段中国家知识产权局向专利代理机构或专利申请人（对于未委托专利代理机构的申请人而言）发出的官方文件以及官方文件的答复文件的具体内容，均不主动向公众公开。因此，即使在专利申请文件提交后，从恪守专利代理职业道德的角度出发，无论双方是否签订保密协议，专利代理机构和专利代理人对委托人的专利申请文件及相关信息均应当保守秘密。

3 专利申请审查阶段

发明专利申请的实质审查程序是国家知识产权局确定发明专利申请是否符合授权条件的必经程序，一般是基于申请人提出实质审查请求而启动，经由针对审查意见通知书的答复过程，以授予发明专利权、或者驳回专利申请、或者专利申请被撤回或视为撤回而终止。在实质审查代理工作中，专利代理机构和专利代理人应当严守职业道德、勤勉敬业、恪尽职守，在与委托人和国家知识产权局的交往中文明有礼，以出色的业务能力和办案水平为委托人争取合理的专利保护范围，切实维护委托人的合法权益。

3.1 勤勉敬业——专利申请实质审查阶段的期限管理

在实质审查程序中，勤勉敬业的基本要求是专利代理机构和专利代理人做好期限管理工作。为确保实质审查程序中的各项专利代理工作能得到及时有效的处理，专利代理机构应当建立完善的流程时限管理系统。例如，完善的流程时限管理系统应当包括基于计算机信息管理技术的电子化流程管理软件和基于人工操作的流程管理岗位。专利代理人可以利用流程管理软件定期或不定期地查询实质审查程序中的每一项代理工作的相关时限要求以便合理安排自身的工作时间和负荷，同时流程管理岗位的负责人员也可以对相关时限要求进行复核，必要时提醒专利代理人及时处理即将到期的专利代理工作，以最大程度地避免因耽误时限而给委托人带来不必要的损失。

具体而言，在实质审查程序的启动阶段，专利代理机构应当监控提出实质审查请求的绝限，并根据委托人的要求适时提出实质审查请求和缴纳实质审查费。如果在绝限前的合理时间内未收到委托人关于提出实质审查请求的指示，专利代理机构应当及时向委托人作出提醒。例如，《专利代理服务指导标准（试行）》指导专利代理机构在绝限前6个月左右向委托人发出提醒，并在该绝限前再次提醒委托人。专利代理机构在向委托人发出实审提醒函或委托人提出实质审查请求时，应提示委托人在提出实质审查请求时可以对申请文件进行主动修改。

国家知识产权局发出进入实质审查阶段通知书是发明专利申请进入实质审查阶段的标志。专利代理机构在收到进入实质审查阶段通知书之后应当及时向委托人转达，提示委托人在收到该通知书之日起3个月内可以对申请文件进行主动修改。

委托人指示对申请文件进行主动修改，但是修改的时机不符合规定的，专利代理

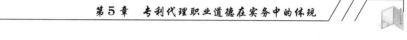

机构应该告知委托人适合的修改时机，并在案卷文档中作出明确记载并设立主动修改时限监控，以便在适当的时机进行修改。修改完毕后应该向委托人报告处理的结果。❶

在审查意见通知书的处理阶段，专利代理机构在收到审查意见通知书后，应该立即将审查意见通知书的发文日期等信息输入流程时限管理系统，启动答复期限的监视，并及时向委托人转达，在转达函中应写明审查意见的答复期限以及希望委托人给予答复指示的时间。例如，针对第一次审查意见通知书，通常可以将希望委托人给予答复指示的时间设定为答复期限届满前1个月，针对再次审查意见通知书，通常可以将希望委托人给予答复指示的时间设定为答复期限届满前15天。

在向委托人转达审查意见通知书之后，应当继续监视审查意见通知书的答复期限并及时提醒委托人。❷如果未能在合理监视时限内收到委托人的答复指示，例如在上述希望委托人给予答复指示的时间以后并且在答复期限届满以前，专利代理机构应向委托人发出提醒函，提醒函中应包括关于延期手续和费用的提示。如果在答复期限届满前未收到委托人答复指示，一般情况下，应最后与委托人联系以确认放弃答复还是延期答复。委托人要求延期答复的或者专利代理机构与委托人之间有在无相反指示情况下维持专利申请待审状态约定的，专利代理机构应该及时办理延期手续，重新设定时限监视，并将新的答复期限报告委托人。❸

如果延期届满之前仍然未得到委托人的指示，则在维护委托人最大利益的前提下，专利代理机构可以对专利申请作出主动处理。处理的方式可以是按时答复审查意见通知书而不对申请文件作实质修改，或者提出会晤请求，或者不答复审查意见通知书。对前两种处理方式，需要立即与委托人联系，以明确下一步工作如何进行；对于后一种处理方式，待国家知识产权局发出视为撤回通知书之后，向委托人转达视为撤回通知书，然后根据委托人的指示，决定是否提出恢复权利请求。❹当然，专利代理机构也可以根据委托人的指示在发出视为撤回通知书之前主动提出恢复权利请求。

在收到委托人的答复指示之后，专利代理机构应当对审查意见通知书及时答复，并在答复完成后及时向委托人报告，并向委托人提供已经向国家知识产权局提交的答复意见和修改的申请文件替换页（有修改时）的副本。若委托人对审查意见的处理给代理机构以具体选择的机动余地，则专利代理机构应该在报告时对所作出的选择或补充予以说明。❺

---

❶　中华全国专利代理人协会. 专利代理服务指导标准（试行）［S］. 北京：2009：45－46.
❷　尹新天. 专利代理概论［M］. 北京：知识产权出版社，2002：326.
❸　中华全国专利代理人协会. 专利代理服务指导标准（试行）［S］. 北京：2009：39.
❹　尹新天. 专利代理概论［M］. 北京：知识产权出版社，2002：326－327.
❺　中华全国专利代理人协会. 专利代理服务指导标准（试行）［S］. 北京：2009：40.

3.2 精于业务——审查意见通知书的转达和答复

在实质审查程序中，专利代理机构和专利代理人应当在审查意见通知书的转达和答复工作中做到精于业务。专利代理机构应当建立健全业务培训制度，督促本机构的专利代理人不断学习和掌握执业所需的各种理论知识和实务技能，尤其是要熟练掌握《专利法》《专利法实施细则》《专利审查指南2010》中有关实质审查程序的规定以及具体审查实践情况。这样才能使专利代理人充分理解审查意见通知书中的审查意见并在理解的基础上为委托人提出有效建议，从而帮助委托人顺利推进发明专利申请的实质审查程序，早日获得授权。

3.2.1 审查意见通知书的转达

具体而言，在发明专利申请的实质审查程序中收到审查意见通知书后，专利代理人应当加以研究，明确审查员对于该申请的总体倾向性意见，根据双方的约定或惯例对具体审查意见进行逐条分析，重点分析其事实认定是否清楚，法律适用是否正确，然后对所有的审查意见要点进行归纳总结，理清转达思路。在向委托人转达审查意见时，一般情况下，委托人要求提供分析建议的，专利代理人应该在准确理解审查意见的基础上结合委托人的具体需要提供全面的分析建议。

对于涉及专利申请文件的实质性缺陷的审查意见，专利代理人可以对相应的《专利法》条款和审查标准进行解释，并由委托人提出处理意见。专利代理人也可以根据委托人的需要对审查员所列举的对比文件进行研究分析并提出答辩建议和/或修改申请文件的建议和/或提供相应对比实验、证明文件的建议。❶在对实质性缺陷的审查意见进行分析时，专利代理人应当采用科学的分析方法，提出重点突出、逻辑性强的分析意见。例如，在对创造性问题分析时，专利代理人应当对《专利审查指南2010》规定的"三步法"了然于胸，重点分析发明与最接近的现有技术的区别特征是否能在现有技术中得到启示以解决技术问题。对于涉及专利申请文件的形式缺陷的审查意见，专利代理人可以对相应的《专利法》和《专利法实施细则》及审查标准进行解释，并由委托人提出处理意见。专利代理人也可以根据委托人的需要对申请文件进行研究分析并提出答辩建议和/或修改申请文件的建议。❷一般来讲，申请文件的形式缺陷多是因为撰写时语言表述得不准确或者各国法规对于申请文本格式要求不一致产生，一般对于发明的实质保护范围影响不大，针对审查意见进行答辩或修改的难度较小，所以专利代理人应当尽量给出比较明确的建议以节约委托人的时间成本。

另外，由于各国专利法律和审查实践的差别，容易产生国外委托人对中国审查标准难以理解的情况。这就要求专利代理人在向国外委托人转达审查意见通知书时，注意重点解释中国《专利法》《专利法实施细则》和审查实践中的特殊要求并给出针对

❶ 中华全国专利代理人协会. 专利代理服务指导标准（试行）［S］. 北京：2009：37－38.
❷ 中华全国专利代理人协会. 专利代理服务指导标准（试行）［S］. 北京：2009：38.

性的答辩或修改建议，在提出修改建议时最好在原始申请文本中找到相应的记载或者提供建议修改内容能从原始申请文本中直接地、毫无疑义地确定的证据，从而帮助国外委托人完成有效答复。

3.2.2 审查意见通知书的答复

在完成审查意见通知书的转达工作之后，专利代理人应当与委托人保持及时、良好的信息沟通。收到委托人的答复指示后，应及时阅读分析。委托人提出问题的，应及时回复，耐心解释。在准备答复意见的过程中，如果发现委托人指示不全面或者不正确的，例如，委托人关于修改申请文件的指示可能存在不符合《专利法》第 33 条规定的情形的，专利代理人应该在时间允许的情况下尽量与委托人沟通。必要时可以办理延期手续。在委托人的指示存在错误而专利代理机构没有时间或无法与委托人沟通的情况下，专利代理人应按委托人指示作业，并且事先或事后告知其可能产生的不利后果。专利代理人原则上不得违反委托人的指示而自作主张。❶

专利代理人针对审查意见通知书进行答复时，应当为委托人争取合理的专利保护范围，处处维护委托人的合法权益。在意见陈述书中，应该忠实反映委托人的指示意见，针对审查意见通知书中的审查意见进行全面答复，特别是应该针对涉及专利性和保护范围的审查意见逐一进行答复，不得有任何遗漏，也不得作出无实质内容的答复。意见陈述的内容应与申请文件的修改相一致。在审查意见答复中，应注意某些陈述或者修改有可能对日后的无效程序或侵权判定带来的不良影响。语言表达既要做到逻辑清晰严谨、文字准确清楚，需要发挥时要充分发挥，又要做到灵活得当，宽严适度，不该说的不说，尽可能避免因语言使用不当而给后续程序留下适用禁止反悔原则的口实。委托人的最后指示不全面时，专利代理机构也应该对审查意见通知书中的审查意见进行全面答复。对于委托人没有给出答复指示的审查意见，专利代理机构应该采用对申请人利益影响最小的方案处理和答复，并且将处理结果报告给委托人。❷

3.3 举止礼仪——专利申请实质审查阶段的沟通交流

在实质审查程序中，举止礼仪是专利代理机构和专利代理人与国家知识产权局业务往来中应当遵守的职业道德内容。实质审查程序是整个专利申请流程中专利代理人与国家知识产权局的审查员之间交流最为密切的一环。专利代理人应该将举止礼仪切实渗透于实质审查程序中的方方面面，维护好专利代理机构与国家知识产权局之间的和谐工作氛围，促进实质审查代理工作的开展。

3.3.1 书面交流礼仪

意见陈述书是实质审查程序中专利代理人与审查员进行书面交流的最主要形式。针对审查意见进行答复时，专利代理人应当在意见陈述书的字里行间体现出良好的职

---

❶ 中华全国专利代理人协会. 专利代理服务指导标准（试行）[S]. 北京：2009：39 - 40.
❷ 中华全国专利代理人协会. 专利代理服务指导标准（试行）[S]. 北京：2009：40.

业素养，要做到语言文明、说理充分。一般来讲，在意见陈述书的起始语段中应当写明专利申请的申请号、发明创造名称、审查意见通知书的发文日期和发文序号等信息，以便于审查员查找定位相应的申请案卷。在意见陈述书的正文部分开始处，可以先对审查员的审查工作表示感谢，这是对审查员付出的辛勤劳动的尊重，也使专利代理人与审查员的书面交流得以在相互尊重的和谐氛围下开展。在对审查意见进行答复时，作为委托人的代表，专利代理人在具体事实认定和法律适用问题上与审查员往往持有不同的意见，甚至可能完全不同意审查意见。即使在这种情况下，专利代理人也应当在意见陈述书中与审查员心平气和地交流，客观说明事实情况，结合相关法律规定阐述委托人一方的观点，论述中力争做到逻辑严密、重点突出、说理充分、以理服人。例如在对审查员提出的专利性问题进行答复时，通过专利代理人意见陈述，往往能够帮助审查员掌握相关现有技术的客观状态，正确理解发明与现有技术之间的异同，从而得出发明是否具备专利性的相对客观的结论，也有利于使委托人和审查员双方达成一致意见。最后在意见陈述书的结尾部分处，专利代理人应表示出积极配合审查工作的态度，请审查员在不同意目前的答辩意见或修改内容的情况下再次给予陈述意见和修改的机会，同时最好能留下工作电话等联系方式以备审查员在后续审查程序中与专利代理人进行电话讨论之需。

以下列举几个在意见陈述书中可以体现出举止礼仪的语段。

意见陈述书的起始语段举例：

尊敬的审查员：您好！

（1）感谢您的细致审查工作，申请人在阅读了审查意见后提出以下意见和/或进行如下修改……

（2）感谢您详细的审查意见，申请人在研究审查意见后按照审查员的要求进行了修改……

（3）您发出的审查意见我们已收到，首先非常感谢审查员同志对申请文件进行了细致的审查并明确指出了其中存在的问题，申请人现针对审查员的意见进行答复，具体陈述如下：……

意见陈述书的结尾语段举例：

（1）再次感谢审查员付出的辛勤劳动，申请人已经按照审查意见进行了修改，请审查员在……基础上继续审查并早日授予本申请专利权。

（2）本次答复是按审查员的意见进行的，没有增加任何新的修改内容，因此望审查员早日授权为盼。若此次答复后，本申请仍有不足之处，也恳请审查员能够再给予修正的机会，并明确指出错误和修改的方向。

（3）申请人认为，以上陈述克服了审查意见中指出的所有缺陷，希望审查员以此为基础继续审查本发明专利申请并予以授权。如果审查员认为本申请仍有不符合专利法规定之处，恳请再给予一次陈述意见/修改的机会。最后，申请人对审查员认真细致的工作表示由衷的感谢。

（4）申请人相信，修改后的权利要求书已经完全克服了审查员在第一次审查意见通知书中指出的缺陷，符合《专利法》《专利法实施细则》及《专利审查指南2010》的相关规定。如果审查员在继续审查过程中认为本申请还存在其他缺陷，敬请与专利代理人联络（联系电话：×××××××××），申请人方面将尽力配合审查员的工作。

3.3.2 会晤礼仪

根据《专利审查指南2010》的规定，为了加快审查进程，应审查员的约请或者专利申请人的请求，可以安排双方会晤来讨论案情。而申请人委托了专利代理机构的，会晤必须有专利代理人参加。举行会晤的，应当预先约定会晤的内容、时间和地点。专利代理人参加会晤，应当注意守时践约，如遇特殊情况无法践约，应当提前通知审查员并重新约定会晤时间。专利代理人无正当理由不参加会晤的，审查员可以不再安排会晤，而通过书面方式继续审查。这种无故不履约的行为，不仅是对审查员的不尊重，而且不利于审查进程的顺利推进。

专利代理人在会晤过程中也要时时注意文明礼貌，体现出自身的职业素养和对审查员的尊重。首先，专利代理人要善于倾听审查员的意见，在倾听时态度端正、全神贯注，不要随意打断审查员的发言，如欲打断审查员进行讨论，要提前示意。其次，专利代理人发言时要做到语言简洁清楚、语气谦和礼貌，集中在焦点问题上进行讨论，以节约自己和审查员的时间。在会晤结束时专利代理人应当对会晤结论进行及时归纳，以作为向委托人报告的基础或者进一步补充意见陈述或提交修改文件的基础。

以上以发明专利申请的实质审查程序为例详细阐述了勤勉敬业、精于业务、举止礼仪等职业道德如何在审查阶段的代理实务中具体体现。由此及彼，在实用新型、外观设计专利申请的初步审查程序中，专利代理职业道德有着同样的体现方式，为免重复，不再赘述。

第2节 专利代理职业道德在专利无效业务中的体现

依据现行法律规定，任何单位或个人认为已授权专利不符合《专利法》《专利法实施细则》有关规定的，均可以启动无效宣告程序，向专利复审委员会提出宣告该专利权无效的请求。专利无效业务就是指专利代理机构和专利代理人在无效宣告程序中代表请求方（无效宣告请求人）或被请求方（专利权人）处理相关委托事务的代理业务，具体包括：①接受无效宣告请求方的委托提出无效宣告请求，无效宣告请求书的撰写与递交，参加口审；②接受被请求方（专利权人）的委托，准备无效宣告请求书的答复意见与提交，参加口审等。

与专利申请代理业务相比，专利无效业务具有以下特点：

① 专利无效宣告程序涉及请求方（无效宣告请求人）、被请求方（专利权人）和

专利复审委员会合议组三方,是在合议组主持下的请求方与被请求方的直接对抗。因此,无论是代表请求方还是被请求方,专利代理机构和专利代理人承办专利无效业务的前提是恪守避免冲突的专利代理职业道德。

② 专利无效宣告程序中,口头审理是合议组对无效宣告请求进行合议审查的主要审查方式。

以下分别就专利代理机构如何在专利无效业务过程中避免冲突,以及如何在口头审理中体现专利代理职业道德加以说明。

1 避免冲突

根据《专利代理服务指导标准(试行)》,专利代理机构在确定是否接受专利无效业务委托时首先应当进行利益冲突的核查,这是专利代理职业道德中避免冲突的具体要求。实践中,只有不存在利益冲突或利益冲突已解决的前提下,专利代理机构方能在专利无效业务代理过程中接受委托方委托,并根据所签订协议开展后续相关工作。

专利权无效宣告程序是无效宣告请求人和专利权人双方直接对立的程序,请求人一方的目标是宣告专利权无效,而专利权人一方的目标是维持专利权有效,双方根本目标完全相反,对抗性极强。因此,相比于专利申请程序,专利权无效宣告程序的直接对抗性质给专利代理机构施加了更高的避免利益冲突义务。

首先,专利代理机构应当严格遵守法规、规章和行业自律规范的相关规定,在专利权无效宣告程序中接受委托之前自觉进行利益冲突审查,坚决避免法定利益冲突情形的出现。根据《专利代理服务指导标准(试行)》的规定,专利代理机构接受无效宣告请求人委托之前,应当确认本机构是否曾针对拟被无效的专利为专利权人一方提供过专利代理服务。如果专利代理机构确曾针对该拟被无效的专利为专利权人提供过专利代理服务,例如曾代理过该拟被无效的专利(包括专利确权程序、专利无效程序和专利侵权诉讼程序的代理工作)或者就该拟被无效的专利为专利权人出具过专利有效性意见,那么可以确认法定利益冲突情形出现。在这种情况下,专利代理机构应当果断地拒绝接受无效宣告请求人的委托,避免损害专利权人的合法权益。相应地,专利代理机构接受专利权人委托之前,应当确认本机构是否曾针对拟被无效的专利为无效宣告请求人一方提供过专利代理服务。如果专利代理机构确曾针对该拟被无效的专利为无效宣告请求人提供过专利代理服务,例如曾在该无效请求案或针对同一件专利的其他无效请求案中代理无效请求人,或者就该拟被无效的专利向无效请求人出具过专利有效性意见,那么可以确认法定利益冲突情形出现。在这种情况下,专利代理机构应当果断地拒绝接受专利权人的委托,避免损害无效宣告请求人的合法权益。

其次，在专利权无效宣告程序中，专利代理机构应当慎重处理非法定利益冲突。根据《专利代理服务指导标准（试行）》的规定，专利代理机构接受无效宣告请求人委托之前，在排除法定利益冲突情形以后，还应当确认本机构是否正在就其他专利案件为专利权人一方提供专利代理服务。如果专利代理机构正在代理专利权人的其他尚未完结的专利申请、专利无效或专利诉讼等业务，那么可以确认非法定利益冲突情形出现。尽管非法定利益冲突不是法规所明令禁止的，但是由于代理无效宣告请求的行为对于专利权人的损害程度深，难以获得专利权人的豁免，故专利代理机构一般应该考虑拒绝接受无效宣告请求人的委托。相应地，专利代理机构接受专利权人委托之前，在排除法定利益冲突情形以后，还应当确认本机构是否正在就其他专利案件为无效宣告请求人一方提供专利代理服务。如果本机构正在代理无效宣告请求人的其他尚未完结的专利申请、专利无效或专利诉讼等业务，那么可以确认非法定利益冲突情形出现。同理，在这种情况下专利代理机构一般应该考虑拒绝接受专利权人的委托。

专利权无效宣告阶段中利益冲突审查和利益冲突调处的具体程序与专利申请阶段中的相应程序并无实质性区别，此处不再赘述。

2　口头审理程序

为了确保口头审理的顺利进行，力求客户合法权益最大化，专利代理机构和专利代理人在包括口头审理前期准备、口头审理，以及口头审理后续工作全程均需要遵守精于业务、勤勉敬业、举止礼仪以及保守秘密等专利代理职业道德。

2.1　口头审理的前期准备

2.1.1　精于业务

无效程序中口头审理前期准备工作的启动，对无效宣告请求方的专利代理机构而言，可以追溯到无效宣告请求书的撰写与提交，对被请求方的专利代理机构而言，则始于无效宣告请求书答复意见的撰写与提交。

在口头审理前期准备过程中，精于业务的专利代理职业道德首先应当通过专利代理机构接受委托后对委托人相关信息的核实加以体现。具体而言，对于无效宣告请求方的专利代理机构，需要与委托方积极沟通，核实委托方的具体信息包括：无效宣告请求人的主体资格是否适格，无效宣告请求的相关目的（全部或部分无效，是否涉及专利侵权诉讼）。对于无效宣告被请求方的代理机构，则体现在以下具体业务开展过程中：在接受专利权人委托后，应当积极与被请求方（专利权人）沟通，研究并核实无效宣告请求书中的理由是否属于法定理由，相关证据的真实性、合法性以及与无效宣告请求的关联性，同时还应当确定无效宣告请求人的主体资格是否适格。

在专利无效宣告请求书的撰写过程中，精于业务的专利代理职业道德可以在收集并核实无效宣告请求的相关证据过程中加以体现。证据的收集与获取应当紧紧围绕无效请求委托人的真实意图和目的展开，整个过程是专利代理机构和承办专利代理人业务能力的综合体现，也是专利无效宣告请求后续工作开展的基础。对于通过检索或其他方式收集到的相关证据，专利代理机构和专利代理人必须基于对法律法规的理解和执业经验加以研究与核实，判断所收集的证据是否存在问题以及对无效结果的大致影响，根据审查实践确定相关证据是否需要进行翻译或公证/认证，以及是否需要补充其他用于无效宣告请求的证据或理由。基于前期获得的相关证据，专利代理机构以及专利代理人根据与委托人的充分沟通和委托人的实际需要，为委托人设计并确定无效宣告请求的策略的相关工作，也是专利代理职业道德中精于业务的具体体现。

相应地，作为被请求方的专利代理机构，在专利无效宣告请求书的答复意见撰写过程也必须遵守精于业务的职业道德。具体来说，无效宣告请求理由是否符合相关法律规定，无效宣告所依赖的证据是否符合真实性、合法性和关联性要求等问题的研究与审核，是专利代理机构和专利代理人依据被请求方的意图设计答辩策略的基础。以及在此基础上，与委托人商定是否答复无效宣告请求、答复的深入程度、是否对授权专利的权利要求进行修改以及修改策略等，所有上述代理工作的完成，不仅反映出专利代理行业的服务质量，也是专利代理职业道德中的精于业务的具体体现。

此外，在口头审理前期准备工作中，无论请求方还是被请求方的专利代理机构，在收到合议组发来的口头审理通知书后，还应当主动了解当事人是否有和解意愿，核实自身的代理权限，并落实参与口审的具体人员等，这也是精于业务的职业道德在口头审理前期准备过程中的具体体现。

2.1.2 勤勉敬业

根据现行法律规定，无效宣告请求人可以在无效宣告请求提出一个月内提交或补交无效宣告请求理由或证据。因此，作为无效宣告请求方的专利代理机构，在口头审理的前期准备过程中，如果有补充证据或材料提交，应当依照勤勉敬业的专利代理职业道德要求，在法定时间内积极准备并提交。

根据现行法律规定，无效宣告请求程序中的被请求方需要在法定期限内（通常为1个月）向专利复审委员会提交针对无效宣告请求书的答复意见。因此，作为被请求方的专利代理机构和专利代理人，为了准备专利无效宣告请求书的答复意见，通常需要在相对有限的时间内完成如下一系列任务：向委托人介绍专利无效宣告相关法律规定和处理程序；与被请求人的充分沟通，初步判断专利被无效的可能性或风险；依照相关法律法规和委托人的需求制定应对策略；最终完成无效宣告请求答复理由的准备和提交。所述一系列工作的顺利开展和完成也正是勤勉敬业的专利代理职业道德的具体体现。

2.1.3 保守秘密

无效宣告请求的证据、理由和策略与无效宣告请求人最终是否能够赢得无效宣告请求密切相关，类似地，针对无效宣告请求方提交的证据与无效理由的法律分析以及答复策略，同样是被请求方最终是否能够维持专利权有效的关键。因此，无论是请求方还是被请求方的专利代理机构和专利代理人，都必须保守当事人的秘密，体现保守秘密的专利代理职业道德。

2.2 口头审理期间

口头审理是无效宣告请求中的一个特殊程序，由无效宣告方的代理人、被请求方（专利权人）的代理人和专利复审委员会合议组三方参加，在专利复审委员会合议组指定的时间进行。在口头审理期间，请求方和被请求方的专利代理机构和专利代理人除了要注意体现勤勉敬业和精于业务之外，重点应当遵守举止礼仪的专利代理职业道德。

在参加口头审理时，专利代理人应当参照商务会面的要求正式着装，按照指定时间适当提前或准时到场，口头审理期间未经合议组许可不得中途退庭。对于准备旁听口头审理的委托人还应当提醒适当提前或准时到场。口头审理期间，不得接打电话，并根据合议组要求将手机等通信工具设置为静音或会议状态。

在口头审理期间，举止礼仪还应当体现在请求方和被请求方的专利代理人遵守审理庭规则，维持口头审理的秩序，服从专利复审委员会合议组的审理程序，按照合议组要求和指示顺序发言。对方代理人发言或合议组审查员发言时，都要认真倾听，不得随意打断。

此外，专利代理人在口头审理过程中发言时应征得合议组组长同意，发言内容也应当围绕无效宣告请求的具体理由和相关证据，依照法律法规，摆事实讲道理，采用精练概括的语言进行阐述说明，语气不卑不亢，态度谦和。对于合议组审查员业已查明的问题不纠缠，更不得对对方的专利代理人或审查员进行言语嘲讽或人身攻击。实践证明，良好的举止礼仪，既体现出自身的职业素养和品行，也是对对方的专利代理人的尊重，对合议组审查员的尊重。

2.3 口头审理后续阶段

口头审理的后续阶段中，根据口审的具体情况以及合议组要求，专利代理机构和专利代理人还应当遵守勤勉敬业的职业道德，对需要补交的证据材料或补办的相关手续，应当在与委托人沟通后在合议组规定期限内尽快提交或补办相关手续。

此外，专利代理机构和专利代理人的勤勉敬业，在口头审理的后续阶段还可以体现在例如：收到专利复审委员会发出的无效宣告审查决定后，还应当尽快向委托人报告，并根据决定书的具体内容，针对不利于当事人的无效决定，向委托人介绍相关法律法规的相关规定，并结合案件的具体情况，提出是否开展后续工作（例如提起行政诉讼）的专业建议并告知相应的法律风险。

实践证明，加强专利代理职业道德教育，大力倡导专利代理机构和专利代理人在包括专利申请和无效代理等实务中遵守遵纪守法、诚实守信、保守秘密、避免冲突、勤勉敬业、精于业务、举止礼仪、尊重同行等专利代理职业道德，这样不仅能够赢得委托人／申请人的尊敬和理解，还能够用实际行动为专利代理行业增光添彩。

第6章 专利代理机构的行业自律

"自律"不言而喻是自我约束。一个人在别人看见的时候，能够行事谨慎，坚持原则固然值得称赞；一个人如果在别人看不到的时候，还能做到谨慎不苟，自觉按道德规范严格要求自己，才体现出这个人真正具有道德修养，做到了真正的自律。

"行业自律"顾名思义是一个行业的自我约束。一个行业，尤其是公共服务行业，自律显得尤为重要。行业自律离不开行业中每个人的自我修身，但两者不能等同。

就个人的道德修养而言，我们的先人十分重视"慎独"的精神。其中的"独"是独自、独处或自己的意思，也就是别人不知道或看不到，只有自己知道的情形。"慎独"的意思是"在独处时也能谨慎不苟"。❶ 慎独其实就是一种自律，是对个人内心深处不为他人所知的思想和情绪的自我约束。❷《中庸》说："天命之谓性，率性之谓道，修道之谓教。道也者，不可须臾离也，可离，非道也。是故君子戒慎乎其所不睹，恐惧乎其所不闻。莫见乎隐，莫显乎微，故君子慎其独也。"用今天的话来表达就是一个自律的人在独处时也会慎重对待自己的独立人格，不需要别人来监督、约束自己，即使在别人不知道或看不到的情况下，仍然能够自我约束，不放纵自己，不会为一时利欲而自毁自弃。

然而，行业自律本身不是一个个人行为，也不只是一个"修身"的行为。首先，行业自律是一个行业的行为，而不是某个具体个人的自我约束和修身。行业自律要求整个行业的行为即使在没有或缺少政府和社会公众监督的时候，也要谨慎不苟，恪守职业道德，进行诚信、合法、公平和有序的竞争。正如一个自律的人在独处时会慎重对待自己的独立人格一样，一个自律的行业会在没有或缺少监管的情况下，慎重对待本行业的信誉和本行业企业的企业人格。相反，如果一个行业为了单纯的商业利益而不惜违法、牺牲企业人格和行业信誉、违背职业道德或采用不正当的竞争手段，势必败坏行业在社会和公众中的形象和声誉，失去社会公众的信任，最后导致该行业自毁自弃。

其次，行业自律也不止于谨慎不苟和恪守职业道德这样的"修身"行为。行业自

---

❶ 辞海编辑委员会. 辞海［M］. 上海：上海世纪出版股份有限公司上海辞书出版社，2009：2015.

❷ 当然，除了自律的含义，慎独还是儒家提倡的一种自我修身方法。这种方法要求一个人在没有外在监督的情形下仍能坚守自己的道德信念，自觉按照道德要求行事，不因为无人监督而为所欲为。慎独讲究个人道德水平修养，看重个人品行操守。

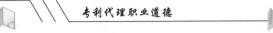

律还是一种市场行为，是因应市场竞争的产物，也是社会公众的期待。一个没有自律的行业，是难以在激烈的市场竞争中生存下来的。所以，行业自律还是一个行业进行自我规范、自我协调、自我发展、自我更新和自我保护的行为机制。行业自律的最终目的是规范行业行为，协调同行利益关系，维护市场秩序、行业间的公平竞争和正当利益，从而促进行业的健康发展。

行业自律包括自我约束和自我监督两个方面。它们好比一架飞机的双翼，互为依赖，缺一不可。自我约束是自我监督得以行使的前提。同时，只有做好对行业自律的自我监督，特别是对违反行规行约的惩罚，行业自律才能真正落到实处，而不是徒有虚名。一个行业如果做到了自我约束和自我监督并重，该行业的行业自律才会得到社会公众的认可。这样，该行业才能更好地维护本行业的合法利益，保护本行业的健康发展。一个能够自我管理、有着良好形象和声誉的行业必然也能让该行业的从业人员对自己的职业有认同感、自豪感和荣誉感。

行业自律的内涵包括三个层面：第一，在法律法规层面，遵守并严格执行相关的法律、法规和政策；第二，在行业规范层面，制定和实施行业规范，用行规或行约教育、要求和约束行业内每个机构和机构内每个从业人员的职业行为；第三，在个人道德品行层面，提倡和培养行业内每个从业人员个人道德品行的修养和社会责任感。这三个层面中每一个层面除了自我约束的要求，还包含了对行业内从业机构或从业人员的自我监督和保护的机能。

一个行业的行规、自律公约或规范条款通常由该行业的行业协会制定和实施。行业协会还是对行业自律进行自我监督的最主要机构。行业自律离不开行业协会。但一个不积极作为的行业协会也会使行业自律流于形式，成为虚幻的空中楼阁。所以，行业自律执行力的好坏有赖于该行业是否有一个得力有效的行业协会或类似的组织。

我国专利代理行业的行业协会是中华全国专利代理人协会。由中华全国专利代理人协会制定和不断完善的《中华全国专利代理人协会章程》《专利代理职业道德与执业纪律规范》和《专利代理服务指导标准（试行）》等是专利代理行业自我规范、自我检查和自我保护的体现。为了保证专利代理行业的健康发展、维护行业的整体利益和委托人的合法权益，中华全国专利代理人协会在 2004 年 3 月还发布了《关于反对不正当竞争，规范行业市场的决议》。这些重要的规范性文件保障了专利代理行业在市场化和社会化阶段中的健康发展。中华全国专利代理人协会也正在逐步发展成为代表专利代理行业、得力有效的行业协会组织。

专利代理机构的行业自律涉及多个方面，例如行业自律规范的制定、执行、监督、完善行业自律机制以及代理机构的内部管理和代理机构之间的行业竞争等。本章侧重于专利代理机构的内部管理和专利代理机构之间的行业竞争两方面内容。

第1节 专利代理机构的内部管理

我国专利代理机构现行的形式有三种：普通合伙企业、特殊的普通合伙企业和有限责任公司。无论公司制，还是合伙制，也无论规模大小，每个专利代理机构都是一个企业。所有专利代理机构也像所有其他企业一样，内部管理的内容方方面面，繁多复杂。其中人事、财务、业务和收费的管理是几大主要方面。

专利代理行业属于面向社会公众提供法律技术服务的行业。所以，专利代理机构的管理又有其行业特点和职业特点。特别体现在行业自律是专利代理机构内部管理的重要内容。不仅与职业道德相关的管理是专利代理机构内部管理的主要方面之一，而且专利代理机构内部管理好坏的本身就是职业道德的体现。具体来说，一个健全的专利代理机构的内部管理制度应当涵盖利益冲突审查、收费与财务管理、投诉查处、年度考核、档案管理等制度，以及对专利代理人在执业活动中遵守职业道德、执业纪律的监督。

作为企业，每个专利代理机构都会关注如何在人事、财务、业务和利润等方面有效地经营管理该企业。而本节则是结合案例，从行业自律的角度，重点关注在人力资源管理、业务管理、财务管理、行政管理、收费管理、职业道德和执业纪律的监督，以及与行业相关的其他部门关系的管理等各方面，探讨如何规范专利代理机构的内部管理，特别是专利代理机构在内部管理中可能涉及的与职业道德相关的问题和情形。

关于企业管理，按照管理学大师彼得·德鲁克的说法，管理要做好三件事：管理企业所从事的事业、管理经理人和管理员工与工作。❶"管理企业所从事的事业"实际上就是管理企业的价值观。针对"企业是赚取利润的组织"这样的观念，德鲁克有句著名的话："企业不仅不是一个赚取利润的组织，而且与利润无关。"❷按德鲁克的学说，利润是未来的资本，是顾客未兑现的支票。对于任何一个企业来说，没有了顾客，企业将无法生存。故而，利润仅是衡量一个企业管理水平的标准，而创造顾客才是经营企业的唯一有效的正确目的。因为创造顾客、满足顾客才是企业存在的唯一理由。❸所谓"创造顾客"对专利代理机构来说是指应当靠职业道德、质量和管理等来吸引和赢得顾客，赚取应得的利润。"满足顾客"也不是说要专利代理机构和专利代理人无原则地按照客户的所有要求去做，而是在遵守法律和职业道德的前提下，尽可能按照客户的需求，给客户一个满意的解决方案。专利代理不只是直接面向社会公众的服务行业，而且还是一个提供法律技术服务的专业服务行业。对一个专利代理机构来说，树立正确的经营理念和价值观，承担应有的社会责任，维护法律的尊严，是实现行业自律的重要方面。只有这样，才谈得上如何通过做好代理机构的内部管理，包

❶❷❸ 詹文明. 管理未来：卓有成效的德鲁克［M］. 北京：东方出版社，2009：56.

括人事、业务、档案和财务等细节管理，来体现良好的行业自律和职业道德。

【案例6-1】

八佰伴曾经是一家拥有四百家跨国百货店和超市、年销售额达到5 000亿日元的日本著名商业集团。从一个小蔬菜店起家，八佰伴创造了一个商业奇迹和神话。该集团的创始人和田加津女士就是在20世纪80年代曾经风靡一时的日本电视连续剧《阿信》中的主人公阿信的原型。她和八佰伴后来的掌门人、她的儿子和田一夫可以说是德鲁克学说最早的实践者之一。据说和田加津在20世纪50年代初的一次经营研讨会了解到"商人的价值不在于赚多少钱，而是由顾客的愉快与否做判定"的理念。❶1958年9月，一场罕见的台风袭击了日本的一些地方。八佰伴前一天采购了一卡车蔬菜。第二天因为台风的原因，蔬菜奇缺，许多商店都把蔬菜高价出售，10日元一根的萝卜居然涨到150日元。当其他商店大涨价的时候，八佰伴的蔬菜还是按平时的价格出售。顾客们很感动，拉着和田家人的手说："这才是真正的生意之道，八佰伴会发财的。"从那以后，许多顾客都只在八佰伴的商店买东西。他们的信任给八佰伴带来了繁荣，也奠定了八佰伴日后发展一日千里的基础。❷

【分析】

前面反复讲到，诚信是职业道德中最重要的和最基本的要求。八佰伴在台风袭来时，没有趁火打劫，而是依然坚守诚信，最后赢得人气、赢得顾客，也赚取了应得的利润，最终创造商业奇迹。依靠"诚信""创造顾客"的理念，八佰伴算得上是"管理企业所从事的事业"这个管理学的核心精神最好的践行者。无论对个人还是企业，恪守诚信，并不意味着吃亏，反而是在一点一点地增加信誉资产的含金量。从这个意义上讲，诚信应该是企业可持续发展的宝贵资源和财富。然而，恪守诚信或遵守职业道德的行为本身并不直接等同于利润。一个企业也不应以能否一定产生利润作为遵守职业道德的前提或衡量遵守职业道德是否有效的唯一标准。企业的发展还与市场等多方面的因素有关。这个例子中的八佰伴后来也因为市场和商业模式的问题陷入财务困境。

【案例6-2】

A是美国一家创办于19世纪末、有一百多年历史的知识产权律师事务所。曾经是美国知识产权法律服务的龙头老大。然而到了20世纪90年代后，面对市场激烈竞争，赚取利润渐渐成了A的唯一理念和价值取向，事务所逐渐演变成了一个几乎完全是为了赚取利润的机器。追求利润好像就成了事务所经营和存在的唯一理由。在这样的价值取向和理念的推动下，为了利润，办案质量可以牺牲，将本应认真处理的案子，敷衍了事，草草应付或者将复杂的案子交给业务新手完成，再向客户按资深律师或合伙人的费率收取高额律师费。为了利润，利益冲突可以无视，以致出现一个专利

❶❷ 和田一夫 [EB/OL]. [2013-02-19]. http://baike.baidu.com/view/450830.htm.

诉讼的双方代理律师皆为 A 的合伙人这样可笑和可悲的情形，犯了律师的大忌。因为历史和名气，这些做法的弊病并不是立刻显现出来，也让 A 的一些经营者产生侥幸心理。终于，到了 20 世纪末，由于质量和利益冲突的暴露出来的问题越来越严重，导致客户和一些大合伙人开始流失，A 也开始面临越来越多在质量和利益冲突方面违反职业道德的高额诉讼。这家百年老店终于在 21 世纪初关张解体，令人扼腕叹息。

【分析】

为了追求利润，在质量上敷衍了事，这在美国也一样违反了律师和专利代理人职业道德中勤勉敬业和精于业务要求。与八佰伴靠诚信创造顾客的做法相反，A 视利益冲突为儿戏的做法，除突破了职业道德底线——诚信，也违反了律师和专利代理人职业道德中最重要的基本原则——忠于客户。A 的上述做法也凸显了这个知识产权律师事务所在管理上的混乱和缺失，以及在管理理念和价值取向上出现的严重偏差。

此外，专利代理机构要建立健全管理专利代理机构管理者的制度，管理好专利代理机构的部门或客户的主管经理、负责人或合伙人，让每个管理者成为事务所内能够恪尽职守、勇于承担和培养下属的中坚骨干。专利事务所的员工既包括专利代理人，也包括文员和助理，要特别强调每个员工遵守专利代理机构的内部纪律，服从工作安排，妥善处理员工与客户之间的关系、代理人与政府和法院之间的关系、员工之间的关系。

1 专利代理机构内部管理概述

专利代理机构不仅是提供专利代理服务的机构，而且还是管理专利代理服务和管理提供该服务的专利代理人和辅助人员的机构。所以，专利代理机构的内部管理是由专利代理行业的特点、行业规范和法律法规的要求决定的，也是市场竞争、创造和服务客户的需要。

毋庸赘言，一个专利代理机构内部管理的好坏决定了该机构能否有效运营，是否有强大的执行力和能否健康地、可持续性地发展壮大。有时，机遇固然重要。但是机遇只可遇，不可求，不会总能遇上，遇上后也不会长久停留。一个企业可以利用机遇发展，但躺在机遇之背上吃老本，不重视内部管理，一定会在市场竞争中落后，被淘汰。我国自改革开放以来，给专利代理行业带来了空前的机遇。当今，建设创新型国家的战略，必将为行业带来新一轮大好机遇。对此，每个专利代理机构都应有清醒的认识，在抓住机遇的同时，加强自身的内部管理建设。比如业务的质量管理和控制，人事、文档和财务的管理和规范化，对代理人职业道德的培训和监督等，这些内部管理方面的内容也是专利代理行业职业道德的一部分。这些方面做好了，更可提升代理机构和行业自身的形象，防范和降低执业风险。如果一个代理机构不重视规范管理，则很可能出现像案例 6 - 2 那样的情况，遭遇客户抱怨和流失，甚至被客户诉诸

法院，或者被有关部门依据行业规范或法律法规进行处罚。这样不仅处于被动地位，而且信誉扫地，难以挽回。

专利代理机构的内部管理也是行业规范和法律法规的要求。如中华全国专利代理人协会 2010 年修改通过的《专利代理职业道德与执业纪律规范》第 26 条规定，专利代理机构应当建立健全人事、财务、业务、收费等内部管理制度。❶ 此外，针对少数专利代理机构由于忽视内部管理，给委托人利益造成损害的事件，中华全国专利代理代理人协会于 2011 年 1 月专门发出了《关于加强专利代理机构内部管理的通知》，就专利代理机构的内部管理提出了指导性的意见。

2 专利代理机构对内部事务的管理

2.1 内部管理机构的设置

专利代理机构的内部机构设置，根据企业组织形式的不同而会有所不同。就机构的高层管理层面而言，以有限责任公司形式注册的代理机构通常是董事会或股东会，下设总经理和副总经理等管理职位；以合伙事务所形式注册的代理机构或者律师事务所则为合伙人会议，由所长或主任负责全面管理工作。其他职能部门无论公司还是合伙事务所则大同小异，通常包括人事管理部门、财务管理部门、专利代理实体工作处理部门、流程工作管理部门等基本职能管理部门。

专利代理实体工作处理部门和流程工作管理部门是代理机构必须设置的两个最重要的职能部门，分别承担专利代理的实体性工作和事务性工作。根据服务对象的不同，一些专利代理机构会在专利代理实体工作处理部门和流程工作管理部门内分别设置国内部和国外部，甚至还会有以特定语种例如英语、德语、日语和韩语等为标准划分的小组，或者以特定企业为对象的部门或小组。而根据技术领域的覆盖范围，将专利代理实体工作处理部门划分为电学部、化学部、机械部和外观设计部则更为多见。

有些专利代理机构还从事商标代理工作，设有商标代理部门。一些专利代理机构还设置有法律部，专门从事与行政诉讼、侵权诉讼、行政处理等专利有关的法律事务。此外，专利代理机构还可以根据业务的需要，设置检索部门、翻译部门以及地方分支机构等。

对于小型的专利代理机构而言，因为人力资源的限制，不可能一一设置上述的职能部门，但也应该设置专职或兼职人员，对各类业务进行有效的管理，实现上述职能，保证机构的正常运转。

总之，专利代理机构内部机构的设置是因机构而宜，根据各自的规模业务需要的

---

❶ 《律师法》第 23 条也有类似规定，律师事务所应当建立健全执业管理、利益冲突审查、收费与财务管理、投诉查处、年度考核、档案管理等制度，对律师在执业活动中遵守职业道德、执业纪律的情况进行监督。

情况而决定的，没有统一的模式。但原则上应该科学化、规范化，简洁高效、分工清楚、责任明确、管理方便，能够为围绕优质高效的服务目标在组织结构上提供可靠保证。

2.2 内部管理制度的建立和完善

专利代理机构是提供技术、法律综合服务的社会组织，对职业化和技能程度要求很高，其内部管理制度是实现专利代理业务管理现代化的必然产物，它贯穿于专利代理业务活动的各个方面。一个健全的内部管理制度不仅可以增强代理机构的管理机制，提高代理机构的管理功能，同时也能帮助代理机构提高经营管理水平，提高服务质量和经济效益。国内外实践证明，凡是服务质量好、竞争能力强、得到客户认可和信任的代理机构，大多建有一整套完备的内部管理制度并将其严格贯彻执行。因此，建立完善的内部管理制度并使之有效地贯彻执行，是专利代理机构在激烈的竞争环境中立于不败之地的关键。

专利代理机构的内部管理制度通常包括公司章程、股东协议、合伙人协议、人事管理制度、财务管理制度、收费管理制度、分配制度、业务管理制度等，其中业务管理制度又包括专利代理实体工作管理制度和专利代理流程工作管理制度。公司章程、股东协议和合伙人协议等是约束企业自身和企业高层管理者行为的制度，而人事管理制度和业务管理制度则用来规范被聘用的专利代理人和其他员工的行为。专利代理机构还应该建立职业道德规范，对代理机构全体人员的职业操守进行约束。

由于我国专利代理制度本身起步较晚，一些专利代理机构建立的内部管理制度不够完善，一些专利代理机构即使建立有内部管理制度，但疏于贯彻执行，没有发挥应有的作用。专利代理机构内部管理的缺失和薄弱，轻则导致耽误时间，失去委托人的信任，重则导致严重事故，给委托人造成专利失效等不可弥补的损失，还有可能导致严重的违法乱纪事件。这些行为严重影响了专利代理行业的声誉和社会形象，也影响了专利制度的良好运行，违法行为者当然也会受到法律的严惩。

因此，根据《关于加强专利代理机构内部管理的通知》的精神，各专利代理机构应当组织全体员工认真学习国务院颁布的《专利代理条例》、国家知识产权局制定的《专利代理管理办法》等法规、规章，以及中华全国专利代理人协会制定的《专利代理职业道德和执业纪律规范》《专利代理服务指导标准（试行）》等行业规范。同时，在上述学习的基础上，对照《专利代理职业道德和执业纪律规范》《专利代理服务指导标准（试行）》，对本机构内部的规章制度建设进行一次清理检查，未建立的应立即建立，不完善的应尽快补充完善。专利代理机构负责人应切实负起责任，明确机构内部各岗位的职责，形成各岗位之间的监督约束机制，真正做到按制度办事，以制度管人。通过内部管理制度的建设和执行，大力提高服务质量，坚决杜绝对委托人不负责任的行为，为国家科技创新和经济建设服好务，为实施国家知识产权战略贡献力量。

2.3 人力资源的管理

2.3.1 对负责人的管理

专利代理机构的股东和合伙人等负责人是代理机构的主要管理者，他们既是专利代理机构发起的源头、决策的起点和管理的中心，也可以决定是否将该专利代理机构解体或重组，承担着对专利代理机构的管理职责。实践证明，一个专利代理机构的成功与否，主要取决于这个机构负责人的业务水平、经营理念、人格品行、职业操守以及管理能力。事实上，专利代理机构出现的各种问题，形式上可能发生在某个专利代理人或者辅助人员的层面，但究其根本原因，还是由于负责人疏于管理、放任管理或者缺乏职业操守而造成的。因此，专利代理机构对负责人自身的管理尤其重要。

对专利代理机构的负责人的管理，主要根据依法签订的股东协议、合伙人协议、以及公司章程等法律文件以及定期或临时召开的股东会议或合伙人会议等进行的，其重点是督促负责人在遵纪守法的前提下，遵守企业章程和决议，通过严格自身的人格品行和职业操守来约束自己的行为，并依靠相互之间的监督，保证企业的正常运行和发展。

按照《专利代理条例》的规定，专利代理机构的股东或合伙人等必须是具有相当资质的执业专利代理人。鉴于专利代理的这一行业特点，专利代理机构的股东、合伙人等负责人不仅肩负着开拓客户、承担业务管理、保证企业正常运作的任务，还应该是一个称职的专利代理人，能够承担客户委托的专利代理业务。因此，作为专利代理机构的负责人，既应该是一名合格的企业经营者，带领企业健康发展，同时又应该是一名合格尽职的专利代理人，以身作则，严于律己，不断提高自身的业务素质，恪守职业道德，成为客户信任、员工爱戴、同行尊重的典范。

2.3.2 对员工的管理

专利代理机构作为社会中介组织，应当根据其规模设置人力资源管理部门或配置专职的人力资源管理人员，依法建立健全的人事管理制度，对专利代理人和其他辅助人员进行有效的管理，倡导员工踏实工作、本分做人、为客户提供优质服务，为国家社会作贡献。管理的内容主要包括人员聘用、考核、工薪调整、奖惩和教育培训等。专利代理机构应对聘用人员的全面情况进行了解并建立人事档案，完整保存有关文件（例如学历证明、工作经历、身份证、家庭情况以及联系方式等）。

专利代理机构应当严格依据《劳动合同法》与聘用的专利代理人及其他员工签订劳动合同或聘用协议，建立健全的劳动合同关系。对于聘用的专利代理人，专利代理机构还应当按照《专利代理管理办法》以及有关规定及时将本机构人员的聘用信息报送中华全国专利代理人协会，并保证信息的准确、完整。

专利代理机构应当加强对全体员工尤其是专利代理人的管理，监督专利代理人遵纪守法，杜绝《专利代理条例》规定的下列不当行为：①不履行职责或者不称职以致

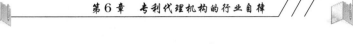

损害委托人利益；②泄露或者剽窃委托人的发明创造内容；③超越代理权限，损害委托人利益；④私自接受委托，承办专利代理业务，收取费用。

专利代理机构还应该监督专利代理人恪守职业道德和遵守执业纪律，接受所在专利代理机构的管理和监督，承办机构委派的工作，不得跨机构执业；不得承担存在利益冲突的业务；不得对政府部门和司法机关工作人员施加影响或进行干扰，不得伪造与执业活动有关的文件或证据；不得贬损同行，搞不正当竞争；在执业期间和脱离专利代理业务工作后 1 年之内，不得申请专利等。

2.3.3 离职员工的处理

专利代理机构对员工提出的辞职申请应当在 30 日内予以答复，并按照有关规定办理相关离职手续。专利代理机构与专利代理人解除聘用关系的，应当由专利代理机构收回其专利代理人执业证，出具解聘证明，并在出具解聘证明之日起的 10 日内向中华全国专利代理人协会办理专利代理人执业证注销手续，专利代理人在离职时，应当妥善处理尚未办结的专利代理案件并办理相关的交接手续。对离职的员工应尽可能做离职面谈，以了其解离职原因，为今后的人事和其他管理的改进作参考。

为了防止客户和专利代理机构的保密信息的非法泄露，专利代理机构可以依法与离职员工签订保密协议。

2.3.4 员工教育培训

专利代理行业是集科学技术、法律、语言文字以及沟通能力于一身的高水准中介服务行业，对专利代理人的综合素质要求很高。因此，专利代理机构应当按照行业规定开展专利代理执业培训，从职业道德到实务技能方面不断提高专利代理人的能力和水平，培养代理人对所从事职业的使命感和责任感，为委托人提供高质量的服务。

执业培训有国家知识产权局组织的培训、中华全国专利代理人协会组织的培训、其他社会团体或中介机构组织的培训和专利代理机构内部组织的培训。专利代理机构内部组织的培训可以在专利代理机构内以各种培训方式进行，也可以是将专利代理人或员工送到专利代理机构外，例如客户公司、国外代理事务所和相关的教育机构（如法学院和知识产权院校）进行学习深造。教育培训的内容应该覆盖全代理过程的各个环节，包括文献检索、说明书撰写、审查意见的转答和答复、驳回复审、无效以及专利侵权诉讼等。条件允许，还应该根据机构内部人力资源的配备和业务的需要，有重点地培养能够胜任难度较大、综合素质要求较高的业务（例如无效宣告和侵权诉讼）等的专门人才。对于精通外语的业务骨干，还可以将他们派出去参加各种国际会议和活动，举行各类讲座，培养熟悉国际交流事务并能够参与国际活动的国际人才。

在加强专利代理人教育培训的同时，也应该加强从事文档管理、流程管理等事务的辅助人员的教育培训。专利代理业务除了专业性很强的特点之外，其另一特点就是时限性也非常强。一件专利说明书写得再好，如果耽误了申请日或优先权日等期限，将给委托人带来不可挽回的损失。因此，系统地对辅助人员进行教育培训也是专利代

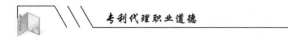

理机构的一项至关重要工作。辅助人员通常在机构内部参加培训，但也可以参加国家知识产权局以及中华全国专利代理人协会等组织的培训。培训的重点是《专利法》《专利法实施细则》以及《专利审查指南2010》中涉及流程、期限和事务处理方面的内容。必须使得各个环节的辅助人员通过培训教育，对所在岗位的流程、期限和相关事务熟练到了如指掌的程度。

2.4 业务管理

专利代理机构的业务管理主要是对专利代理人承办的专利事务从接受委托到专利事务办理完成后的卷宗归档的全过程的管理工作，如利益冲突审查、收费与财务管理、投诉查处、年度考核、档案管理等制度。必要的规章制度是业务管理中不可或缺组成部分，如复杂案件讨论、专利代理人请示汇报、业务总结交流等制度。

专利代理机构可以接受委托，代理或者承接的业务有：①提供专利事务方面的咨询或者担任专利顾问；②申请专利；③请求宣告专利权无效；④转让专利申请权、专利权以及订立专利实施许可合同；⑤与专利有关的诉讼；⑥其他专利事务。

专利代理机构接受委托，应当与委托人订立书面委托合同。同时，专利代理机构应当指派在本机构执业的专利代理人承办专利代理业务。没有正当理由，专利代理机构不得拒绝委托人转委托或增加被委托人的要求。

专利代理机构在与委托人依法解除委托关系后，不得就同一专利申请或专利案件接受有利益冲突的他方当事人的委托。

另外，专利代理机构和专利代理人对其在代理业务活动中了解的发明创造的内容，除专利申请已经公布或者公告的以外，负有保守秘密的责任。

2.4.1 指导监督

专利代理机构对包括代理人在内的全体员工的工作负责。专利代理人应对相关辅助人员（如技术助理和文员等）的业务负有指导、监督的责任，对署名的专利代理业务负责。指导监督制度是日常业务管理的一个重要环节。专利代理的管理涉及技术、法律实务和流程、财务收费、行政后勤和对外交流等诸多方面。没有一个人对所有方面都熟悉。而且新的问题还不断出现。比如，目前实施不久的电子申请提交和专利审查高速路（PPH）实务。其他例子像如何报价、如何与客户或审查员沟通，以及财务报销和代理业务中的具体技术法律问题。遇到这些问题时，如果专利代理机构没有建立一个好的指导监督制度，就会出现代理业务、财务和公关等方面的漏洞。严重时，会直接影响一个代理机构的声誉和运营。

2.4.2 文档和流程管理

2.4.2.1 文件/档案管理

专利代理机构应该设立文件/档案管理系统。这个系统应以便于使用人员查找和整理文件、保密和安全（纸件要注意防火、防潮；电子系统要注意备份和防止外来入

第6章

侵）为设计理念。目前，大多代理机构都实现了电子化文档管理。

专利代理机构在提供服务的过程中收到的或生成的所有文书、实物样本等均应该存档（根据约定或惯例保存原件或复制件）。存档的文件至少要有电子形式的文件，也可以根据需要和要求，另存纸件。

专利申请类的档案应该保存到专利有效期届满后 3 年，或专利无效宣告决定/判决生效后 3 年，或专利权放弃或专利申请撤回生效后 3 年。

在档案保存期满后，专利代理机构可以销毁文档，但对于放弃的专利和撤回的专利申请，应该保留委托人关于放弃、撤卷的指示和专利代理机构处理的文书，以及国家专利主管机关发出的相应的文书。

对于专利有效性评估和专利侵权评估事务，专利代理机构应该保存档案到评估报告所涉及的专利的最后一个有效期届满日之后 3 年。其他事务的档案应该保存到所委托的服务事项完成之后 3 年。

专利代理机构与委托人对档案保存有特殊约定的，按照约定的期限保存档案。

（1）文件质量

专利代理机构制作的文书应该干净整洁，并且至少符合《专利法实施细则》等相关法规提出的内容和形式要求。如果客户有特殊的内容和形式上的要求，还要满足客户要求。

（2）信息管理

专利代理机构应当设立信息管理系统，该系统应便于管理人员迅速、简便地查找和掌握委托人信息、当事人信息、所委托的事务、所委托事务的当前状态、本机构负责办理具体委托事务的代理人的信息等。

（3）时限管理

专利代理机构应该清楚掌握所接受委托事务的处理时限。时限管理是一个专利代理机构和代理人职业道德的重要体现，也是最直接的体现。如果一个案子的争辩是否妥当尚可说是见仁见智的问题，那么因为专利代理机构误了期限而导致案子失效则没有任何辩解余地。虽然时限管理一般不必由专利代理人亲自处理，大多专利代理机构是由申请部（又称管理部或流程部）的文员或专利代理人助理来负责。但是专利代理机构和专利代理人对时限管理负有指导和监控的责任。一个专利代理机构如果误了时限，不能将责任完全推到文员或助理身上，相关的专利代理机构和专利代理人仍将受到违反职业道德的惩戒。如果后果严重，客户还可以追究相关代理机构的民事责任、要求赔偿。

对于需要按规定时限处理的事务，专利代理机构应该及时通知委托人，并按委托人的指示处理该事务。委托人所委托的事项中不包括的时限监视和处理除外。

（4）费用缴纳

在委托人委托范围之内，专利代理机构应该及时、足额地向有关主管机关缴纳应缴的费用。遇到缴纳期限接近尚未收到委托人付费指示的情况，应该一次或多次提前发函催促，对于一些特殊案件，例如事先有"未收到相反指示务必维持有效"的案件，即使未收到委托人的缴纳指示，也必须在期限届满主动缴纳相关费用，防止因未缴纳费用而造成专利失效等损失，最大限度地维护委托人的权益。

2.4.2.2 委托关系的变更和文档的转移

委托人可以在委托关系存续期间终止委托合同/事实存在的委托关系或变更委托事项，其中包括增加、变更、撤销委托的专利代理机构或者专利代理人。

终止委托关系的，专利代理机构应当根据委托人的转案要求，将完整的案卷文档移交给委托人或其指定的专利代理机构，无正当理由，不得拒绝委托人的转案要求。

委托关系发生上述变更的，专利代理机构应该及时将完整的案卷文档复制交给委托人或其新委托/新增加的专利代理机构。专利代理机构可以根据需要将移转的部分或全部文档复制存档。

2.4.2.3 专利代理机构的合并、分立和注销

专利代理机构合并、分立和注销时，应该妥善处理后续代理事务，例如按照委托人的要求确立各项受委托事务的移交工作，并办好相应变更手续。

专利代理机构解散的，应当在解散前与委托人解除委托，妥善处理各种尚未办结的专利代理业务，并向国家知识产权局办理注销手续。

专利代理机构被撤销或者吊销执业许可证的，应当在接到撤销或者吊销通知书之日起30日内通知委托人，与委托人解除委托，并妥善处理各种尚未办结的专利代理业务。

专利代理机构停业或者撤销的，应当在获得省、自治区、直辖市知识产权局审查同意之日起的10日内，收回其全部专利代理人执业证并向中华全国专利代理人协会办理专利代理人执业证注销手续。

2.4.3 客户服务

专利代理机构应建立完整的客户服务制度，包括客户关系、质量管理等。专利代理人不得超越委托权限，不得利用委托关系从事与委托代理事务无关的活动。

2.5 财务管理

专利代理机构应当依法建立健全的财务管理制度，设置会计科目和会计账目，按照会计制度规定的记账规则记账。会计凭证、会计账簿、会计报表和其他会计资料必须真实、准确、完整，符合会计制度的规定。专利代理机构必须加强财务管理，依法纳税。

专利代理机构应有统一的收费制度。由机构统一收取服务费用，并给委托人出具票据。专利代理人不得私自从委托人处收取费用。

专利代理机构应该依照国家有关规定，按照按劳分配，兼顾效率和公平的原则，

确定合理的分配制度。

2.6　行 政 管 理

行政管理包括办公秩序的管理、定期的内部会议、后勤保障等。主要方面有民主化管理、制度化管理、专业化的工作环境和职业化的礼仪仪表。其他行政管理内容还包括如代理机构的创新、工作外包、公关、保安保密、发展战略、办公自动化（包括技术和 IT 的管理和更新）、办公环境和文具的设计、员工外出演讲的安排和演讲内容的保密审查，以及代理机构内的时间管理等。

2.7　职业道德、执业纪律的情况进行监督

专利代理机构应对该机构的代理人职业道德、执业纪律的情况进行监督。代理机构和代理人应当按照国家规定履行义务，提供符合标准的专利代理服务，维护委托人的合法权益。

2.8　专利代理机构的收费管理

专利代理机构应建立健全收费管理制度。可以通过签订合同或事先报价，按不同业务、不同客户采用灵活合理的收费方式，例如计时收费或计件收费。

专利代理机构应当加强收费管理，杜绝乱收、多收现象。专利代理机构还应当杜绝恶性压价竞争行为，维护专利代理行业的有序发展。收费争议的解决可采用协商、调解、仲裁或诉讼的方式解决。

2.9　专利代理机构和专利代理人与行业相关其他部门关系规范

专利代理人不得用不正当的手段对政府部门和司法机关等部门的工作人员施加影响或进行干扰，不得指使、诱导当事人向上述人员施加影响或进行干扰。

第 2 节　专利代理机构的同行竞争

有市场就有竞争。市场上不存在没有竞争对手的行业。随着经济的发展、法律的完善和技术的进步，市场竞争越来越激烈是不可避免的趋势。

市场的竞争对手大多来自同行。但有时非同行或非传统意义上的同行也可以成为竞争对手。著名的例子如胶片巨头柯达公司，因错误判断电子行业的数码影像不会威胁其领先的传统化学成像技术，最终导致一个有 130 多年历史的全球顶尖跨国公司沦为申请破产法保护的尴尬境地。

涉及法律和技术的专利代理行业也存在来自专利代理行业以外的竞争。所谓专利代理行业以外的竞争是指各种合法的非专利代理机构的组织或机构也开始涉及并争夺那些传统上由专利代理机构承接和完成的业务。比如，翻译公司的专利文件翻译服务、检索公司的专利检索服务、咨询公司的专利战略和企业咨询服务以及综合性律师事务所的专利诉讼服务等。

如何正确与同行竞争和应对来自同行或者专利代理行业以外的竞争可以创造良好的市场秩序，也是行业职业道德的基本要求。如果采用某些不正当的竞争手段还会触犯法律，获罪坐牢。下面这则旧闻相信很多读者都不陌生。

2007年美国亚特兰大地区法院以窃取商业机密的罪名，判处可口可乐公司前女秘书何亚·威廉斯8年监禁。威廉斯涉嫌于2006年窃取可口可乐公司机密商业文件和产品样品，伙同其他两人联系可口可乐公司最大的竞争对手百事可乐公司的高管，开价150万美元试图将机密出售给百事可乐公司。但他们没料到百事可乐公司不但没有如获至宝，反而立刻将此事告知了可口可乐公司，后者立即向联邦调查局报案。❶

据报道，百事可乐公司认为若接受该文件和样品，则违背了商业道德，是卑劣的盗窃行为，它会破坏百事可乐公司在全球的企业形象，打破美国社会公平性竞争的基本规则，侵犯全球可口可乐消费者的利益。可口可乐公司则在事后将此事以大篇幅记载在公司备忘录中，对老对手百事可乐公司所表现出的公平竞争精神表示了崇高的敬意。可口可乐公司董事会还发布新闻向百事可乐公司表达感激。❷百事可乐公司的做法既做了好人，又保护了自己。试想，如果百事可乐公司的高管层真的买下这些文件和样品，事情败露后，坐牢的恐怕不只是威廉斯和她的两个同伙了。不止如此，百事可乐公司也难逃可口可乐公司的巨额诉讼，绝不止是违背商业道德，破坏企业形象这么简单。

上面的故事从正反两个方面告诉我们，在同行竞争中，最要遵守行业竞争的职业道德。百事可乐公司在事件中的表现说明，如果遵守同行竞争的基本原则，正确处理好与同行竞争的方式，反而可以更加赢得市场和顾客的尊重和信任。更重要的是百事可乐公司的做法维护了良好的市场秩序，对整个行业和自己企业的发展都有利。

那么，什么是同行竞争的基本原则？专利代理机构与同行竞争应注意那些方面呢？

1 专利代理机构同行竞争的基本原则

同行竞争的一个最基本原则就是公平竞争。具体表现在以下方面。不得做虚假夸大宣传，专利代理人不得提供虚假信息，不得夸大其业务能力，要尊重同行，进行正当有序竞争。同时要心态开放、有效交流，加强协调，形成行业团体意识。

有些行为，尽管在法律上没有禁止，但从职业道德而言是不允许的。另外，虽然各国法律和国情不尽相同，但一些行业规范和职业道德要求是在行业内通行的。

西方早期的文化中，律师服务是不应收费、没有竞争的公益行为。现代律师和专利代理服务面临的则是如何正当收费和竞争。同行竞争涉及的法律有广告法和反不正

❶❷ 百事可乐维护可口可乐的绝密配方［EB/OL］.［2008 - 08 - 04］. http：//www. infivision. cn/bbs/viewthread. php? tid = 20123.

· 190 ·

当竞争法，以及行业相关的条例和规范。恶性价格竞争、诋毁同行和不实广告都是要受处罚的违反行业自律的行为。比如，专利代理机构可以利用媒体等宣传途径介绍自己的业务领域和专业特长，但在宣传活动中不得提供虚假信息，贬低同行，抬高自己。专利代理机构应当维护行业利益，不得以压价等方式进行不正当竞争。专利代理机构不得利用特殊关系进行业务垄断或以佣金、回扣等方式招揽业务。

2 专利代理机构市场营销规范

同行竞争主要是一个市场行为。更具体地说，对同行竞争的规范主要是体现在对市场营销的规范。因此，本书从专利代理行业执业的市场营销角度将同行竞争的规范分为三个主要方面：广告宣传规范、媒体宣传规范和业务拓展规范。

广告宣传是一个主动行为，指专利代理机构为宣传本机构而主动向公众发布介绍本机构的信息的行为。相对而言，媒体宣传是一个由媒体向公众介绍一个专利代理机构的行为。专利代理机构在媒体宣传中至少在表面上处于被宣传而非主动宣传自己的位置。广告宣传和媒体宣传都是专利代理机构业务拓展的一部分。业务拓展的含义更为广泛。业务拓展行为多是经过事先策划的行为，比如，除了广告和媒体采访外，还有出席学术会议、发表演讲、出版专著、更新网站和访问客户等。当然，有时一个专利代理机构或专利代理人的偶然所为也能起到宣传该专利代理机构、拓展该专利代理机构的业务、开拓新客户或维持已有客户等作用，此时也要遵守同样的原则。

由于专利代理行业的特殊性和专业性，社会公众对其并不十分了解，加之专利代理人或专利律师又以说服对方（如审查员和法官）为日常工作，专利代理的市场行销行为的商业宣传更具隐蔽性和说服力。因此，对专利代理的市场行销行为一定要严格规范，防止欺骗、夸大和其他不正当竞争的行为。

2.1 专利代理机构的广告宣传规范

法律服务的广告，世界上自古有之。据说古罗马时期就有律师雇用他人当"托儿"，在法庭旁听席上为律师鼓掌。❶但这种事被揭穿后往往适得其反。所以，如果做得不好，广告的确可能对法律服务行业产生负面影响。所以无论是早期英国律师的职业道德规范还是20世纪初期制定的全美律师协会的职业道德准则，都将法律服务广告列为禁止或不专业的行为。❷

法律服务广告有弊但也有利。弊病并非是由广告这种宣传形式本身造成，而是起因于不良广告在内容或形式上的欺骗或误导。所以，对法律服务广告禁令的挑战也一直没有停止过。一个比较典型的例子是1977年美国贝茨诉亚利桑那州律师协会一案

---

❶ DEBORAH L. RHODE, DAVID LUBAN. Legal Ethics［M］. 5th Ed. New York：Foundation Press，2009：757.
❷ DEBORAH L. RHODE, DAVID LUBAN. Legal Ethics［M］. 5th Ed. New York：Foundation Press，2009：757 – 758.

（贝茨案）。美国联邦最高法院在该案的决定中详细讨论了对法律广告赞成和反对的观点。❶ 这些观点主要集中在三个方面：第一，法律服务广告是否不可避免地具有误导性；第二，法律服务广告产生的费用是否会必然导致律师提高服务费和降低服务质量；第三，法律服务广告是否一定会诱发不必要的诉讼，影响律师的尊严和自我价值感，破坏律师的公众形象。法院最后逐一驳回了法律广告反对方的观点，判决不得禁止法律服务广告，但同时明确指出律师协会有权规范律师的法律服务广告。❷

因为法律服务广告与其负面影响没有必然或内在的逻辑因果关系，加上在现代商业化的环境中，法律服务已由贵族式的公益活动变为高度专业化和商业化的服务行业，同时，禁止法律服务广告反而会损害消费者和法律服务委托方了解和选择律师的权利。因此，各国对法律和相关服务的广告禁令也逐步放宽和撤销。

专利代理是专业性极强的法律和技术服务行业。专利代理服务广告对专利代理行业可以起到有效的介绍、推广和促进的作用，带来有利的经济后果。专利代理服务广告对专利代理服务质量产生不良影响则没有必然联系。然而，对专利代理的广告宣传一定要严格规范，防止欺骗、误导和夸大等行为。

我国对专利代理广告的规范主要是《广告法》和《反不正当竞争法》，以及行业相关的条例和规范。《广告法》规定广告不得含有虚假的内容，不得欺骗和误导消费者。广告主、广告经营者、广告发布者应当遵守法律、行政法规，遵循公平、诚实信用的原则。《反不正当竞争法》规定经营者在市场交易中，应当遵循自愿、平等、公平、诚实信用的原则，遵守公认的商业道德。经营者不得利用广告或者其他方法，对商品的质量、制作成分、性能、用途、生产者、有效期限、产地等作引人误解的虚假宣传。广告的经营者不得在明知或者应知的情况下，代理、设计、制作、发布虚假广告。经营者不得捏造、散布虚伪事实，损害竞争对手的商业信誉、商品声誉。

中华全国专利代理人协会制定的《关于反对不正当竞争，规范行业市场的决议》指出：

"专利代理行业内……不正当竞争的行为……扰乱了专利代理市场的秩序，损害了广大专利代理人的形象，阻碍了专利代理行业的健康发展。

"一个公平、规范的市场环境是专利代理机构和专利代理人生存和发展的必要条件。为了保证专利代理市场的健康发展，反对不正当竞争，规范行业经营行为，维护行业整体利益和委托人的合法利益，营造专利代理行业公平竞争的市场环境，为委托人提供更加优质、规范和周到的服务，全国专利代理人协会第六届全国代表大会第四次全体会议决议如下：

❶ DEBORAH L. RHODE, DAVID LUBAN. Legal Ethics ［M］. 5th Ed. New York：Foundation Press，2009：764－765.

❷ Bates v. State Bar of Arizona, 433 U. S. 350 (1977). 参见 ANDREW L. KAUFMAN, DAVID WILKINS. Problems in Professional Responsibility for a Changing Profession ［M］. 4th Ed. Durham：Carolina Academic Press, 2002：517－518。

一、各专利代理机构和全体专利代理人要自觉遵守国家法律法规，遵守行业规范和职业道德。积极努力开拓服务市场，以提高服务质量和扩大服务领域来促进自身的发展和行业的发展；

二、各专利代理机构和全体专利代理人要加强自律，共建公平竞争的市场环境；坚决反对"贬低其他专利代理机构"等不正当竞争的行为；

三、各专利代理机构和全体专利代理人要坚决反对恶性竞争行为；要明码标价，不得以各种回扣，恶性打折的方式招揽客户。"

《专利代理职业道德与执业纪律规范》是另一个与同行竞争有关的规范性文件。该规范规定：

"第四条　专利代理机构和专利代理人执业应当坚持诚信的原则，遵守行业规范，公平竞争，禁止不正当竞争行为，维护专利代理行业形象。

"第十一条　专利代理人在专利代理业务中应当同业互敬，互勉互助，共同提高执业水平。

"第二十三条　专利代理人不得贬损或诋毁其他专利代理机构或专利代理人的工作能力和声誉，也不得以其他不正当方式损害其利益。

"第二十四条　专利代理人不得提供虚假信息，不得夸大其业务能力，不得以明示或暗示与司法、行政等关联机关的特殊关系等方式进行不正当竞争。

"第三十三条　专利代理机构可以利用媒体等宣传途径介绍自己的业务领域和专业特长，但在宣传活动中不得提供虚假信息，贬低同行，抬高自己。"

中华全国专利代理人协会制定的《专利代理服务指导标准》（以下简称《指导标准》）中针对客户开发中有关的言行要求规定：

① 在客户开发中，不能进行有损于其他代理机构的活动，在进行客户开发活动中所采用的各种资料、信息以及发言中，不得存在任何直接或间接的有损于或不利于其他同业竞争者的言辞和内容。

② 在客户开发中，不能直接或间接地宣传或渲染该代理机构与国家有关机关及司法鉴定机构存在直接或间接关系及非正常途径办理事务的通道等内容和言辞，不能有超出代理机构自身业务范围和权限的扩大性宣传和许诺，不能夸大宣传代理机构的人数、办公地点、业务范围、人员素质等，不能使用"最大""最有经验""第一"等词汇。

③ 在客户开发中，不能直接或间接地为拉拢客户、招揽业务而进行有违常规或与该行业目前大多数实际收费标准不符的过低报价。"

所以，不论以任何形式出现，专利代理的广告不得做虚假夸大宣传，专利代理人不得提供虚假信息，不得夸大其业务能力。

【问题6-1】

专利代理机构A作为即将在上海举办的知识产权研讨会的中国赞助机构之一，计

划制作介绍、宣传本代理机构的资料，用在会议的电子和印刷广告以及 A 自己的电子和印刷版中英日文宣传册中。在宣传资料中 A 计划这样宣传自己："A 是中国排名第一、最大也是最有经验的专利代理机构。"请问这样的宣传用语哪些词语不符合我国现行专利代理机构同行竞争的基本原则？

【分析】

《指导标准》明确规定，专利代理机构在客户开发中，不能使用"最大""最有经验""第一"等词汇。所以，A 在宣传中使用"排名第一、最大也是最有经验的专利代理机构"等词汇不符合我国现行专利代理机构同行竞争的基本原则。

另外，无论电子和印刷广告，还是本机构电子和印刷版各种文字的宣传册或网站，其中的宣传用语都必须符合我国现行专利代理机构同行竞争的基本原则。

【问题 6-2】

专利代理机构 B 拥有多名国家知识产权局原审查员和退休的国家知识产权局原领导甲。最近，B 所在地法院的知识产权审判厅原领导乙也加入 B 作高级顾问。B 在网站上这样宣传自己："B 拥有多名国家知识产权局原审查员。另外，国家知识产权局某部门的原领导甲先生现在是本机构高级管理人员。"B 还在给客户的信中这样宣传自己："感谢贵公司选择 B 参与本专利诉讼案。我们对此案非常有信心。我们的团队包括著名的乙律师。虽然目前不知道案子会由哪个法官审理，但是负责审理本案的知识产权审判厅有好几个法官都是以前乙的下属。"请问 B 的宣传用语中哪些词语不符合我国现行专利代理机构同行竞争的基本原则？

【分析】

根据《专利代理职业道德与执业纪律规范》，"专利代理人……不得以明示或暗示与司法、行政等关联机关的特殊关系等方式进行不正当竞争"。《指导标准》也规定，代理机构"在客户开发中，不能直接或间接地宣传或渲染该代理机构与国家有关机关及司法鉴定机构存在直接或间接关系及非正常途径办理事务的通道等内容和言辞，不能有超出代理机构自身业务范围和权限的扩大性宣传和许诺"。所以，B 宣传其代理案件的法官是其高级顾问的下属，暗示 B 有可能影响案件结果。这是严重违反职业道德的行为。至于 B 在网站上宣传"拥有多名国家知识产权局原审查员"，如果没有其他暗示，应该是专利代理机构同行竞争的基本原则可以接受的客观描述。但是类似"国家知识产权局某部门的原领导甲先生现在是本机构高级管理人员"的言辞，则是间接地宣传或渲染该代理机构与国家知识产权局某部门存在直接或间接关系及非正常途径办理事务的通道，这是破坏国家主管机关的形象，破坏国家行政体系、司法体系公证权威形象的极其恶劣的行为，应当禁止使用。

2.2 专利代理机构的媒体宣传规范

媒体宣传指专利代理机构或专利代理人接受媒体采访或通过媒体报道的形式发表

对某些案件、业界动态或法律法规的看法和见解，也可以是通过采访介绍该专利代理机构历史、特点和优势或专利代理人的从业经验和专业特长。媒体宣传可以通过媒体这个第三方，以相对客观和有公信力的渠道更有效地宣传代理机构或代理人。凭借媒体的公信力和传播，专利代理机构可以通过媒体宣传提高知名度。

对利用媒体宣传的规范，《专利代理职业道德与执业纪律规范》作出了明确规定。该规范第 33 条允许专利代理机构利用媒体等宣传途径介绍自己的业务领域和专业特长，但要求在宣传活动中不得提供虚假信息，贬低同行，抬高自己。

【问题 6 – 3】

作为业务拓展的一部分，专利代理机构 C 的相关部门与某知识产权杂志 M 经过洽谈，双方同意 C 的高级合伙人丙接受 M 专访介绍 C 的服务业务、历史、专业人员、办公条件和收费标准，并允许 M 以报道宣传的方式刊出专访内容。作为刊出条件，C 同意以购买广告的方式支付 M 相应的广告费。在专访中，丙表示，C 已跻身世界一流知识产权大所，可以帮助中国企业走向世界，在全世界范围内应对各国的专利诉讼，不赢不收费。同时，丙针对美国刚刚通过的新专利法发表看法。他指出，美国的知识产权保护根本上是为贸易保护而制定，这次新专利法很多条文是针对中国企业进入美国设置门槛。丙表示 C 愿意竭诚为中国企业进入美国保驾护航。丙举例说，目前他们正代表中国一家上市公司 S 应对美国的专利诉讼。由于 C 代理人的出色表现，美国公司可能会同意撤诉。该案将以 S 付美国公司 50 万美元和解。丙特别指出，C 的经验和收费比业界其他代理机构，如 A 和 B，都具有优势。

【分析】

丙介绍 C 的经验和收费比 A 和 B 具有优势。这种做法贬低同行，抬高自己，违反了《专利代理职业道德与执业纪律规范》第 33 条。这种客户开发中，进行有损于其他代理机构的言辞也违反了《指导标准》中针对客户开发中有关的言行要求的第①条规定。"C 是世界一流知识产权大所，可以应对各国的专利诉讼，不赢不收费"这种宣传言辞误导公众并使公众产生对专利代理机构不合理期望。另外，丙针对美国新专利法的看法明显偏激和错误。这些做法都违反了《反不正当竞争法》和《关于反对不正当竞争，规范行业市场的决议》的精神。丙在采访中透露正在进行中的 S 与美国公司诉讼的细节和和解条件，泄露了客户商业秘密。这种做法不但违反了专利代理机构和代理人职业道德中的保密原则，也是在市场营销和宣传中被禁止的行为。丙接受采访实际上是 C 业务拓展的一部分。M 对 C 的报道宣传实质上是一个由 C 授意在 M 上刊登的一个 C 的广告，C 还为此支付了相应的广告费。这种做法也违反了职业道德和《反不正当竞争法》和《关于反对不正当竞争，规范行业市场的决议》的相关精神。

2.3 专利代理机构的业务拓展规范

一个专利代理机构的业务拓展是以顶层设计的方式对公司形象塑造、客户关系战略、业务发展规划和公关宣传策略的总体策划布局。业务拓展可以通过广告或媒体采访形式来实现。但是，业务拓展还包括多种其他形式，如组织或出席学术会议，发表演讲，出版专著，建立、维护和更新网站、代理机构的简介，商务小礼品，名片，公司信纸和公司徽标的设计，商务宴请，访问客户等。每种形式往往不一定能够独自起到决定性作用。一个具体形式可能适合某个专利代理机构而不适合另一个专利代理机构。业务拓展成功的关键在于有一个顶层设计的总体策划布局，每个环节都要与总体设计配合，有先后主次之分。

在实施业务拓展的过程中要遵守平等、诚信原则，遵守职业道德和执业纪律，遵守市场及专利代理行业公认的行业规范，公平竞争，特别应符合《广告法》《反不正当竞争法》《关于反对不正当竞争，规范行业市场的决议》《专利代理职业道德与执业纪律规范》和《指导标准》的相关规定。此外，我国律师行业中的一些做法也值得专利代理行业借鉴，例如：在名片上印有未获相关授权的"优秀"或"著名"等头衔或其他与专利代理无关的社会或荣誉职务；接待或访问客户时宣称本代理机构的专利授权率或诉讼、无效案件的胜诉率；在公众聚集场合派发专利代理机构宣传单、册招揽业务；在户外灯箱、车辆或餐饮娱乐场所设置专利代理机构的广告，向给专利代理机构介绍案源的机构或个人支付介绍费或向其他专利代理机构介绍案源并接受介绍费等。❶

第6章

---

❶ 参见《律师职业道德与执业基本规范》第 173 ~ 174 页。

附录 1

专利代理条例

(1991 年 3 月 4 日国务院公布)

第一章 总 则

第一条 为了保障专利代理机构以及委托人的合法权益，维护专利代理工作的正常秩序，制定本条例。

第二条 本条例所称专利代理是指专利代理机构以委托人的名义，在代理权限范围内，办理专利申请或者办理其他专利事务。

第二章 专利代理机构

第三条 本条例所称专利代理机构是指接受委托人的委托，在委托权限范围内，办理专利申请或者办理其他专利事务的服务机构。

专利代理机构包括：

（一）办理涉外专利事务的专利代理机构；

（二）办理国内专利事务的专利代理机构；

（三）办理国内专利事务的律师事务所。

第四条 专利代理机构的成立，必须符合下列条件：

（一）有自己的名称、章程、固定办公场所；

（二）有必要的资金和工作设施；

（三）财务独立，能够独立承担民事责任；

（四）有三名以上具有专利代理人资格的专职人员和符合中国专利局规定的比例的具有专利代理人资格的兼职人员。

律师事务所开办专利代理业务的，必须有前款第四项规定的专职人员。

第五条 向专利管理机关申请成立专利代理机构，应当提交下列文件：

（一）成立专利代理机构的申请书，并写明专利代理机构的名称、办公场所、负责人姓名；

（二）专利代理机构章程；

（三）专利代理人姓名及其资格证书；

（四）专利代理机构资金和设施情况的书面证明。

第六条 申请成立办理国内专利事务的专利代理机构，或者律师事务所申请开办专利代理业务的，应当经过其主管机关同意后，报请省、自治区、直辖市专利管理机关审查；没有主管机关的，可以直接报请省、自治区、直辖市专利管理机关审查。审查同意的，由审查机关报中国专利局审批。

申请成立办理涉外专利事务的专利代理机构，应当依照《中华人民共和国专利法》的有关规定办理。办理涉外专利事务的专利代理机构，经中国专利局批准的，可以办理国内专利事务。

第七条 专利代理机构自批准之日起成立，依法开展专利代理业务，享有民事权利，承担民事责任。

第八条 专利代理机构承办下列事务：

（一）提供专利事务方面的咨询；

（二）代写专利申请文件，办理专利申请；请求实质审查或者复审的有关事务；

（三）提出异议，请求宣告专利权无效的有关事务；

（四）办理专利申请权、专利权的转让以及专利许可的有关事务；

（五）接受聘请，指派专利代理人担任专利顾问；

（六）办理其他有关事务。

第九条 专利代理机构接受委托，承办业务，应当有委托人具名的书面委托书，写明委托事项和委托权限。

专利代理机构可以根据需要，指派委托人指定的专利代理人承办代理业务。

专利代理机构接受委托，承办业务，可以按照国家有关规定收取费用。

第十条 专利代理机构接受委托后，不得就同一内容的专利事务接受有利害关系的其他委托人的委托。

第十一条 专利代理机构应当聘任有《专利代理人资格证书》的人员为专利代理人。对聘任的专利代理人应当办理聘任手续，由专利代理机构发给《专利代理人工作证》，并向中国专利局备案。

初次从事专利代理工作的人员，实习满一年后，专利代理机构方可发给《专利代理人工作证》。

专利代理机构对解除聘任关系的专利代理人，应当及时收回其《专利代理人工作证》，并报中国专利局备案。

第十二条 专利代理机构变更机构名称、地址和负责人的，应当报中国专利局予以变更登记。经批准登记后，变更方可生效。

专利代理机构停业，应当在妥善处理各种尚未办结的事项后，向原审查机关申报，并由该机关报中国专利局办理有关手续。

第十三条 已批准的专利代理机构，因情况变化不再符合本条例第四条规定的条件，并在一年内仍不能具备这些条件的，原审查的专利管理机关应当建议中国专利局撤销该专利代理机构。

第三章　专利代理人

第十四条　本条例所称专利代理人是指获得《专利代理人资格证书》，持有《专利代理人工作证》的人员。

第十五条　拥护中华人民共和国宪法，并具备下列条件的中国公民，可以申请专利代理人资格：

（一）十八周岁以上，具有完全的民事行为能力；

（二）高等院校理工科专业毕业（或者具有同等学力），并掌握一门外语；

（三）熟悉专利法和有关的法律知识；

（四）从事过两年以上的科学技术工作或者法律工作。

第十六条　申请专利代理人资格的人员，经本人申请，专利代理人考核委员会考核合格的，由中国专利局发给《专利代理人资格证书》。

专利代理人考核委员会由中国专利局、国务院有关部门以及专利代理人的组织的有关人员组成。

第十七条　专利代理人必须承办专利代理机构委派的专利代理工作，不得自行接受委托。

第十八条　专利代理人不得同时在两个以上专利代理机构从事专利代理业务。

专利代理人调离专利代理机构前，必须妥善处理尚未办理的专利代理案件。

第十九条　获得《专利代理人资格证书》，五年内未从事专利代理业务或者专利行政管理工作的，其《专利代理人资格证书》自动失效。

第二十条　专利代理人在从事专利代理业务期间和脱离专利代理业务后一年内，不得申请专利。

第二十一条　专利代理人依法从事专利代理业务，受国家法律的保护，不受任何单位和个人的干涉。

第二十二条　国家机关工作人员，不得到专利代理机构兼职，从事专利代理工作。

第二十三条　专利代理人对其在代理业务活动中了解的发明创造的内容，除专利申请已经公布或者公告的以外，负有保守秘密的责任。

第四章　罚　　则

第二十四条　专利代理机构有下列情形之一的，其上级主管部门或者省、自治区、直辖市专利管理机关，可以给予警告处罚；情节严重的，由中国专利局给予撤销机构处罚：

（一）申请审批时隐瞒真实情况，弄虚作假的；

（二）擅自改变主要登记事项的；

（三）未经审查批准，或者超越批准专利代理业务范围，擅自接受委托，承办专利代理业务的；

（四）从事其他非法业务活动的。

第二十五条 专利代理人有下列行为之一，情节轻微的，由其所在的专利代理机构给予批评教育。情节严重的，可以由其所在的专利代理机构解除聘任关系，并收回其《专利代理人工作证》；由省、自治区、直辖市专利管理机关给予警告或者由中国专利局给予吊销《专利代理人资格证书》处罚：

（一）不履行职责或者不称职以致损害委托人利益的；

（二）泄露或者剽窃委托人的发明创造内容的；

（三）超越代理权限，损害委托人利益的；

（四）私自接受委托，承办专利代理业务的，收取费用的；

前款行为，给委托人造成经济损失的，专利代理机构承担经济赔偿责任后，可以按一定比例向该专利代理人追偿。

第二十六条 被处罚的专利代理机构对中国专利局撤销其机构，被处罚的专利代理人对吊销其《专利代理人资格证书》的处罚决定不服的，可以向中国专利局申请复议，不服复议决定的，可以在收到复议决定书十五日内，向人民法院起诉。

第五章 附 则

第二十七条 本条例由中国专利局负责解释。

第二十八条 本条例自 1991 年 4 月 1 日起施行。1985 年 9 月 4 日国务院批准，同年 9 月 12 日中国专利局发布的《专利代理暂行规定》同时废止。

附录 2

专利代理惩戒规则（试行）

（2002 年 12 月 12 日国家知识产权局令第二十五号）

第一条 为了加强对专利代理机构和专利代理人的执业监督，规范专利代理执业行为，维护专利代理行业的正常秩序，根据《中华人民共和国专利法》和《专利代理条例》制定本规则。

第二条 专利代理机构、专利代理人执业应当遵守法律、法规和规章的规定，恪守专利代理职业道德和执业纪律。

专利代理机构和专利代理人执业应当接受国家、社会和当事人的监督。

第三条 专利代理机构或者专利代理人违反有关法律、法规和规章规定的，由专利行政部门按照本规则给予惩戒。

国家知识产权局和各省、自治区、直辖市知识产权局分别设立专利代理惩戒委员会，具体实施本规则。

第四条 对专利代理机构的惩戒分为：

（一）警告；

（二）通报批评；

（三）停止承接新代理业务 3 至 6 个月；

（四）撤销专利代理机构。

第五条 对专利代理人的惩戒分为：

（一）警告；

（二）通报批评；

（三）收回专利代理人执业证书；

（四）吊销专利代理人资格。

第六条 专利代理机构有下列情形之一的，应当责令其改正，并给予本规则第四条规定的惩戒：

（一）申请设立时隐瞒真实情况，弄虚作假的；

（二）擅自改变主要登记事项的；

（三）擅自设立分支机构的；

（四）年检逾期又不主动补报的；

（五）以不正当手段招揽业务的；

（六）接受委托后，无正当理由拒绝进行代理的；

（七）就同一专利申请或者专利案件接受有利害关系的其他委托人的委托的；

（八）因过错给当事人造成重大损失的；

（九）从事其他违法业务活动或者违反国务院有关规定的。

第七条 专利代理人有下列情形之一的，应当责令其改正，并给予本规则第五条规定的惩戒：

（一）同时在两个以上专利代理机构执业的；

（二）诋毁其他专利代理人、专利代理机构的，或者以不正当方式损害其利益的；

（三）私自接受委托、私自向委托人收取费用、收受委托人财物、利用提供专利代理服务的便利牟取当事人争议的权益、或者接受对方当事人财物的；

（四）妨碍、阻扰对方当事人合法取得证据的；

（五）干扰专利审查工作或者专利行政执法工作的正常进行的；

（六）专利行政部门的工作人员退休、离职后从事专利代理业务，对本人审查、处理过的专利申请案件或专利案件进行代理的；

（七）泄露委托人的商业秘密或者个人隐私的；

（八）因过错给当事人造成重大损失的；

（九）从事其他违法业务活动的。

第八条 有下列情形之一的，应当给予直接责任人本规则第五条第（三）项或者第（四）项规定的惩戒，可以同时给予其所在专利代理机构本规则第四条第（三）项或者第（四）项规定的惩戒：

（一）违反专利法第十九条的规定，泄露委托人发明创造的内容的；

（二）剽窃委托人的发明创造的；

（三）向专利行政部门的工作人员行贿的，或者指使、诱导当事人行贿的；

（四）提供虚假证据、隐瞒重要事实的，或者指使、引诱他人提供虚假证据、隐瞒重要事实的；

（五）受刑事处罚的（过失犯罪除外）；

（六）从事其他违法业务活动后果严重的。

第九条 具有专利代理人资格、但没有取得专利代理人执业证书的人员为牟取经济利益而接受专利代理委托，从事专利代理业务的，应当责令其停止非法执业活动，并记录在案。有本规则第七条、第八条所列行为的，应当给予警告、通报批评、吊销专利代理人资格的惩戒。

第十条 按本规则应当给予惩戒，但有下列情形之一的，可以从轻处分：

（一）主动承认错误并承担责任的；

（二）及时采取有效措施，防止不良后果发生或者减轻不良后果的。

按本规则应当给予惩戒，但有下列情形之一的，可以从重处分：

（一）对检举人、证人打击报复的；

（二）案发后订立攻守同盟或者隐匿、销毁证据，阻挠调查的。

第十一条 国家知识产权局专利代理惩戒委员会由国家知识产权局、中华全国专利代理人协会的人员和专利代理人的代表组成。

省、自治区、直辖市专利代理惩戒委员会由省、自治区、直辖市知识产权局的人员和专利代理人的代表组成。

专利代理惩戒委员会委员的任期为三年。

第十二条 专利代理惩戒委员会委员有下列情形之一的，应当自行回避；当事人也有权申请他们回避：

（一）是案件当事人或者当事人近亲属的；

（二）与案件的处理结果有利害关系的；

（三）与案件当事人有其他关系，可能影响处理结果公正的。

第十三条 对专利代理机构和专利代理人违反法律、法规和规章规定的行为，任何单位或者个人都有权向该专利代理机构所在地的省、自治区、直辖市专利代理惩戒委员会投诉。必要时，国家知识产权局专利代理惩戒委员会和省、自治区、直辖市专利代理惩戒委员会也可以依职权主动立案。

第十四条 专利代理惩戒委员会应当在受理投诉之日或者主动立案之日起的 3 个月内做出决定。

省、自治区、直辖市专利代理惩戒委员会认为需要吊销专利代理人资格、撤销专利代理机构的，应当将其调查结果和惩戒理由上报国家知识产权局专利代理惩戒委员会。国家知识产权局专利代理惩戒委员会应当在收到上报材料之日起的 2 个月内做出决定。

第十五条 专利代理惩戒委员会表决通过惩戒决定前，应当允许当事人进行陈述或者申辩，并对当事人提出的事实、证据和理由进行调查核实。

第十六条 专利代理惩戒委员会表决通过惩戒决定后，应当制作惩戒决定书，记载以下事项：

（一）被惩戒的专利代理机构或者专利代理人的名称、姓名和地址；

（二）事由及调查核实的结果；

（三）专利代理惩戒委员会的决定；

（四）决定日期。

第十七条 专利代理惩戒委员会做出的惩戒决定应当经同级知识产权局批准，并以该局的名义发出。惩戒决定书应当在批准之日起的 10 日内送达被惩戒的专利代理机构或者专利代理人。

第十八条 专利代理惩戒委员会的委员和工作人员在正式送达惩戒决定书之前负有保密责任。

第十九条 对专利代理惩戒委员会的惩戒决定不服的，可以在收到惩戒决定书之日起的 2 个月内依法申请复议，也可以直接向人民法院提起行政诉讼。

第二十条 省、自治区、直辖市专利代理惩戒委员会应当在其惩戒决定生效之日起的 10 日内向国家知识产权局专利代理惩戒委员会备案。

惩戒决定生效后，除给予警告的以外，由做出惩戒决定的专利代理惩戒委员会在政府网站或者新闻媒体上予以公布。

第二十一条 专利代理惩戒委员会的具体工作章程和惩戒决定书表格由国家知识产权局统一制定。

第二十二条 本规则由国家知识产权局负责解释。

第二十三条 本规则自 2003 年 1 月 1 日起施行。

附录 3

专利代理管理办法

（2003 年 6 月 6 日国家知识产权局令第三十号）

第一章 总　则

第一条　为了完善专利代理制度，维护专利代理行业的正常秩序，保障专利代理机构和专利代理人依法执业，根据《专利法》和《专利代理条例》以及国务院的有关规定，制定本办法。

第二条　国家知识产权局和各省、自治区、直辖市知识产权局依照《专利法》、《专利代理条例》和本办法对专利代理机构、专利代理人进行管理和监督。

中华全国专利代理人协会应组织、引导专利代理机构和专利代理人模范执行《专利法》、《专利代理条例》和本办法，规范执业行为、严格行业自律、不断提高行业服务水平。

第二章 专利代理机构及其办事机构的设立、变更、停业和撤销

第三条　专利代理机构的组织形式为合伙制专利代理机构或者有限责任制专利代理机构。

合伙制专利代理机构应当由 3 名以上合伙人共同出资发起，有限责任制专利代理机构应当由 5 名以上股东共同出资发起。

合伙制专利代理机构的合伙人对该专利代理机构的债务承担无限连带责任；有限责任制专利代理机构以该机构的全部资产对其债务承担责任。

第四条　设立专利代理机构应当符合下列条件：

（一）具有符合本办法第七条规定的机构名称；

（二）具有合伙协议书或者章程；

（三）具有符合本办法第五条、第六条规定的合伙人或者股东；

（四）具有必要的资金。设立合伙制专利代理机构的，应当具有不低于 5 万元人民币的资金；设立有限责任制专利代理机构的，应当具有不低于 10 万元人民币的资金；

（五）具有固定的办公场所和必要的工作设施。

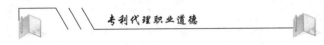

律师事务所申请开办专利代理业务的，在该律师事务所执业的专职律师中应当有3名以上具有专利代理人资格。

第五条 专利代理机构的合伙人或者股东应当符合下列条件：

（一）具有专利代理人资格；

（二）具有2年以上在专利代理机构执业的经历；

（三）能够专职从事专利代理业务；

（四）申请设立专利代理机构时的年龄不超过65周岁；

（五）品行良好。

第六条 有下列情形之一的，不得作为专利代理机构的合伙人或股东：

（一）不具有完全民事行为能力的；

（二）在国家机关或企、事业单位工作，尚未正式办理辞职、解聘或离休、退休手续的；

（三）作为另一专利代理机构的合伙人或者股东不满2年的；

（四）受到《专利代理惩戒规则（试行）》第五条规定的通报批评或者收回专利代理人执业证的惩戒不满3年的；

（五）受刑事处罚的（过失犯罪除外）。

第七条 专利代理机构只能享有和使用一个名称。

专利代理机构的名称应当由该机构所在城市名称、字号、"专利代理事务所"、"专利代理有限公司"或者"知识产权代理事务所"、"知识产权代理有限公司"组成。其字号不得在全国范围内与正在使用或者已经使用过的专利代理机构的字号相同或者相近似。

律师事务所开办专利代理业务的，可以使用该律师事务所的名称。

第八条 设立专利代理机构应当提交下列申请材料：

（一）设立专利代理机构申请表；

（二）专利代理机构的合伙协议书或者章程；

（三）验资证明；

（四）专利代理人资格证和身份证的复印件；

（五）人员简历及人事档案存放证明和离退休证件复印件；

（六）办公场所和工作设施的证明；

（七）其他必要的证明材料。

律师事务所申请开办专利代理业务的，应当提交下列申请材料：

（一）开办专利代理业务申请表；

（二）主管该律师事务所的司法行政机关出具的同意其开办专利代理业务的函件；

（三）律师事务所合伙协议书或者章程；

（四）律师事务所执业许可证复印件和资金证明；

（五）专利代理人的律师执业证、专利代理人资格证和身份证的复印件；

（六）办公场所和工作设施的证明；

（七）其他必要的证明材料。

上述证明材料应当是在申请设立专利代理机构或开办专利代理业务之前的6个月内出具的证明材料。

第九条 设立专利代理机构的审批程序如下：

（一）申请设立专利代理机构的，应当向其所在地的省、自治区、直辖市知识产权局提出申请。经审查，省、自治区、直辖市知识产权局认为符合本办法规定条件的，应当自收到申请之日起30日内上报国家知识产权局批准；认为不符合本办法规定条件的，应当自收到申请之日起30日内书面通知申请人。

（二）国家知识产权局对符合本办法规定条件的申请，应当自收到上报材料之日起30日内作出批准决定，通知上报的省、自治区、直辖市知识产权局，并向新设立的机构颁发专利代理机构注册证和机构代码；对不符合本办法规定条件的申请，应当自收到上报材料之日起30日内通知上报的省、自治区、直辖市知识产权局重新进行审查。

律师事务所申请开办专利代理业务的，参照上述规定进行审批。

第十条 专利代理机构变更名称、地址、章程、合伙人或者股东等注册事项的，应当向国家知识产权局申请，同时报所在省、自治区、直辖市知识产权局。变更经国家知识产权局批准后生效。

第十一条 专利代理机构停业或者撤销的，应当在妥善处理各种尚未办结的事项后，向其所在地的省、自治区、直辖市的知识产权局申请。经审查同意的，应当将专利代理机构注册证及标识牌交回省、自治区、直辖市知识产权局，并向国家知识产权局办理停业或撤销手续。

第十二条 专利代理机构在本省内设立办事机构的，应当向所在地的省、自治区、直辖市知识产权局申请。经批准的，由省、自治区、直辖市知识产权局报国家知识产权局备案。

专利代理机构跨省设立办事机构的，应当在获得其所在地的省、自治区、直辖市知识产权局同意后，向办事机构所在地的省、自治区、直辖市知识产权局申请。经批准的，由办事机构所在地的省、自治区、直辖市知识产权局报国家知识产权局备案。

第十三条 申请设立办事机构的专利代理机构应当符合下列条件：

（一）设立时间满2年以上；

（二）具有10名以上专利代理人；

（三）通过上一年度年检。

第十四条 专利代理机构的办事机构应当符合下列条件：

（一）具有2名以上由专利代理机构派驻或者聘用的专职专利代理人；

附录3

（二）具有固定的办公场所和必要的资金；

（三）办事机构的名称由专利代理机构全名称、办事机构所在城市名称和"办事处"组成。

第十五条 各省、自治区、直辖市知识产权局可以附加规定专利代理机构在其行政区域内设立办事机构的其他条件和程序，并将有关规定报国家知识产权局备案。

第十六条 专利代理机构的办事机构不得以其单独名义办理专利代理业务，其人事、财务、业务等由其所属专利代理机构统一管理。专利代理机构应当对其办事机构的业务活动承担民事责任。

专利代理机构跨省设立办事机构的，其办事机构应当接受办事机构所在地的省、自治区、直辖市知识产权局的指导和监督。

第十七条 办事机构停业或者撤销的，应当在妥善处理各种尚未办结的事项后，向办事机构所在地的省、自治区、直辖市知识产权局申请。经批准的，由该知识产权局报国家知识产权局备案，同时抄报专利代理机构所在地的省、自治区、直辖市知识产权局。

专利代理机构停业或者撤销的，其办事机构应当同时终止。

第三章 专利代理人的执业

第十八条 专利代理人执业应当接受批准设立的专利代理机构的聘请任用，并持有专利代理人执业证。

第十九条 专利代理机构聘用专利代理人应当按照自愿和协商一致的原则与受聘的专利代理人订立聘用协议。订立聘用协议的双方应当遵守并履行协议。

第二十条 颁发专利代理人执业证应当符合下列条件：

（一）具有专利代理人资格；

（二）能够专职从事专利代理业务；

（三）不具有专利代理或专利审查经历的人员在专利代理机构中连续实习满1年，并参加上岗培训；

（四）由专利代理机构聘用；

（五）颁发时的年龄不超过70周岁；

（六）品行良好。

第二十一条 有下列情形之一的，不予颁发专利代理人执业证：

（一）不具有完全民事行为能力的；

（二）申请前在另一专利代理机构执业，尚未被该专利代理机构解聘并未办理专利代理人执业证注销手续的；

（三）领取专利代理执业证后不满1年又转换专利代理机构的；

（四）受到《专利代理惩戒规则（试行）》第五条规定的收回专利代理人执业证

的惩戒不满3年的；

（五）受刑事处罚的（过失犯罪除外）。

第二十二条 申请颁发专利代理人执业证应当提交下列材料：

（一）专利代理人执业证申请表；

（二）专利代理人资格证和身份证的复印件；

（三）人事档案存放证明或者离、退休证件复印件；

（四）专利代理机构出具的聘用协议；

（五）申请前在另一专利代理机构执业的，应提交该专利代理机构的解聘证明；

（六）首次申请颁发专利代理执业证的，应提交其实习所在专利代理机构出具的实习证明和参加上岗培训的证明。

第二十三条 国家知识产权局委托中华全国专利代理人协会负责颁发、变更以及注销专利代理人执业证的具体事宜。

第二十四条 经审核，中华全国专利代理人协会认为专利代理人执业证的颁发申请符合本办法规定条件的，应当在收到申请之日起的15日内颁发专利代理人执业证；认为不符合条件的，应当在收到申请之日起的15日内书面通知申请人。

第二十五条 专利代理机构辞退专利代理人的，应当提前30日通知该专利代理人；专利代理人辞职的，应当提前30日通知其所在的专利代理机构。

专利代理机构与专利代理人解除聘用关系的，应当由专利代理机构收回其专利代理人执业证，出具解聘证明，并在出具解聘证明之日起的10日内向中华全国专利代理人协会办理专利代理人执业证注销手续。

第二十六条 专利代理机构停业或者撤销的，应当在获得省、自治区、直辖市知识产权局审查同意之日起的10日内，收回其全部专利代理人执业证并向中华全国专利代理人协会办理专利代理人执业证注销手续。

第二十七条 中华全国专利代理人协会应当在颁发、变更或者注销专利代理人执业证之日起的5日内向国家知识产权局备案并上报有关材料，同时抄送专利代理机构所在省、自治区、直辖市知识产权局。

第二十八条 未持有专利代理人执业证的人员不得以专利代理人的名义，为牟取经济利益从事专利代理业务。

第二十九条 专利代理人承办专利代理业务应当以所在专利代理机构的名义接受委托，与委托人订立书面委托合同，统一收取费用并如实入账。专利代理人不得私自接受委托，办理专利代理业务并收取费用。

第四章　专利代理机构及专利代理人的年检

第三十条 国家知识产权局负责组织、指导专利代理机构和专利代理人的年检，委托各省、自治区、直辖市知识产权局以及国防专利局具体实施专利代理机构和专利

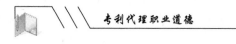

代理人的年检。

凡经批准设立的专利代理机构以及开办专利代理业务的律师事务所均应当参加年检。专利代理机构的办事机构应当随其专利代理机构参加年检，有关材料同时抄报办事机构所在地的省、自治区、直辖市知识产权局。

中华全国专利代理人协会配合参与专利代理机构和专利代理人的年检。

第三十一条 专利代理机构和专利代理人的年检每年进行一次，时间为 9 月 1 日至 10 月 31 日。

第三十二条 专利代理机构和专利代理人的年检内容包括：

（一）专利代理机构是否符合本办法规定的设立条件；

（二）专利代理机构的合伙人或者股东是否符合本办法规定的条件；

（三）在专利代理机构中执业的专利代理人是否持有专利代理人执业证，是否按照要求参加执业培训；

（四）专利代理机构和专利代理人是否有《专利代理惩戒规则（试行)》第六条、第七条、第八条列出的违法违纪行为；

（五）专利代理机构自前次年检完毕以来的专利代理业务数量；

（六）专利代理机构的财务情况；

（七）应当予以年检的其他内容。

第三十三条 专利代理机构应当提交下列年检材料：

（一）专利代理机构和专利代理人年检登记表；

（二）专利代理机构的工作报告；

（三）专利代理机构注册证副本；

（四）专利代理人执业证；

（五）财务报表；

（六）其他需要提交的文件。

专利代理机构的工作报告应当全面反映本办法第三十二条规定的各项内容。

第三十四条 经年检发现专利代理机构和专利代理人不符合本办法规定的，省、自治区、直辖市知识产权局应当责令其在指定期限内予以改正；逾期不予改正的，给予年检不合格的结论。

经年检发现专利代理机构或者专利代理人有《专利代理惩戒规则（试行)》第六条、第七条、第八条列出的违法违纪行为的，可以提请各省、自治区、直辖市专利代理惩戒委员会给予惩戒。

第三十五条 年检合格的，由各省、自治区、直辖市知识产权局在专利代理机构的注册证以及该机构中执业的专利代理人执业证上加盖该年度年检合格的印章；年检不合格的，加盖年检不合格的印章。

未参加年检或年检不合格的专利代理机构，在下次年检合格之前不得在国家知识

附录 3

产权局和各地知识产权局办理新的专利代理业务。

第三十六条 各省、自治区、直辖市知识产权局应当在完成专利代理机构和专利代理人的年检之日起的 10 日内将年检情况总结和年检登记表报国家知识产权局备案，并将专利代理人执业证的年检结果送中华全国专利代理人协会备案。

国家知识产权局将向社会公布专利代理机构和专利代理人的年检结果。

第三十七条 国家知识产权局、各省、自治区、直辖市知识产权局和中华全国专利代理人协会的工作人员应当对专利代理机构年检中不予公开的内容保密。

第五章 附 则

第三十八条 本办法由国家知识产权局负责解释。
第三十九条 本办法自 2003 年 7 月 15 日起施行。

附录 4

专利代理职业道德与执业纪律规范

（2010 年 7 月 2 日中华全国专利代理人协会第八届二次常务理事会修改通过）

第一章　总　　则

第一条　为了维护专利代理行业的正常秩序，规范专利代理执业行为，保障专利代理事业的健康发展，依据《中华人民共和国专利法》、《专利代理条例》以及《中华全国专利代理人协会章程》，制定本规范。

第二条　本规范适用于专利代理机构和专利代理人在执业过程中的行为。

第三条　专利代理机构和专利代理人应当依法执业，遵守宪法、法律、法规和部门规章，贯彻执行国家有关政策。

第四条　专利代理机构和专利代理人执业应当坚持诚信的原则，遵守行业规范，公平竞争，禁止不正当竞争行为，维护专利代理行业形象。

第五条　专利代理人应当为建设创新型国家服务，为专利制度的完善和发展服务，为维护委托人的合法权益服务。

第六条　专利代理机构和专利代理人应当遵守《中华全国专利代理人协会章程》，参加协会活动，按时交纳会费，切实履行会员义务。

第七条　专利代理机构和专利代理人从事专利代理业务受国家法律、法规的保护，并接受国务院专利行政部门和中华全国专利代理人协会的管理以及社会公众的监督。

第二章　专利代理人职业道德

第八条　专利代理人应当保守在执业活动中知悉的委托人的技术、商业秘密和委托人不愿泄露的其他信息，不得以泄露、剽窃或利用这些秘密和信息的方式损害委托人的合法权益。

第九条　专利代理人应当注重职业道德修养，诚信履约，勤勉自律，保证自己的行为无损于专利代理行业声誉。

第十条　专利代理人应当敬业勤业，努力学习和掌握执业所应具备的各种专业知识和技能，自觉培养科学、严谨的工作作风。

第十一条 专利代理人在专利代理业务中应当同业互敬，互勉互助，共同提高执业水平。

第十二条 专利代理人应当积极关注、参与社会公益事业，为国家经济发展和自主创新做出贡献。

第三章 专利代理人执业纪律

第十三条 专利代理人应当遵守国务院专利行政部门制定的专利代理部门规章和中华全国专利代理人协会制定的行业规范，遵守专利代理机构的工作纪律。

第十四条 专利代理人应当承办所在专利代理机构委派的工作，不得自行接受委托或以其他形式私自开展代理业务，也不得允许他人借用本人的名义承接专利代理业务。

第十五条 专利代理人不得同时在两个或两个以上专利代理机构从事专利代理业务。

专利代理人转换专利代理机构，应当先退出原专利代理机构，在办理原专利代理人执业证注销手续后，再接受新专利代理机构的聘用。

第十六条 专利代理人退出专利代理机构的，应当在正式离职前妥善处理尚未办结的专利代理案件并办理相关的交接手续和离职手续。

第十七条 专利代理人不得违反专利代理机构收费制度和财务制度，挪用、私分、侵占业务收费。专利代理人不得私自向委托人收取任何报酬或财物。

第十八条 专利代理人不得就同一专利申请或专利案件为有利益冲突的双方或多方当事人提供代理服务。

第十九条 专利代理人不得超越委托权限，不得利用委托关系从事与委托代理事务无关的活动。

第二十条 专利代理人在专利代理执业期间和脱离专利代理业务工作后一年内，不得申请专利。

第二十一条 专利代理人不得用不正当的手段对政府部门和司法机关工作人员施加影响或进行干扰，不得指使、诱导当事人向上述人员施加影响或进行干扰。

第二十二条 专利代理人不得伪造与执业活动有关的文件或证据，也不得诱导、指使他人伪造文件或证据。

第二十三条 专利代理人不得贬损或诋毁其他专利代理机构或专利代理人的工作能力和声誉，也不得以其他不正当方式损害其利益。

第二十四条 专利代理人不得提供虚假信息，不得夸大其业务能力，不得以明示或暗示与司法、行政等关联机关的特殊关系等方式进行不正当竞争。

第四章 专利代理机构执业纪律

第二十五条 专利代理机构应当按照告知原则、授权原则、对委托人负责原则、

附录
4

保密原则开展专利代理业务。

第二十六条 专利代理机构应当建立健全人事、财务、业务、收费等内部管理制度。

第二十七条 专利代理机构应当依法与聘用的专利代理人及其他工作人员签订劳动合同或聘用协议。

第二十八条 专利代理机构应当及时将本机构执业人员的信息报送中华全国专利代理人协会，并保证信息的准确、完整。

第二十九条 专利代理机构无正当理由，不得拒绝委托人转委托或增加被委托人的要求。

专利代理机构应当根据委托人的转案要求，将完整的案卷文档移交给委托人或其指定的专利代理机构，无正当理由，不得拒绝委托人的转案要求。

第三十条 专利代理机构在与委托人依法解除委托关系后，不得就同一专利申请或专利案件接受有利益冲突的他方当事人的委托。

第三十一条 专利代理机构对专利代理人提出的辞职申请应当在 30 日内予以答复；按照有关规定办理相关手续，并在解除劳动合同或聘用协议生效之日起 10 日内向中华全国专利代理人协会办理专利代理人执业证的注销手续。

第三十二条 专利代理机构应当按照行业规定开展专利代理执业培训。

第三十三条 专利代理机构可以利用媒体等宣传途径介绍自己的业务领域和专业特长，但在宣传活动中不得提供虚假信息，贬低同行，抬高自己。

第三十四条 专利代理机构应当维护行业利益，不得以压价等方式进行不正当竞争。

第三十五条 专利代理机构不得利用特殊关系进行业务垄断或以佣金、回扣等方式招揽业务。

第三十六条 专利代理机构停业或被撤销的，应当妥善处理各种尚未办结的事项，在国务院专利行政部门发布公告后 10 日内，到中华全国专利代理人协会办理其专利代理人执业证注销手续。

第五章 罚 则

第三十七条 专利代理机构和专利代理人违反本规范的，中华全国专利代理人协会视情节给予相应处分，并将违规行为记入专利代理机构和专利代理人的诚信档案系统。

第三十八条 专利代理机构和专利代理人违反本规范，情节轻微的，中华全国专利代理人协会应当给予劝戒或警告的处分。

第三十九条 专利代理机构和专利代理人违反本规范，情节严重或受到警告处分两年内又违反本规范的，中华全国专利代理人协会应当给予通报批评的处分。

第四十条 专利代理机构和专利代理人违反本规范，情节特别严重的，中华全国专利代理人协会应当做出取消其会员资格并收回专利代理人执业证的处分，同时提请国务院专利行政部门给予相应处罚，直至吊销其执业资格。

第四十一条 中华全国专利代理人协会对接到的有关非法代理情形的举报，应当及时上报国务院专利行政管理部门，通报相应的地方专利管理部门，或建议工商行政管理部门对非法机构予以查处。

第四十二条 中华全国专利代理人协会行业维权与自律委员会负责协会内部纪律处分的具体工作。

第四十三条 中华全国专利代理人协会对专利代理机构和专利代理人进行纪律处分的工作规程另行制定。

第六章 附 则

第四十四条 本规范由中华全国专利代理人协会负责解释。

第四十五条 本规范经协会第八届二次常务理事会议讨论通过。本规范自二〇一〇年八月一日起施行。

参 考 文 献

［1］ 彭万林，覃有土，李开国，等. 民法学［M］. 北京：中国政法大学出版社，1997.

［2］ 张云秀，巩献田，王轶，等. 法学概论［M］. 北京：北京大学出版社，2006.

［3］ 赵元果. 中国专利法的孕育与诞生［M］. 北京：知识产权出版社，2003.

［4］ 吴观乐. 专利代理实务［M］. 北京：知识产权出版社，2007.

［5］ 尹新天，等. 专利代理概论［M］. 北京：知识产权出版社，2002.

［6］ 郑友德，张坚，李薇薇. 美国、欧盟及亚洲各国专利代理制度现状及发展研究［J］. 知识产
权，2007，2.

［7］ 任建新. 踏上知识产权新大陆［Z］. ［2012 - 07 - 03］. http：//www. cnpatent. com/list_ news_
zlxw. asp？id = 1126. 2012.

［8］ 中华全国律师协会. 律师职业道德与执业基本规范［M］. 北京：北京大学出版社，2007.

［9］ 中华全国律师协会. 中华全国律师协会行业规则汇编（2011 年）［M］. 北京：北京大学出版
社，2011.

［10］ Nathan M. Crystal. Professional Responsibility Problem of Practice and the Profession［M］. New
York：Wolters Kluwer Law & Business，2012.

［11］ The United States Patent and Trademark Office. General Requirements Bulletin for Admission to the
Examination for Registration to Practice in Patent Cases Before the United States Patent and Trademark
Office［Z］. ［2012 - 07 - 03］. http：//www. uspto. gov/ip/boards/oed/GRB_ March_ 2012. pdf.

［12］ US Government Printing Office. Code of Federal Regulations［Z］. ［2012 - 07 - 03］. http：//
www. gpo. gov/fdsys/browse/collectionCfr. action？collectionCode = CFR.

［13］ The World Intellectual Property Organization. Intellectual Property Code［Z］. ［2012 - 07 - 03］.
http：//www. wipo. int/wipolex/zh/details. jsp？id = 5563.

［14］ The Chartered Institute of Patent Attorneys. Exam Regulations［Z］. ［2012 - 07 - 03］. http：//
www. cipa. org. uk/download/2007_ Exam_ Regulations. pdf.

［15］ European Patent Institute. Regulation on Discipline［Z］. ［2012 - 07 - 03］. http：//
www. patentepi. com/patentepi/en/Rules - and - Regulations/regulation - on - discipline. php.

［16］ European Patent Institute. Code of Conduct of the Institute of Professional Representatives before the
European Patent Office［Z］. ［2012 - 07 - 03］. http：//www. patentepi. com/patentepi/en/Rules -
and - Regulations/code - of - conduct. php.

［17］ the European Patent Office European Patent Convention［Z］. ［2012 - 07 - 03］. http：//
www. epo. org/law - practice/legal - texts/html/epc/2010/e/ar134. html#conv. f145 - note.

参考文献